認識大陸作家系列

千古功罪，我來評說

黑星人時評集

今夜，我與你同神聖

　　我是個商人，也是個文人，但我無法達到文人那種「心同野鶴與塵遠，詩似冰壺見底清」的超現實意境；我也無法力排歪念雜想，讓繆斯女神的聖火在我胸中熊熊燃起；我更無法讓「筆落驚風雨，詩成泣鬼神」的誓言如繽紛幡旗在「大王門」的山寨上迎風招展。

　　我不能！我只能於每個深夜，在小屋幽暗燈火下鑿天鑿地，或詩或文，或笑或怨。如麥田裏的守望者，一絲不苟埋頭撰文，讓苦澀之心在字裏行間迂迴穿越。而渴望，一如歡呼雀躍的音符，流淌激昂；或如低聲吟唱的浪子，泥濘道上孤獨前行。我以一堆冷峻的文字述懷於這世界；以一抹熱望心境與每一個網路那頭的好文者相伴到黎明。

　　於是，太陽每天準時躍出於東海的萬頃碧波；每天又暮靄於西天的霞光。太陽走了來了星星，星星每夜燦爛而來，每夜又燦爛而去。風也一樣，每天輕拂而來，又輕拂而去；河水更是如此，永遠在流淌，到來之時便是遠去的剎那……。

　　於是，我癡迷地視我一篇篇文章為種下的一棵棵樹，來日總有長成茂盛森林的那一天。我因心中有夢才去撰文。夢如太陽，絢麗卻遙遠。我追逐太陽，落入夢境，忘了夸父故事。我知道，前行中會有磨礪紛至沓來，蕭瑟的日子也會不請自到。我以自己疲憊眼睛去解讀別人眼裏的疲憊；以自己憂鬱之心去融化別人心裏的憂鬱。

　　於是，撰文不再是我眼裏一項普通的文案工作，它成了我獨立思考下的思想者；一串串透著生命氣息的文字由此翩翩起舞。與星與月；與風與牆頭小草竊竊私語。這些感悟或長或短、或深或淺，但篇篇都是我心血之作。

芸芸光影下，我驚訝發現：原來心血就是精神。精神像燈火，在每一篇文章中忽明忽暗地反應，印證著撰寫人的愛與憎。它不像試劑可以從這個玻璃容器倒入那個玻璃容器裏，它是靈與魂共同奔走呼號的一首生命讚歌。「生命讚歌」原來就是撰文者涅槃前的一種苦難呻吟，而不是人們眼中的那「泡沫文字」。

一次次撰文，一次次提升了撰文者之我的心境。從蜘蛛那兒，我學會了織網，從穿山甲那兒，我懂得如何鑽研，從布穀鳥那兒，我又學會了對春天歌唱。我虔誠地認為：既然海洋能以它寬闊的胸襟接納來自陸地的垃圾，在太陽和季風的催化下，也在海水鹽份的分解下，轉變成一切有用的臭氧，那麼我們何不改變一下自己心態，在這文字天地多交幾位筆友呢？以心換心，以交流對交流，共謀文字上進步，這不是一件很愉悅的事嗎？

我想：撰文是撰文者的神聖；撰文也是撰文者的光榮。我天真而又自信地認為：在我仰視時，有一種讓自己文章光彩奪目的渴望；在我俯視時，心境已升騰，夢筆生花、風采照人。

2010 年 4 月 4 日

目　次

第一輯
重涉史海
——我的天問

列寧十月革命，送來光明還是專制？

　　每年 11 月 7 日是俄國十月革命紀念日。重讀史書，我發現有很多問題需要重新認識和思考，特別是對於創建全世界第一個無產階級專政國家的列寧，是否能換一種思維重新評價呢？

　　十月革命爆發前，1917 年 3 月 10 日（俄曆 2 月 25 日），俄國彼得格勒城市爆發了總罷工，由社會工黨內布爾什維克號召工人把政治罷工轉變成武裝起義。二天後，部分軍隊士兵倒向工人隊伍，衝開監獄，釋放革命者，並逮捕沙皇政府裏一些大臣和部分軍官。當晚，彼得格勒市成立工兵代表蘇維埃，全國各地紛紛響應，投入摧毀沙皇政權的活動，統治俄國 304 年的羅曼諾夫王朝終於宣告結束（史稱「二月革命」）。

　　臨時政府成立，主要成員由社會革命黨人和孟什維克派佔據。這時，遠在瑞士流亡的列寧覺得機會來了，他與他的妻子及其他二十幾位革命同仁立馬乘火車回國。4 月 3 日，列寧回到俄國。一下火車，列寧就在鐵甲車上發表演說。翌日，列寧在布爾什維克黨務會上作了《論無產階級在這次革命中的任務》的報告（即《四月提綱》）。報告說：臨時政府沒有確定召開「立憲會議」的日期。再則，「立憲會議」就是召開了也沒有「工兵代表蘇維埃」的發言權。因此，布爾什維克的首要任務就是要推翻它。推翻的理由還在於：布爾什維克不要議會制共和國，要的是從下到上由全國的工人、雇農和農民代表蘇維埃組成的共和國（見《列寧選集》（三）P13）。

　　1917 年 7 月，列寧領導布爾什維克起義，試圖一舉推翻臨時政府，但未能成功。為此，列寧不得不躲藏起來。11 月 7 日（俄曆 10 月 24

日），由布爾什維克領導的工人赤衛隊和士兵再次起事。列寧親自坐陣指揮，起義者很快佔領火車站、郵電局、銀行、廣播電台、政府機關等。當夜，前來助陣的「阿芙樂爾號」巡洋艦受命朝冬宮開炮（雖然只是開了空炮），臨時政府首腦克倫斯基聞訊出逃，16 名部長束手就擒，布爾什維克旨在用武裝奪取政權的十月革命一舉成功。列寧隨即在全俄工兵代表蘇維埃第二次代表大會上發表〈告工人、士兵和農民書〉，宣告臨時政府已被推翻，全部政權歸蘇維埃。在大會上成立了第一屆蘇維埃政府，即「人民委員會」，列寧當選為委員會主席。「蘇維埃社會新紀元」由此拉開序幕。

　　早在布爾什維克形成之初，列寧就提出：爭取政治自由、多元競爭、分權制衡、民主選舉。但革命剛告成功，列寧就以防止殘餘敵特分子破壞之名而對其他政黨政派下手。列寧相信：通過打倒一切、推翻一切的暴力革命，就能改變積重難返的社會落後現狀。列寧過於相信暴力革命，可百姓還是不敢奢望，害怕一個專制取代另一個專制，本質上不變。全國於 11 月 12～15 日進行全民選舉。沒想到 25 日得票結果出來，布爾什維克獲得 23.9%的選票，在 703 個席位中只占 163 席，遠低於希望通過改良社會來推動社會進步的社會革命黨所獲的 40%選票。到了第二年年初，立憲會議召開之前，最終選舉結果揭曉：在總共 707 個席位中，布爾什維克得到 175 席，占 24.7%。而社會革命黨得到 410 席（其中左派社會革命黨占 40 席），孟什維克 16 席，立憲民主黨 17 席，各民族政黨 86 席，其餘幾個席位屬於幾個小組織。就是說，布爾什維克所主持的這次選舉只得了四分之一的議席，即使加上與布爾什維克結盟的左派社會革命黨，列寧方面也只佔有 30%的議席，而主要的民粹派政黨社會革命黨，即使不算它的左派，僅其主流派就佔有 370 席，已經明顯過半。

　　不甘心拜下風的列寧決定動用武力來消滅他的政黨對手。他首先決定取締立憲會議、藉此狠狠打擊敵黨分子。1 月 5 日，立憲會議召開。會前，列寧便下令彼得格勒全市戒嚴，調集忠於布爾什維克的軍隊開進首都。布爾什維克代表到場之後，立即提出立憲會議必須按「人

民委員會」要求把權力如數交給蘇維埃政府，並自行解散與布爾什維克為敵的政黨。到席立憲會議代表拒絕這一無理要求，但布爾什維克早有準備，與左派社會革命黨代表退出會場。會議大樓隨即被軍警包圍。被暴力脅迫下的議員們不得不於次日凌晨 4 時離開會場，全俄中央執行委員會便宣布解散立憲會議。

列寧用這種出其不意的手段來解散立憲會議，立即遭來全國上下有識人士的不滿。作家高爾基在他〈1 月 9 日與 1 月 5 日〉一文中無情譴責了布爾什維克，矛盾直指列寧。但列寧不以為然，因為他早就明確表示過：我們這個「布爾什維克黨」無所謂被人叫著「陰謀黨」。列寧始終認為無產階級成分出身的高爾基誤解了布爾什維克。他在 1919 年 7 月 31 日給高爾基的回信中說：「生活令人厭倦，和共產主義的『分歧日益加深』。分歧在哪裏呢？無法理解。分歧在政治上還是在思想上呢？連一點影子都沒有指出。其實這是兩種人的情緒的分歧：一種是從事政治或者全心全意投入最激烈的鬥爭的人的情緒，另一種是人為地置身於無法觀察新生活而受資產階級大首都腐敗印象折磨的境地的人的情緒。」（見《列寧選集》（四）P61）。（高爾基生性不怕恫嚇，愛恨分明。後來史達林想利用高爾基的威望給自己寫一些讚美詩，叫克格勃的人送去很多禮物，但高爾基死活拒絕理睬，還在小本子上寫下史達林種種不是。高爾基死後，克格勃的人看到了高爾基的小本子，無奈地說：「狼總是狼，再怎麼圈養也要跑回到大森林裏去。」）

1921 年 3 月，黨的第十次代表大會開幕了。列寧在代表大會開幕式上說：「爭論是一種不可容許的奢侈品，敵人是滿心指望共產黨內部出現分裂的。」鑒於黨內派別組織的存在，代表大會根據列寧的旨意，斥責了一切反對派集團。代表大會責成立刻解散一切派別組織，委託各級黨組織嚴格注意禁止任何派別活動。凡不執行代表大會決議的人，都應立刻毫無條件地開除出黨。列寧要求代表大會給中央一種全權，凡遇有中央委員違反紀律，以及凡遇有恢復或進行派別活動的

事情發生時，均得採取黨內一切處罰辦法，直到開除其中央委員資格和黨籍為止。所有這些帶專制手段的決定，都寫進由列寧提出而經代表大會通過的《論黨內統一》特別決議中。

列寧特地寫了一篇〈關於清黨〉報告，經黨代會討論一致通過。根據大會精神，「中央審查委員會」成立，負責全國各地開展的清除黨內異己分子活動。清黨的最終結果是：約有 17 萬人被開除出黨，占當時全體黨員 25%左右。經過清黨，其中孟什維克派被認定為非法組織，成了無產階級專政的追逐打擊對象，該派成員被迫不得不轉入地下活動。現俄國政論家、農業經濟學家尼・蘇漢諾夫曾因領導和組織孟什維克開展地下活動，而於 1931 年遭到判刑入獄。（對於這段歷史，蘇漢諾夫後來寫回憶錄時說：「蘇聯時期的研究除了對 19 世紀 20 年代初尚有一些符合真實狀況的敘述外，絕大部分是『背離了馬克思主義』的奉迎之作，是打上了史達林烙印的『固定化』模式，是從黨史的編年史中刪除一個個參與者的『非難過去政治』、為黨內鬥爭中勝利者貼金的著述，不僅把作為科學的秉筆直書的歷史毀滅，而且導致了正直歷史學家本身的肉體消滅。」）

同年，列寧格勒的城市工人由於食品不足而舉行罷工和示威，喀琅施塔得海軍基地的水兵們同情工人，毅然出面組建臨時革命委員會。喀琅施塔得位於芬蘭灣東端，波羅的海艦隊「阿芙樂爾號」巡洋艦就是從這裏出發炮轟冬宮的。喀琅施塔得水兵共有兩萬六千人，其中黨員兩千六百人。當時有九百人退黨，還有很大一部分人處於觀望狀態，等待列寧在黨代會中拿出切實措施來。他們在〈呼籲書〉上寫道：十月革命是在權利和自由的口號下取得的，現在的布爾什維克卻違反民意，搞一黨獨裁，把專政的機器凌駕於其他社會主義政黨頭上，凌駕於工農兵頭上。〈呼籲書〉要求給予公民言論和出版的自由、結社自由，釋放非布爾什維克的社會主義者，取消共產黨的特權地位。其中有人提出：「不要布爾什維克參加蘇維埃」，「任何政黨都不能享有特權並從國家領取經費」。

　　遠在 1905 年 10 月，沙皇尼古拉二世執政時期，尼古拉二世就頒布實施了君主立憲文件。聲稱堅決保障公民的言論、出版和集會集社的自由，給予公民最廣泛的政治權力，建立立法機構杜馬（史稱「十月宣言」）。現在，列寧的十月革命首先要消滅黨內外異己分子，並且拒絕釋放非布爾什維克的社會主義者，這無疑是對尼古拉二世時代的「十月宣言」一個諷刺；也給那些愛好自由嚮往平等的民眾一記響亮耳光。（尼古拉二世本人及其家屬在被蘇維埃政府羈押一年之後，秘密槍決）。

　　逢全國黨代會開會，關閉非法報社，打擊非法組織（不是站在布爾什維克一邊的都是非法組織），讓民眾閉口少言論，就是從那個時候開始的。面對抗議的〈呼籲書〉，列寧伸出兩個手指，說：「消滅！」就地消滅。他說：「我要讓你們幾十年裏不敢再打對派的念頭。」托洛茨基很不心甘情願地帶領大批軍隊開赴喀琅施塔得。其間因冰河開裂，不少士兵未投入戰鬥便溺水身亡。血腥鎮壓之下，兩萬六千人中有八千人逃到芬蘭，剩下的兩千六百多人被槍殺，六千多人被判刑，另外有一千多人被長期內控。二戰後，史達林又將逃到芬蘭的水兵抓回來，關進集中營（近幾年，俄國政府終於為喀琅施塔得事件中受害者及其家屬致歉，平反並恢復了那段歷史。史學界不再稱之為「叛亂」。另據美國 1974 年出版的《簡明不列顛百科全書》第四卷 P493 頁是這樣解釋「喀琅施塔得叛亂」：托洛茨基帶領軍隊前去鎮壓，除被當場擊斃外，其餘一概投入監獄）。

　　列寧是馬克思主義理論的忠實信徒，他的信條是黨必須絕對至上，只有絕對至上才能保證馬克思主義理論被繼承，無產階級專政能夠得以順利進行。為此，列寧及其後上台的史達林，隨即對全國民眾洗腦，從學生開始抓起，強行灌注馬列主義理論教育，並冠之為國情教育課。全國高等學校數目由 1914 年的 91 所增加到 1933 年的 600 所。到 1940 年，成年人中已經沒有文盲了，就是說：所有的人在接受無產階級專政的改造和洗禮中，已樹立起為共產主義奮鬥的信心（見《社會發展史》（陶大鏞主編 P346）。

　　強迫教育的結果只會帶來愚忠和愚昧。而對黨的絕對信任和忠於又使黨更加神聖化。拉班上台的史達林，高舉列寧大旗，讓布爾什維克名正言順地成了對人民作威作福的工具。黨的利益和國家利益從此混合在一起，以黨內團結、思想高度統一，並以黨內鬥爭的方式來翦除異己，證明黨是最神聖不可侵犯的，等等，史無前例的專制從那個時候開始，並影響世界各國。

　　十月革命，產生了一批無產階級的流氓詩人。阿多羅戈伊琴科在獻給十月革命的長詩〈赫洛斯特拉特〉中，就將古代臭名昭著的人物當作自己的偶像，藉以歌頌俄國傳統文化被大革命洪流全面毀滅。費‧基利洛夫在其詩作〈我們〉中更是大膽宣稱：

> 我們滿懷造反的激情，
> 讓別人去叫囂：「你們是扼殺美的劊子手！」
> 為了我們的明天，我們要燒掉拉斐爾，
> 搗毀博物館，踩爛藝術的花朵。

　　這種革命暴力行為讓我想起孫中山領導的革命黨人，他們也曾揚言要炸毀北京頤和園，以震懾和動搖清政府的統治，提升革命黨人的威懾力。孫中山總結了列寧十月革命成功經驗，覺得黨領袖應該在黨組織之上，這樣革命才能成功。他在〈關於列寧逝世的演說〉一文中表示說：「凡入黨的人，須完全服從我一個人，其理由即是於前次失敗，也是因為當時國內的新思想尚未發達，非由我一人督率起來，不易為力。」（見《孫中山選集》P606）。

　　受此影響，1918 年 11 月 3 日，德國基爾軍港的水兵也舉行武裝起義。起義蔓延到工人隊伍裏，浪潮席捲全國。霍亨索倫王朝被推翻，工兵代表蘇維埃政府建立。12 月，德國共產黨正式成立。1919 年 1 月，柏林工人舉行武裝起義，結果是：數以萬計的德國工人和共產黨人慘遭殺害。德國十一月革命宣告失敗。

　　在中國，十月革命影響更大，一次次城市暴動，一次次慘遭失敗。為此，毛澤東不得不宣布放棄城市暴動，走農村包圍城市的武裝鬥爭道路。對十月革命的評介毛澤東認為：「十月社會主義革命不僅開闢了俄國歷史的新紀元，而且開創了世界歷史的新紀元」。「十月革命是人類歷史的新紀元」，這句話最早是托洛茨基在 1917 年 5 月 17 日回國時說的，他說：「我們已經開闢了一個新紀元。」不過還有後半句，那更具實質性的話卻被世人們忽略了：「那是一個鐵與血的新紀元。」就是說，「鐵與血」註定要與「革命專政」聯姻在一起。

　　革命總是以強凌弱的血腥表現。女刺客卡普蘭為何要行刺列寧？卡普蘭是右翼社會革命黨委派的恐怖分子。早年是無政府主義者，第一次參加恐怖活動是在 1906 年，那年她 16 歲。策劃對基輔行政長官的暗殺，但沒成功。在監獄裏，她結識了俄羅斯著名的右翼社會革命黨活動家。其思想從此由無政府主義轉向社會革命黨人的觀點。1917 年俄國二月革命後，她被大赦，獲釋出監。1918 年 8 月 30 日，她將三顆子彈送進了列寧的身體。卡普蘭以為刺殺了列寧，布爾什維克就會群龍無首，也因為布爾什維克視一切非布爾什維克黨都是反對黨，早晚要收拾乾淨，右翼社會革命黨覺得不出手就等著自取滅亡。

　　俄國青年太激憤，過於相信通過行刺重量級人物就能改變世界。列寧的親哥哥就是因為刺殺沙皇不成而被處死。這事件對列寧的打擊很大，列寧發誓要報復。如果沒有其哥哥刺殺一事發生；並且如果沙皇政府從一開始就重用列寧，不讓他流放西伯利亞，或者不讓他有機會在西伯利亞靜心苦讀馬克思學說理論。那麼，俄國歷史可能要重寫。這就好比當初孫中山寫信給李鴻章，要求改革圖新。如果李鴻章是伯樂，重用孫中山，給個衙門高官，那麼中國歷史會重寫。偏偏李鴻章不識好人心，反欲與孫中山過不去。孫中山只能流亡海外，並在海外向國內搖控指揮，發動一次次武裝起義。

　　此話說得太遠，回到主題。若干年後，蘇聯解體。新政府班子上台所做的第一件事就是宣布解散布爾什維克組織。恐其再爭權奪利，

乾脆宣布它為非法組織，不得活動。另外，全民還就「列寧格勒」是否恢復原名「聖彼德堡」進行公開投票，很多百姓贊同恢復原名，包括一些二戰老兵。贊同的理由是布爾什維克領導的蘇維埃政府並沒給全國人民帶來政治與經濟上的保障。相反，生活水準卻在下降。就拿愛沙尼亞、立陶宛、拉脫維亞三個國家與芬蘭來比，二戰前，這三個國家整體國民經濟實力勝於芬蘭。1985 年再比，芬蘭人均產值已達一萬四千多美元，而愛、拉、立三國只有三千美元，而且這在蘇聯聯邦體國中還是最高的。正是由於列寧制定的專制路線為以後的史達林獨裁治國鋪平道路。黨的領袖沒有制約，領袖高於組織之上，部下只有忠於的義務而不能提反對意見。列寧及後來的史達林便拿全國人民做試驗品，一意孤行地圖謀他們個人的治國美夢。他們有著變態的政治人格，如同希特勒、毛澤東，都是高度的政治人格壓倒自然人格而完全變態的典型表現。

列寧相信，黨是神聖的，黨就是熔爐，能把一個普通人鍛煉成鋼。鋼鐵的屬性就是冷硬。一個人的心靈變成了鋼鐵般冷峻，如果他是一個小人物還不要緊；但他若是一個君臨萬民的領袖，那麼他的人民只能成為冷酷無情摧殘下的草莽。試想，由變態人格的人來作全國人民的領袖，其結局可想而知的。他們心中所念叨的那個共產主義社會觀念體系是何等的叫人可怕；他們宣導的「用馬克思主義理論解放全人類」口號更是讓全世界的人民震驚萬分。

在中國，有學者在「紀念『十月革命』座談會」上假設說：「如果沒有列寧的『十月革命』，俄國就不會有布爾什維克上台。沒有布爾什維克上台，就不會有蘇維埃制度下的蘇聯，沒有蘇聯也就不會有德國共產黨與德國社會民主黨之爭，沒有兩黨之爭就不會讓希特勒趁機上台。希特勒恰恰就是借美英等國對蘇聯制度的恐慌而讓一戰戰敗的德國重新打開軍事禁約。希特勒不上台就不會有第二次世界大戰的爆發。」

在俄國，學術界開始反省歷史，終於在學生課本書上將列寧領導的十月革命定性為「十月政變」（之前發生的「二月革命」還是叫「二

月革命」)。「政變」可以理解為「進步的政變」，也可以理解成「反動的政變」。「政變」不是靠正常手段上台的，而是靠武裝暴動來奪取政權。舉事者通過以破壞舊體系來建立自己的新體系，走的是非法律程序。自以為自己代表著最民主的東西，還要強行讓民眾絕對服從和無條件認可，不服從就成為專政的對象。一個專制被另一個更大的專制所取代，人民整體生活水準不但沒有提高，反而飽受新一輪的苦難。假如當初列寧上台後，不搞一黨專制、不搞全面的無產階級專政，而是採納民意，比如說虛心聽從以愛國的白俄知識分子組成「路標轉換派」的治國方案，那麼，俄國在世界經濟舞台上將是強大無比。普京現行政策，那年的知識分子早已提及，只是被列寧和史達林一槍給否定了。俄國人現在明白：革命很難自行產生新的東西，革命從來不會摧毀所有的一切而形成一張好畫最新最美圖畫的白紙，傳統的惰性無處不在地在發揮著作用。只是推翻了一個階級，原來建築其上的整個文化心態結構並沒有發生根本改變。因此，人們毫不奇怪，為何在社會主義的口號下，皇權主義的個人崇拜、宗教審判般的非法鎮壓、缺乏競爭的大鍋飯⋯⋯這些中世紀的風習一遍遍地在俄國重演？紙包不住火。這裏插一句：據說央視節目主持人崔永元曾開了一份自己早年看過的蘇聯影片名單。到了俄羅斯大使館那裏，凡二十世紀八十年代之前的影片被全部劃去。大使說：「歷史的真實記錄並非如此。」俄羅斯有首經典老歌這樣唱道：「在那野草灘上野草灘上喲，蓋起了多少廠房喲！」什麼亂七八糟的廠房，在草原上建廠房，那分明就是對生態環境的破壞，污水讓草原蛻變成沙漠化地帶。

　　另外，根據俄國現行檔案館檔案揭秘發現，腐化，並不僅僅伴隨著繁榮和富庶而產生。1920 年，蘇聯國內戰爭基本結束，由於戰爭的破壞，蘇維埃國家經濟瀕於崩潰。為了遏止政治危機和迅速恢復經濟，列寧毅然轉向新經濟政策。正是在蘇維埃政權轉入新經濟政策以後，在一些經濟管理幹部中出現了腐化現象。一是「交通開支巨大」。幾乎每個托拉斯和每個機關的第一件事就是置辦汽車。浪費公款還發生在

吃、住、玩等諸方面。包括「帶賽馬私人出行，玩賽馬」、「負責人住
的住宅裝修得過於奢華」、「去餐館花費了過大的開支」、「玩賭博（賽
馬賭、羅托賭、紙牌賭，等等）」。此外，公款浪費還發生在醫療中，
當時「在官員中特別普遍地是去國外治病，去德國治病，甚至派自己
的親戚陪同」。有些領導幹部的家屬超期住在療養院裏，浪費國家開
支。二是：貪污受賄權錢交易。也有的利用職權「曲線謀私」，在為家
人牟利的基礎上滿足一己私利。其中之一就是「工業銀行事件」。即銀
行的首腦克拉斯諾謝科夫用國家的資金創造條件，讓自己的兄弟發
財，而自己過著放蕩的生活。

　　讀史明目。列寧的十月政變，確實影響巨大。從第一個共產主義
政權建立的開始，到 1979 年，全球有近三分之一人口生活在這樣的專
政體制下。俄羅斯歷史學家拉津斯基在《史達林秘聞》中這樣總結史
達林對列寧主義的理解：「一天不搞恐怖黨危險，兩天不搞恐怖黨滅
亡。」為了讓全國人民認識到黨有可能被毒壞，史達林別出心裁地於
1928 年，派人事先與頓巴斯煤礦 53 名工程師們商量好，有意讓他們
自我坦白，坦白承認自己是冒充的知識分子，其實是打入煤礦內的破
壞分子。此舉立即引起全國公憤和震驚，最終審理結果是：53 名工程
師中有 22 人被判死刑。後來又念他們認罪態度好，改判 5 人死刑。這
5 個冤魂是因為革命需要必須走上斷頭台，不走上斷頭台這事就不成
真。他們至死還不明白史達林其及布爾什維克為何出爾反爾，說好是
演戲為何動真格？正是一黨專政，讓史達林為所欲為、一手遮天。釀
製了無數以「將無產階級專政進行到底」名義下的人間慘劇。本來，
人民的解放和幸福，這是人類社會所共同追求的倫理境界。革命暴力
只是一種帶有社會性質的暴力運動，不能以人民的自由和生命為暴力
運動價值。但是，列寧的「十月政變」，卻讓革命凌駕於人民之上。為
了革命暴動所必須支出的利益（個人沒利益不說），其他所有的事物失
去了它應有的利益和價值。由此，人民的解放與幸福成了暴力革命的
奴婢，必須完全聽從暴力革命來安排。在這種情況下，暴力革命往往

會走到人民的反面，成了迫害人民的有力工具。試想，歷史上，有哪次革命不是以「人民」的名義發起而到來？人民的生存感、解放感、幸福感，這些蘇維埃社會的優越感統統被寫在紅旗上。十月之旗由此獲得無可質疑的正義性和崇高性。

歷史終將是歷史。十月政變，俄國百姓所看到的卻是無窮無盡的專制，罄竹難書。而且這種專制甚至坑害了其他社會主義國家；並且剝奪了幾代人的幸福。俄國學術界知識分子對此感到愧疚。它的後果也在於：靠武裝奪取而非民意和法律程序產生的政權，其統治者維護和鞏固政權的手段只有是更殘酷的鎮壓，以防止下一輪陰謀奪權可能的到來。正如古巴革命領袖卡斯楚在暴力革命成功之後，對他最親密的、並且一直緊跟他浴血奮戰的戰友阿馬斯下毒手，並以莫須有罪名讓他終身監禁、失去自由。

中國有位學者對此說得好：在革命的政治遊戲中，倫理道德被徹底顛覆，「惡」成為一種制勝的法寶，心慈手軟者都會成為最早的出局者，這樣一種「善良淘汰機制」甚至會比它所顛覆掉的舊體制更糟糕、更可怕。在此過程中造就的「道德虛無主義」者只能把世界分為紅黑兩個陣營，凡自身之外的一切包括模糊的灰色地帶均被視為敵對的營壘，非此即彼的鬥爭便成為一種常態，只能以嚴酷的鎮壓體系和恐怖手段維繫凝聚力，以強化集中制、等級制、兵營制的高壓職能來對待異端。在這樣的社會中，真誠、相愛、善良、仁慈、溫情將被掃進「資產階級的垃圾堆」裏，在這種道德的主宰下，人性惡的一面會大大釋放，只會距離理想越來越遠。

面對列寧的十月政變，我認為：凡是有著變態人格的人都不能從事政治活動。從十月革命到十月政變，我們的思維方式應該進行一番新的梳理。普京在競選總統時曾說：「誰不為蘇聯而惋惜，誰就沒良心。誰想恢復過去的蘇聯，誰就沒頭腦。」現在我也想說：「誰要是忘記十月政變，誰就沒記性。誰要是還緊抱列寧主義，誰就沒頭腦。」

附文：一片冰心，飲馬江湖

黑星人先生，你好！

　　偶爾上網，看到你《列寧十月革命，送來光明還是專制》一文，閱後，有些想法，不吐不快，就算是討論吧。畢竟十月革命是一場重大的歷史事件，是事件就該放在世界歷史的大背景下討論，那樣才有可能弄清它的性質。

　　凡存在皆合理，雖不充分卻必要。列寧以 25% 的席位，用槍打掉席位占 75% 的大黨，厲害不？你到英美去試試？俄國當時就是那個現狀，因此《十月宣言》是一個錯誤，錯在時機不對，尼古拉二世絕非優秀的政治家，倒像一個書呆子（注：他一生愛好體育和軍事，尤其是對各種武器的性能特別熟悉），他以為一紙宣言就可以實現民主了。殊不知黃雀在後。也不想想英國大憲章，費了多大周折才得以確立的。還有美國，是在南北戰爭後，才在林肯手中確立了國家的民主，再說如果當初華盛頓像中國毛澤東的話，歷史又不知該兜怎樣的圈子了。

　　中山的「服從領袖論」是對時勢的總結，老人家推翻了三人團，又新建三人團也是這個道理。恩來明白，不甘而無奈。兵家說，主將不斷三軍自亂，讓不懂軍事的討論打仗，結果還不是禿子頭上的蝨子。既然贏是硬道理，那麼就這麼著吧。贏自有贏的道理，說來也簡單。一是信仰，像口號，國人講個師出有名，越響亮越好，多數人弄不明白就更好。二是謀略，審時度勢、順勢而為。三是政策，土地革命加統一戰線。太宗曾問，創業守成孰難，各有一說。是非曲直轉頭空，青山依舊在，幾度夕陽紅。

　　據我所知，民主最初形成在古希臘的城堡裏，全民共選，前提是小國寡民。大羅馬太大，難以持續，賄賂選民也是亡國原因之一，更

是一種結果。有時我覺得，中世紀可能還是民主新生前的煎熬。但若非蒙古鐵騎，中世紀又不知要持續多久。再說華盛頓並非先例，希臘七賢早已表率。民選的希特勒能成那麼大的氣候？感覺還是從森林裏出來的民族對民主的駕馭力不足，何況我們。小平說：我們缺少執法守法的傳統，他是明白人，知道歷史上有個燦爛的古羅馬。

中國的事還要中國人審時度勢，民主簡單的說就是兩個人中選一個。就這，人類用了數千年時間走了這一步棋。公民意識的全民覺醒，談何容易。本人覺得十月革命更像是一次基督教的洗禮，道家佛教並不干預世俗生活，或許這還是非暴力的源頭。中世紀歷史或許是歐洲的心病，可現在還有誰會提起？這需要一份膽識。有人曾經說過這麼一句話：馬克思是上帝，老人家是教皇的時代已過去，時逢六月。也曾自問，黨衛軍好呢還是國防軍好？傳統傾向於黨衛軍，憲法的精髓傾向於國防軍。老人家曾號召與傳統的觀念作徹底的決裂，心裏明鏡似的，不過凡是都有個過程。佛曰：緣起緣滅。要實現民族的偉大復興，不僅經濟上，還要在思想上超越英美。難嗎？

一片冰心，看多了鮮血換來的東西，我情願流淚。飲馬江湖，哪天哭個夠。

作者：林蔭大道

那年石家莊解放，
老百姓為何人心思奸？

　　我說的那年也就是 1947 年。1947 年 11 月 12 日，石家莊經過我軍 6 天 6 夜的浴血奮戰，在接連掃清周邊障礙、突破市溝、街巷激戰中，石家莊市終於迎來全部解放。此戰役共殲國民黨第 3 軍 32 師、河北保安第 9、10 團等 24000 多人，摧垮國民黨石門市黨部及趙縣、深縣等 16 個流亡國民黨縣政府，解放 1000 多平方公里土地，100 多萬人口。

　　城市解放的第二天，領導班子跟著進來。市委書記為毛鐸，柯慶施任市長。市衛戌司令部由鄭維山任司令員，毛鐸兼任政治委員。朱德還特地作了一首詩：

> 〈攻克石門〉
> 石門封鎖太行山，勇士掀開指顧間，
> 盡滅全師收重鎮，不教胡馬返秦關。
> 攻堅戰術開新面，久困人民動笑顏，
> 我黨英雄真輩出，從茲不慮鬢毛斑。
> （注：戰役後第翌月，「石門市」改為「石家莊」。）

　　由此，石家莊平民百姓能夠比其他城市的人提早享受被解放的感覺，大家理應揚眉吐氣「動笑顏」了。可是，當時負責指導城市接收工作的中共中央工委書記劉少奇卻驚奇地發現，在石家莊老百姓中，居然普遍存在著一種「人心思漢（奸）」的現象，這又是為什麼呢？

石家莊被日軍侵佔有七八年，國軍是 1945 年 10 月開始「接收」這座城市的。北京大學歷史系教授楊奎松對此事解釋說：「因為國民政府抗戰勝利後『接收』變成『劫收』，導致民間怨聲載道；再加上戰爭不斷，經濟惡化，許多市民轉而懷念偽軍統治時期。因為那個時候社會要更有秩序得多，生活安定得多。同樣，像東北這樣的地方，蘇軍幫助中國打敗了日本關東軍，結果因為其軍紀不佳，再加上一度土匪橫行，東北老百姓中間也長時間流傳著日本人比老毛子好的說法。」

「人心思奸」一詞出自於〈劉少奇同志對石家莊工作的指示〉（1947 年 12 月 14 日），並見於《劉少奇年譜（1898～1969）》（下），北京，中央文獻出版社 1996 年，第 109 頁。不過，如果細細研究一下《劉少奇年譜》，會驚歎地發現：自從劉少奇到達華中地區之後，他所收到和發出的有關軍令、報告，沒有一個是出於打日本人的，全部是旨在打擊或分化國軍的（或許要求打日本人的文件忘記編進《年譜》了）。

由人民出版社公開出版的《潘漢年的情報生涯》一書更是把這事說透了。該書記載道：「都甲說，（日軍）清鄉的目的是為了強化治安。日本方面目前最關心的是津浦線南段的運輸安全。只要新四軍不破壞這一段的鐵路交通，日方則希望和新四軍有一個緩衝地帶。潘漢年說，新四軍的發展很快，目前正在穩步地鞏固和擴大農村根據地，也無意立即佔領鐵路交通線和其他交通據點。日軍要給新四軍一定生存條件，否則遊擊隊就會隨時破壞鐵路交通的。」

日本人為了確保津浦線南段的運輸安全，自然會與新四軍首腦作交易。不斷加強清鄉又為了強化治安。治安上去了，鐵路運輸線就安全了。治安不好，什麼事都會發生。當以腐敗出名的國軍前來「接受」時，帶來的當然是「勝利者」面孔。然後，又經過一年內戰，共軍浩浩蕩蕩地打來了，成了下一個勝利者。

「勝利」是什麼概念？「勝利」是用國人同胞的鮮血和屍骨拼寫的。「勝利」，給「內戰」暫時劃上了一個句號。而內戰，受害最深的

莫過於平民百姓了，老百姓生活在水深火熱中，早已折騰不起。內戰，同時也帶來了更混亂的治安：偷、搶、盜樣樣出現了，就是沒聽說「內戰」會提升社會治安的力度。

對此，石家莊的老百姓認識到一點，處在日偽時期，雖然是亡國奴，但至少自己的生命還是有保障的。而在內戰中，此話就沒保證了，大炮和子彈從來就是不長眼睛的。因為討厭內戰、咒罵腐敗、謀求良好的治安，所以石家莊的老百姓才會出現集體的「人心思奸」現象。這，不叫叛國行為。劉少奇在《劉少奇同志對石家莊工作的指示》一文中說得很清楚。不過，這篇有爭議的文章是斷然不會選進《劉少奇選集》中的。

寫此文章前，想多暸解一下當時歷史背景，特地上「石家莊檔案資訊網」，化了一個小時仍一無所獲。確是！

與遠征軍兒子對話：我們沒有永遠敵人

　　那日，去一朋友家造訪，天南海北地閒聊。那朋友忽然問我說：「你知道『中國遠征軍』的故事嗎？我的父親就是當年『中國遠征軍』中一名功績顯赫的工程兵。」這位看似言語不多的朋友主動打開話匣子，向我訴說了他父親的那段陳年往事。

　　朋友有幾分驕傲地說道：「我的父親是一九四三年搭乘美國運輸機，以『中國遠征軍』名義進入印度的。入印度，父親不是第一批到來的國軍，在這之前，孫立人帶著他的 38 師團已經駐守在印度了。說『駐守』其實是血拼不過日本軍隊，只能從緬甸撤退到印度。38 師團士兵雖然個個作戰勇猛，但就是打不過日本人，因為日本軍隊的武器比中國軍隊強許多倍，無論是輕火力還是重火力的較量都不在一個檔次上，而一場戰爭的勝負往往是以火力的強弱來決定士兵的命運和戰局。38 師團只有千把號人留守在印度，根本無法組織有效力量對兵力超過自己數十倍的日軍進行抗擊。為此美國總統要求蔣介石再增派兵力到印度去，同時送去大批先進武器和軍用汽車。在印度，我的父親分在工程兵處，負責開車運送軍用物資。」

　　我點了點頭，關於孫立人將軍故事還是知道一點。他在抗戰中立過許多功勳，最得意之戰就是在 1942 年，以 700 人的軍力攻克日軍陣地，解除了被日軍包圍多時的七千英軍士兵，同時解救了 500 多名被日軍俘虜的英軍官兵、傳教士和記者等人。為此，1944 年 3 月，孫立人作為 38 師師長在緬甸北部前線接受了美國總統羅斯福和美陸軍部部長史汀生授予的「豐功勳章」。由孫立人帶領的部隊在遠征緬甸的 35 個月中，行程 7000 英里，經歷大小戰鬥 1300 多次，斃敵 2.4 萬餘

人。在國共兩軍共同抗戰中，他是殺日本人最多的一位將領。在緬甸
會戰，1200 名日軍官兵向孫立人的軍隊交械投降，結果統統被他以活
埋的方式殺掉。唯一生還的是一個叫山田進一的下士，因為他是台灣
人。1943 年元旦，英皇特例授予孫立人「英軍司令」的勳章。

　　那朋友繼續說道：「1944 年，中國政府為打通緬滇公路國際交通
線讓國外的軍用物資得以順利進入國內。遠征軍從印度全面反攻緬
甸。宋希濂的第 11 集團軍反攻兩次均遭遇失敗，傷亡慘重。這時，蔣
介石命邱清泉派 200 師增援龍陵，負責切斷緬滇公路上龍陵、芒市兩
地日軍之間的聯繫。為減輕軍隊兵力損傷，邱清泉建議採取「火燒背
陰山，水淹龍陵城」的策略。消息傳出，龍陵城日軍未戰先亂。中國
軍隊乘機發動第三次反攻，邱清泉親自督戰，迂迴緬滇公路以斷絕日
軍退路。龍陵日軍見歸路被斷，只好棄城逃跑。中國軍隊由此順利佔
領龍陵。此後，邱清泉揮師沿緬滇公路推進，一路上攻城拔寨，勢如
破竹，最終打通緬滇公路。緬滇公路一旦打通了，我的父親便忙壞了，
天天跑長途，歷經生命之險。

　　「1945 年春，邱清泉率遠征大軍從中緬邊境班師回朝，我的父親
也跟著回到國內。此時，國共內戰爆發了。蘇中戰役打響後，邱清泉
奉蔣介石之命率領第 5 軍進攻淮南解放區。華東解放軍為避鋒芒，
主動撤離淮南，邱清泉因此輕鬆地佔領了不少城池。然而沒過幾年，
戰爭格局大變。共產黨軍隊每到一處，就將地主的土地奪過來分給農
民，並以最大能力的宣傳動員青年參軍。這樣，共產黨軍隊苗壯無比，
局勢完全朝著有利於共產黨軍隊方面發展。淮海大戰，解放軍對國民
黨杜聿明軍隊發動強大的包圍攻勢，但圍而不攻。第五軍所在的第二
兵團（指揮官杜聿明與邱清泉）三十萬人被近百萬的解放軍包圍在徐
州以南的青龍鎮一帶。國民黨軍隊內部，由於糧食運不進去，燃料與
飲水不足，無法燒飯，只能靠空投饅頭及麵包充飢。解放軍還是圍而
不戰。後來，由於連下了四十天大雪，天氣惡劣，空投無法正常進行。
國軍飢寒交迫，三十萬國軍因飢餓不戰自敗。在無望的突圍中，邱清

泉只能舉槍自戕。這位曾戰功赫赫的抗日名將，終於淪為內戰硝煙下一縷可憐而又可憫的炮灰。」

那朋友猛地問我說：「你知道邱清泉是怎樣兵敗徐州，命喪淮海大戰的？」邱清泉的歷史我知道不多，後查資料得知，他 17 歲時參加五四運動，隨同學下鄉，向農民開展「抵制日貨」活動。中學畢業後當了家庭教師，後考入上海大學半工半讀。1924 年，受國民黨元老于右任等人影響，投筆從戎，考入黃埔軍校。1934 年，蔣介石選派他留學德國，進柏林陸軍大學去深造。抗戰時，邱清泉只要與日軍對壘就會激動得像發瘋一樣猛衝猛打，而日軍一聽到「邱瘋子」的軍隊來了往往會畏懼一片。內戰初期，與共產黨的軍隊交手時，共軍是「逢五不打」，「逢五就跑」。第五軍武器太屬害了，硬打無疑就是送死。

那朋友見我不答話，便說：「淮海大戰，以杜聿明邱清泉為總指揮的國民黨第五軍第二兵團敗於共產黨軍隊之下，有幾方面的原因：一是共軍的炮火太猛烈了，其猛烈程度遠遠超過了『八一三』上海國軍遭遇日軍的那場炮火。這些彈藥都是從東北日軍遺留下來的兵工廠裏製造出來的，整車皮地運送過來。這些東北老百姓可能沒想到那些彈藥使無數的兄弟同胞血灑沙場，死不瞑目。說『兄弟同胞』那是因為國民黨軍隊中很多人是被政府強制入伍的，他們並不想打仗，只是為生活所迫。我的父親就是被鄉政府規定家家戶戶需抽出一個丁（男勞動力）服兵役才應徵入伍的。從內心來說，極其反感內戰，拒絕成為共軍槍炮下的炮灰，但又沒辦法，軍人服從命令是天職，只好消極作戰，這是第二個原因。第三個原因是國民黨軍隊中的紀律鬆懈，腐敗現象屢禁不止，作為長官為人作風不正、惡習嚴重。

「知道蔣介石每夜睡覺前在想什麼嗎？他時刻惦記著屬下軍人會幹哪些蠢事，然後把它記錄下來，再在會議中宣讀。像國民黨王牌軍軍長張靈甫與老婆吵架，一槍嘣了老婆再說。還有湯恩伯的部隊駐守在河南，被當地百姓以『蝗蟲』『旱災』『水災』並論，以至於士兵們人心思『共』。第四個原因是國民黨內部不團結，勾心鬥角。兄弟部隊

被包圍，自家隊伍在一邊看笑話，袖手旁觀，並千方百計找理由不去
解圍。再有一個原因就是：我軍包圍徐州，國民黨軍隊內部，由於糧
食運不進去，燃料與飲水不足，無法燒飯，只能靠空投饅頭及麵包充
飢。但是在邱清泉的司令部門口，偏偏堆著很多用一袋袋大米作掩體
的建築物。眼見士兵們十個有九個餓得吃不消，無心再打仗，邱清泉
還是下令誰也不准動這些掩體，他發誓要與共軍決戰到底。還有一個
原因可能是邱清泉好女人，對戰爭產生一種厭惡感。他曾說道：『只有
歐洲人打仗最好，打得贏就打，打不贏就降，不像我們中國，明知道
不能打，也非打下去不可！』在決戰關頭，他仍不忘與女人做愛。

「邱清泉眼見大勢已去，下令叫我父親等人把汽車統統開到野外
燒掉。父親等人將汽車的火花塞搞壞，說車子的發動機壞了，不能起
動了。那些汽車就這樣被保護下來了。當共軍打來時，就幾句話，願
意留下的就當解放軍，不願意留下的就發路費給予回家。父親選擇留
下。1953 年，父親退役回家，在家鄉開了一個汽車修理鋪。全國整治
小業主運動風頭已起，父親見苗頭不對，連忙關閉鋪門，跟隨一位戰
友來到南京 XX 廠工作。後來文革到來時，父親遭紅衛兵小將批鬥、
抄家，被關了一個月，要求寫檢查，說出加入國民黨軍隊的動機是什
麼？響應蔣介石的號召去印度的目的又是什麼？父親當即回答說：入
伍不是自願的，『動機』只是為了吃飯生存，因為那時看不到共產黨軍
隊。至於說那個『目的』，只是為了愛國，不是愛蔣介石。到印度去，
不是去玩而是去抗日，毛澤東說過任何抗日行為都是一種愛國的行
為。」

那朋友神情開始嚴肅，說：「歷史總愛開玩笑。毛澤東說任何抗日
行為都是一種愛國行為。孫立人在抗戰中可以說是功勳卓著，有『東
方隆美爾』之稱。可毛澤東卻在 1948 年年底向全國宣布，孫立人等
43 人是頭等戰犯，一定要嚴懲不貸。株連九族，連蔣介石的夫人宋美
齡和孫中山兒子孫科也算上。文革中，很多從國民黨投誠過來的官兵
遭遇迫害，其中因忍受不了折磨而自殺的人不少。」

我忍不住插嘴道:「中國遠征軍是偉大的,你的父親同樣也是偉大的。在國民黨軍隊中有很多這樣的抗日將領,你前面所提到的孫立人、張靈甫、湯恩伯、邱清泉、杜聿明曾經都是抗日有功的將軍。只因為後來他們參與了蔣介石所發動的內戰,一下子成了民族的千古罪人,所有抗日功勳被否定;所有抗戰遺跡被消除。什麼叫『民族的千古罪人』?多少年來我們一直被這個理論所蒙蔽、受欺騙。兩黨之爭,兩軍之鬥,歷來是勝者為王,敗者為寇。所謂勝者,即為民族功臣;而敗者,即為民族敵人。這行的是哪家皇法?大家一定沒忘記十年前中國在對香港恢復行使主權時,作為香港總督的彭定康是如何百般刁難和對抗中國政府的。我們的輿論媒體稱他為中華民族的『千古罪人』。然而就是這位現在擔任歐盟委員會外交專員的『罪人』卻在推動歐盟解除對華武器禁運立場上力挺中國,並作為『座上賓』被邀請到中央黨校作演講。這為什麼?一個國家和民族,不但要對它的經濟繁榮追求負責,更要對歷史負責,在中華民族內,我們沒有永遠的敵人。」

我接著說:「國民黨軍隊與日軍有過不少大的城市會戰,像淞滬會戰、武漢會戰、幾次易手的長沙會戰,還有戰死到最後一個人的常德會戰,更有使日寇全軍覆滅的松山之戰。這其中有幾回驚天動地、可歌可泣的血戰場面被拍成電視劇以教育下一代?可惜這些歷史並不為多數國人所知。我們有很多抗日救國事蹟和英雄人物可以去謳歌,但我們的電視製作人推在觀眾面前的只是《地道戰》、《地雷戰》等小規模的游擊戰電影。如果我們的歷史教材書無法做到讓國共兩黨兩軍抗日史正本清源,那又拿何種理由來阻止號稱一衣帶水的領邦國家篡改中小學歷史課本呢?

天哪！這日本小子竟說：
「二戰，我們沒輸」

那日正午，應朋友之約，我來到「波特曼大酒店」。走進底樓大堂的休息廳，但見那朋友一邊欣賞著靠牆處站立的三位年輕男女樂器手精湛的演奏，一邊喝著午茶。見我到來，他忙站起身來，指著身邊一位小青年對我說：「這位是剛從日本本土來中國大陸攻讀古代漢語的，我與他的老師是朋友，老師讓我帶他出來走走，我就把他帶到這裏來了。」

來者是朋友，大家隨便聊了起來。這位日本小青年中文說得十分不到位，幸好有我朋友在，朋友懂日語，解決了我與小青年語言交流上的障礙。

閒聊，無意間談到抗日戰爭。那日本小青年一下子來了勁，剛才掛在臉上的悶鬱不見了，倒添幾分光澤。我說中日之戰，日本軍事力量再怎麼大，稱霸世界的美夢終究要破產；也終究要敗倒在中國人民的腳下。

一聽這話，日本小青年居然連連搖頭，說：「那次大戰，日本是敗了，不過是敗給了美國，而不是敗在中國軍隊槍炮下。你們中國軍隊是依靠美蘇軍隊的力量而不是靠自身力量戰勝我們的。戰爭年代，你們雖然是人口大國，地大物博，士兵的人數也比我們高出許多倍，但這些都是中看不中用。主要還是要看這個國家的工業總產值反映。總產值的高低決定著經濟基礎是否結實，而經濟基礎是否結實又反過來決定著這個國家的軍事力量是否強大。」

「憑什麼說那時我國的工業不行？」我問。

　　這位日本小青年很是驕傲地說：「就從你們歷史書上所說的『七七事變』說起，那時你們的工業總產值不過是 13.6 億美元，占國民經濟總產值的 10%。而我們日本工業總產值卻已經是你們的四倍還不止，你們的人口又是我們的五倍。說具體一點，那時我們日本鋼年產量是 580 萬噸，你們中國卻只有 4 萬噸。我們的石油年產量為 169 萬噸，你們年產量只有 1.31 萬噸。我們的銅年產量是 8.7 萬噸，你們只有 0.07 萬噸。這實力上的差距實在是太懸殊了，若是硬拚，你們根本不是我們對手。我說這話是實事求是的，你聽了不要生氣。」

　　這位日本小青年說話不是很快，有些單詞還是讓我朋友給翻譯出來的。我沒想到他對那時的中日雙方經濟瞭解不少，真看不出來。對此我有點敬佩。不過我只是敬佩他對中國歷史的那種鑽研精神。我想，不管怎麼說，一個人人關心自己國家歷史與命運前程的民族是一個可敬的民族。但我強烈反對他對二戰歷史的歪曲，認為日本人的失敗不是由中國人民流血拚殺出來的必然結果。

　　我回答道：「中國那時確實是貧窮和羸弱的，但貧窮的物質生活並沒有磨滅中國人民的愛國志氣。羸弱也不是軟弱的代名字。或許你和你的上一輩對日本在中國大陸的戰敗一事不予承認，認為你們的皇軍明明還佔領著上海、北平，以及中國大部分沿海城市，這些皇軍壓根兒沒受到我們國軍或共軍大範圍的圍殲，怎麼能說是失敗呢？但是我要說，你們天皇裕仁自己也不得不承認說：『如再繼續戰爭，日本將趨於滅亡。』這說明日本完全是因為戰敗而投降的。雖然你們日本政府通過瑞典、瑞士向盟國發出的〈終戰詔書〉中沒提到『戰敗』一詞，但在美國戰列艦『密蘇里』號上，我國與美、英、蘇四國代表、以及各國代表團、盟國的海陸空軍將領、280 位各國記者，在那裏舉行了接受你們政府派出的 11 個代表，代表日本投降的『受降儀式』。這段歷史記錄你不會不清楚吧！」

　　我的那位朋友一邊從包裹拿出一台筆記本電腦，一邊說道：「記得史料記載，1942 年元旦，由 26 個國家同時發表了〈聯合國共同宣言〉，

這是自『九一八』和『七七事變』以來，中國軍民抗日付出巨大代價所換來的成果。想一想，回顧當時的世界，能夠抵抗侵略者這麼長時間的國家真是為數不多也！」

這位朋友已用筆記本電腦無線上網，把日本天皇〈終戰詔書〉給找出來了。看到那日本小青年那股不認輸的樣子，我指著螢幕上〈終戰詔書〉說道：「你看看你們日本政府當年是怎樣的陰險與卑鄙，明明是用軍事行動侵略他國，公然掠奪他國財富，卻偏要說是為『促進世界和平，早日停止戰爭』。一片謊言！誰挑起了戰爭？誰讓戰爭之火燃燒整個東南亞？這些歷史你不會不清楚吧？還有，屠殺平民百姓，像『南京大屠殺』，這血的歷史我們全體國人是永遠不會忘記的。」

那日本小青年有些激動，說了一串日語，我聽不懂。朋友忙向我翻譯說：「他在申辯，說戰爭總是這樣殘酷的，還說我們的孫立人大將軍也是殺人不眨眼的。在緬甸戰場上，我們日軍有 1200 名士兵已經交槍投降了，孫將軍還是不放過他們，把他們統統活埋了。這事經美國報紙披露出來，震驚世界，可你們中國人對此卻津津樂道。」

一聽此話，我有點來氣。我說道：「當你們國家戰敗宣布投降時，美國總統曾要求我國派出一支 5 萬人的部隊開赴你們國家，協助美軍共同佔領並管理日本。當時點名要新一軍的孫立人大將軍去，只是蔣介石對此猶豫不決，那些特地去日本考察的人無所事事，沒過幾個月就回國了。若孫立人真的帶兵去了，你們日本歷史就不是現在這種寫法了。不管這事是否是真的，有一個事實全世界人民都知道，我們國家飽受了因戰爭帶來的深重災難，卻沒從你們國家那裏獲得一分錢的賠償。」

日本小青年臉上顯得有氣無力。他說道：「你可知道？我們的民間經濟團體和政府現在對你們國家的經濟發展做出了大量援助性的努力和作用。這點你們官方報紙沒大量報導過，可大家還是有目共睹的。在此，我們不需要聽你們說一聲『謝謝』，因為我們都是亞裔人，大家

都希望亞洲繁榮，或許這也正是我們民族對曾經被傷害過的你們民族所作的種種補償的行動吧！」

天哪！好話竟然全被日本小青年說去了。我記得史料上記載過這樣一段事實：在英美蘇首腦舉行「雅爾達會議」時，曾制定要求德意日法西斯國家給予盟國戰爭賠償的原則。規定德國應賠償 200 億美元，其中 100 億歸蘇聯，80 億歸英美，20 億歸其他國家。戰後，英、美、法、蘇對德國實行分區佔領，成立盟國管制委員會，德國的賠償以盟國從各佔領區拆遷工業設施抵償。同時，對於追隨德國與盟軍作戰的義大利、羅馬尼亞、保加利亞、匈牙利、芬蘭五國同樣提出了賠償要求。1947 年 2 月 10 日盟國與上述五國計立的和約中規定，意、羅、保、匈、芬五國分別向蘇聯、南斯拉夫、埃塞俄比亞、希臘四國賠償 2.55 億、3 億、0.7 億、4 億和 3 億美元。

另外還有，那些破壞遠較中國為輕的東南亞國家卻不同程度地獲得了賠償，其中緬甸、菲律賓、印尼所得賠款分別為 2 億美元、5.5 億美元和 2.23 億美元，甚至連當時尚未統一的越南南方吳庭豔政權也獲得了賠款 3900 萬美元。那麼，為何我們中國人卻沒從日本人那裏得到一分錢的賠償？

記得 1894～1895 年甲午戰爭結束，戰勝的日本通過《馬關條約》以戰爭賠償的名義從戰敗的中國清政府手中掠走白銀兩億兩。這事歷史課本上寫得清清楚楚，我們沒忘記，現在日本政府戰敗了，我們卻得不到一點兒好處？這是為什麼？如果我們當年學美國人向德國索要大量的賠款，之後又通過馬歇爾計畫大力援助德國重建國家，讓德國人賠得心服口服，大謝美國人辦事英明、上路。那麼，如此一來，日本人，還有日本政府現在該是怎樣的一張臉譜呢？

對此，我不知道！我只知道中國抗日戰爭是贏了，但所贏結果沒讓日本大部分民眾、特別是年輕的一代人心服口服，贏得不徹底！贏得不痛快！至少那些受難者的家屬沒有得到應該得到的待遇。中國人不應該太好說話！民國政府也不該太軟弱，或為自己的政黨利益與統

治而放棄並犧牲全體民眾的利益（那時是台灣的國民黨代表去美國參加放棄索賠的簽約，大陸政府因無政治地位被排擠在外）。

　　面對日本小青年，我說道：「你說，二戰，你們沒輸。我說：二戰，這帳沒完。只要你們日本政人一天不認輸、篡改歷史，我們中國人就有一天保持索賠的權利。騎驢看唱本──等著瞧。」

如果《雙十協定》落實，
中國會成為世界強國嗎？

　　《雙十協定》是在 1945 年 10 月 10 日，國共兩黨為結束內戰與分裂局面，建立人心所向的民主政權而共同發表的一個會談紀要。在這個「會談紀要」出籠之前，抗日戰爭剛好結束，影響中國走向和平進程的外部因素已減少，存在於國共兩黨之間的隱藏矛盾開始浮現出來。在東北、華北及中原部分地區，國共兩黨軍隊相繼展開大幅度的城市管轄權與戰略物資接收工作。那時，蘇聯已把在東北地區繳獲的原日軍輕兵器及部分（有限的部分，大部分設備被蘇軍掠奪而去）戰略物資轉交給由林彪率領的東北解放軍；國民黨則從美國政府那裏得到了軍事援助。美國海空軍開展大行動，徹夜運送國民革命軍前往華北、東北地區，兩黨軍隊在部分地區對政權的控制展開了零星的衝突。

　　還在 1945 年 8 月，取得戰略主動權的蔣介石三次電邀毛澤東前往重慶商討和平建國問題。這是國民政府文官長吳鼎昌提出的建議，蔣介石出於自己政治與軍事目的的需要，採納了這建議。期間，史達林也致電毛澤東，勸其去重慶會談。於是 8 月 28 日，毛澤東與周恩來、王若飛在美國大使赫爾利陪同下，從延安飛至重慶，代表中國共產黨與中國國民黨代表王世傑、張治中、邵力子展開七次會談（見《毛澤東選集》〈四〉：《中共中央關於同國民黨進行和平談談的通知》P1098）。召開會議期間，兩黨不約而同表示將在談判期間實行臨時停火。

　　談判中，毛澤東不同意蔣介石提出的人民解放軍納入由國民政府領導下的國民革命軍統一指揮。毛堅持認為抗日根據地擁有自己的獨

29

立主權，不過原則上同意交出分布在海南、湖北、浙江、河南一帶共
13 個根據地交給國民黨接收。同時，為兩黨間意識形態的聯姻，特別
提出了「新民主主義」的口號，目的以淡化兩黨之間意識形態的嚴重
對立。蔣介石的態度是，除 1937 年抗日戰爭爆發前即為共產黨所佔有
的延安革命根據地保持不變外，其他地區一律收回。毛回拒這一要
求，但表示以後會對軍隊減員，並許諾在建立真正的民主政府後會
交出軍隊。

談判歷經 43 天的時間，雙方於 10 月 10 日在重慶簽署了「政府與
中共代表會談紀要」，即「雙十協定」。翌日，毛澤東在王若飛與張治
中陪同下飛返延安，周恩來則留在重慶繼續談判。

〈雙十協定〉原則上肯定了和平建國的基本方針，雙方同意以對
話方式解決一切爭端。建設獨立、自由和富強的新中國，徹底實行三
民主義。在結束訓政、實施憲政框架下，迅速召開政治協商會議，對
國民大會及其他問題進行商討後再作決定，制定一部新憲法。

針對〈雙十協定〉構築出的未來中國藍圖，「中國民主同盟」於一
星期後，也就是 10 月 16 日，不失時機地提出了十項政治主張。在這
之前幾天，10 月 12 日，中國民主同盟臨時全國代表大會在重慶閉幕，
通過〈政治報告〉等文件。其十項主張是：

1、迅速召開政治協商會議。2、成立民主聯合政府。3、舉行國民
大會，制頒憲法，產生政府。4、保障人民享受一切自由權利。5、立
即無條件釋放漢奸以外的一切政治犯，廢止特務制度。6、軍隊國家化，
軍人不得干政。7、積極振興經濟。8、外交上獨立自主，與各國平等
相處。9、內政上肅清貪污，提高效能。10、廢除黨化教育，保障學術
研究的絕對自由。

受此影響，「民主建國會」也於 12 月 16 日在重慶成立，黃炎培任
主席。成員基本上是民族工商業者和知識分子。上海同時成立了「民
主促進會」，馬敘倫、周建人、趙樸初等人到會。宗旨是：「發揚民主
精神，推進中國民主政治之實現。」

　　全國政治形勢一片良好，老百姓彷彿看到了和平建國的希望。1946年1月10日，政治協商會議如期在重慶召開，蔣介石致開幕詞。參加此次會議的各黨派代表共有38人。其中國民黨8人，共產黨7人，民盟9人，青年黨5人，無黨派人士9人。會議對改組政府，施政綱領、軍隊、國民大會、憲法草案等五項內容進行了激烈的討論。會議最終決議如下：

　　1、改組國府，容納各黨派人士。2、軍隊歸屬國家，實行軍黨分治、軍民分立。3、5月5日召開國大，舊代表1200名有效，另增加850名新代表。4、審議修改〈五五憲法〉，賦予人民自由民主權利，採用國會制和「三權分立」政體。5、基本接受中共和平建國綱領（國民黨允諾釋放廖承志和葉挺）。

　　這是〈雙十協定〉的作用，但它也只是紙上錦花。1946年3月，國民黨六屆二中全會在重慶召開。全會從根本上否決了一月份召開的政治協商會議所通過的有關協議。全會提出5項「憲法修改原則」：

　　1、制定憲法應以建國大綱為最基本依據。2、國民大會應為有形之組織，用集中開會方式，行使建國大綱所規定的職權。3、立法院對行政院不應有同意權及不信任權，行政院亦不應有提請解散法院之權。4、監察院不應有同意權。5、省無須制定省憲。

　　如此一來，政治協商會議所確立的國會制、內閣制、省自治制全遭否定。結果如人所料。因為〈雙十協定〉沒有從實質上解決兩黨之間的核心矛盾，也未能改變中國分裂的格局。此後，第三次國共內戰全面爆發，知識分子期望兩黨成立聯合政府的幻想終於淪為泡沫。專制開始，全國人民失去放言權，「三權分立」的政體形式更是無從談起了。

　　在此值得一提的是1946年5月4日在重慶成立的「九三學社」。「學社」脫胎於抗戰後期，由文教、科技界人士組成。眼見國共和談無望，〈雙十協定〉泡湯，「學社」於國難當頭之刻，發表針對國民黨政府的8項聲明：

　　1、促進民主政治的實現，爭取人民的基本權力。2、反對屬於黨派或私人的武力，根絕內戰。3、肅清貪污，反對官僚政治。4、從速完成國家工業化、農業現代化。5、發展民生經濟，反對官僚買辦資本和私人資本。6、學術思想絕對自由，根絕黨化教育及思想統治。7、普及國民教育。8、加強同盟國家團結與合作，促進世界和平。學社的 8 項聲明與〈雙十協定〉精神相吻合。如果〈雙十協定〉能夠落實，我想中國一定會擠進世界強國之列。只是可惜，那是我的一種假想。因為不管是國民黨還是共產黨，都不肯放棄一個政黨、一個領袖、一個主義的原則。放棄黨對軍隊的控制，放棄軍隊對政治的干預，擔心從此失去一個已統治在手的世界。

　　〈雙十協定〉只是中國歷史上的一朵曇花。中國如想擠進世界強國之列，首要條件是要有民主政治的保障。我還想，自從 1903 年 5 月，鄒容撰寫《革命軍》小冊子，便意味著中國首份「人權宣言」誕生了。〈雙十協定〉肯定了人權的意義。如今，幾十年歲月蒼茫過去了。一個政黨不應該是與人民結怨、對立的政黨，而是一個謀真務實的組織，還民於充分的民主與自由權利，畢竟民主政治是執政黨的良藥。《新華日報》很早就撰文說：「中國人民為爭取民主而努力，所要的自然是真貨，不是代用品。把一黨專政化一下妝，當做民主的代用品，方法雖然巧妙，然而和人民的願望相去十萬八千里。」「不結束黨治，不實行人民普選，如何能實現民主？把人民的權利交給人民。」（見：1945 年 1 月 28 日《新華日報》和 1945 年 9 月 27 日《新華日報》社論。）

　　〈雙十協定〉也道明了人權不應該以政治立場強加區別。記得龍應台在〈一個主席的三鞠躬〉一文中說得很有意思：「我其實只是不相信，人權應該以政治立場來區隔。國民黨、共產黨、民進黨、他媽的黨，如果人的尊嚴不是你的核心價值，如果你容許人權由權力來界定，那麼你不過是我唾棄的對象而已。不必嚇我。」（見《中國青年報》2005 年 11 月 23 日）

不聽話不給飯吃，
延安整風運動居然這樣進行

近來，偶爾讀了幾篇關於蕭軍的文章。蕭軍因 1935 年 8 月出版由魯迅親自撰序推薦的表現東北人民革命軍抗日鬥爭的長篇小說《八月的鄉村》而贏得了「抗戰作家」的榮譽。1938 年，蕭軍身背褡褳，扛著木棍，從山西吉縣步行來到延安。之後，他去了西安，因與蕭紅維持六年的婚姻破裂，便與家在蘭州的蘇州美專一學生結婚，於 1940 年攜妻小再次來到延安。

再回延安，日子不太平了。胡喬木在他寫的《胡喬木回憶毛澤東》一書中這樣寫道：「當時（指延安文藝座談會結束後），主要圍繞兩個人，頭一個是蕭軍，然後是丁玲，還有一些人牽進去了。鬥得相當厲害。」「對蕭軍，搞到不讓他吃公糧。蕭軍這個人很倔強，他就住到延安東邊的一個孤孤單單的房子裏，自己搞生產。幹了一段時間，胡喬木受毛澤東委託，叫他及夫人回去，並說兩方面都有錯。」

那麼蕭軍錯在哪裏呢？這場整風運動確切地說是因為王實味而引起的。王實味是何許人也？王實味應范文瀾之約，於 1937 年從上海奔赴延安後，一直在馬列學院編譯室任特別研究員。四年間，他翻譯了近 200 萬字的馬列經典著作，為馬列主義在中國的傳播做出過貢獻。但王實味性格狂傲，好像只有不斷地向權威挑戰，才是他人生的樂趣。他在延安《解放日報》上先後發表了〈野百合花〉、〈政治家‧藝術家〉等雜文，還辦了壁報《矢與的》。有幾期《矢與的》還貼在布上，掛在延安最熱鬧的地方，看的人像趕廟會一樣，一時出盡了風頭。

　　王實味堅持認為政治家的任務是改造社會制度，而藝術家的任務就不同了，它是改造一個人的靈魂。黨不要過多地干涉文藝創作，要讓創作者有充分自由發揮的想像空間。作為一個文藝工作者要敢想敢說，不要做大人物權威下的軟骨頭者。而毛澤東則堅持認為文藝創作就是要為黨服務，圍繞著黨的政治工作與思想理論作積極宣傳，任何對黨有意見、並牢騷滿腹的行為就是反黨行為。王實味的牢騷思想立即遭到了中央研究院的徹底批判。以整風名義召開的大會對王實味思想進行了無情批鬥。毛澤東首先發言，其後是其他到會者的深刻發言。到會者都是有文化的知識分子，革命的自覺性與覺悟性相當高。在會上，王實味幾次想為自己的言行作一番辯解，可每次話還沒完，就招來一片怒吼和痛斥聲。對此蕭軍忍不住，站起來說：「為什麼不讓他把話說完？」

　　散會後，蕭軍憤憤地說：「這種批鬥無疑就是往人腦袋上扣尿盆子。」此話被一邊的陳學昭聽到了，陳學昭是從法國留學歸來，獲得文學博士學位，在延安是學歷最高的一位女同志（寫有《工作著是美麗的》一書，57 年被打成右派），她立即把此話彙報給黨組織。幾天後，中央研究院派郭小川（中國文壇享有大名的詩人）等四名代表來到蕭軍家，指責他破壞了批鬥會，要他承認錯誤。蕭軍受不了這氣，當場把這四人趕出家門。

　　此後，蕭軍日子一直不好過，心裏也一直不痛快。1942 年 10 月 19 日，在兩千多人參加的「魯迅逝世六周年紀念大會」上，蕭軍就王實味的事再次「將」了與會者一軍。這下犯眾怒，丁玲、周揚、柯仲平、李伯釗、劉白羽五名黨內作家和陳學昭、艾青兩名黨外作家輪番上陣，批駁蕭軍的言論。蕭軍孤身一人，舌戰群儒，唇槍舌劍至凌晨兩點。最後，辨累了的蕭軍主動讓步，說：「這樣吧，我先檢討檢討，百分之九十九都是我的錯，行不行？那百分之一呢，你們想一想……」

　　丁玲不愧為中國文壇的大作家，她說：「這百分之一很重要！我們一點也沒錯，你是百分之百的錯！告訴你蕭軍，我們共產黨的朋友遍

天下，丟掉你一個蕭軍，不過九牛一毛！」（丁玲說了真話，她確實瞭解共產黨，知道共產黨從來就不需要不聽話的朋友，要的是對黨絕對忠誠的朋友。她於四十年代末完成長篇小說《太陽照在桑乾河上》，1951年獲得史達林文學獎。1955年，卻作為「丁玲反黨集團」的主要人物遭到批判，隨即被流放到北大荒長達 8 年，之後又被投入北京秦城監獄）。）

蕭軍剛平息的怒氣又上來了。他的臉色是紅裏透青，騰地一下站起來，吼叫道：「百分之九十九我都攬過來了，你們連百分之一的錯都不肯認帳！那好吧，你們既然朋友遍天下，我這個『毛』絕不去依附你那個『牛』；你那個『牛』也別來沾我這『毛』，從今以後咱們就他媽的拉——蛋——倒！」說完蕭軍拂袖而去，大會不歡而散。

蕭軍所以敢牛，是因為他在毛澤東心目中地位還是蠻高的。早在1937 年，延安陝北公學召開的「紀念魯迅逝世周年」大會上，毛澤東便作了他對魯迅最早的和唯一的「專論」式講演〈論魯迅〉，其中共引用了魯迅的三篇文章，一篇就是魯迅 1934 年 11 月 17 日〈致蕭軍、蕭紅〉。蕭軍在延安不僅被選為中華全國文藝界抗敵協會延安分會的理事，擔任文藝月刊的幹事、《文藝月報》編輯、魯迅研究會主任幹事和《魯迅研究叢刊》的主編等要職。蕭軍曾與毛澤東多次單獨喝過酒，他認魯迅為老師，認毛澤東為大哥。對此，毛澤東不但不生氣，還多次給蕭軍寫信，以挽留準備回重慶的蕭軍，這在置留延安的那些作家群中是少見的。

對於蕭軍不聽話就不給飯吃，這在延安整風運動前還只是小動作。像王實味不聽話，對黨發表自己的不同政見，中央研究院的負責同志給予他的處罰就是沒討價還價餘地了——直接剝奪他的做人權力。

促使對王實味雜文被批評升級成為文藝整風的整肅重點對象，是源于王震、賀龍、朱德等幾位政治家直接干涉的結果。當王震一行應中央研究院副院長范文瀾之約，來到中央研究院觀看壁報。看完壁報，

王震就大聲罵起來：「前方的同志為黨為全國人民流血犧牲，你們（指
王實味）在後方吃飽飯罵黨！」罵了之後，王震又來到《解放日報》
社，找博古是問。在中央辦公廳召開的《解放日報》改版座談會上，
王震與賀龍一起狠批了王實味的〈野百合花〉和丁玲的〈三八節有感〉。
其後，大詩人艾青（寫有長詩〈大堰河〉等，57年被打成右派）在中
央研究院座談會上發言，作了長篇發言〈現實不容歪曲〉，全面深入地
批判、揭露了王實味的種種罪惡，申明一個文藝家對革命陣營應有的
正確立場和態度。同時呼籲取消王實味的做人資格。

為何要取消王實味的做人資格？因為王實味的文章對延安的社會
生活和革命隊伍中的人際關係進行了尖銳的指責和批評，相當片面和
偏激。在整風中，當時文藝界一些寫了錯誤傾向的文章的同志，受到
了批評，但他們很快都做了檢討，黨也寬恕了他們。唯獨王實味就是
死活不肯承認自己有錯誤，因而批評也就不斷升級：由思想政治錯誤
上升成「托派」、「國民黨特務」，最後被打成「五人反黨集團」，逮捕
入獄。

1947年3月，胡宗南的國民黨軍隊打過來，中共中央機關決定撤
離延安，王實味則由中央社會部押送到晉綏根據地。途中，王實味因
所謂的「神經不健康，身體也不好」成了行軍途中的一個包袱。晉綏
公安總局請示中央社會部，經康生與李克農批准，決定秘密將王實味
就地處死。執行幹部為節省子彈，將王實味帶到黃河邊一處偏僻山
隅時，從其身後用對付日本鬼子的大砍刀將他砍死。怕被人認出，
亂刀百次，再將血肉模糊的屍體丟於一口枯井裏。其手段是何等的
殘忍。

由此看來，延安整風運動其實質就是中國現代文學史上的一個
「紅斑狼瘡」，也是在延安的知識分子縱容並鑄就毛澤東做專制皇帝所
打下的第一塊基石。如果延安的知識分子個個都像蕭軍、王實味那樣
在毛澤東和黨面前敢說真言，那麼中國的今天絕不是這樣的，至少輿
論監督不會像現在這樣蒼白無力、形同虛設。

那年當陽人「共妻」
提早進入共產主義社會

我說的那年也就是 1958 年 11 月 7 日。這一天，湖北當陽縣跑馬鄉黨委書記召開全村鄉民大會。在會上，黨委書記神采奕奕地宣布：「今天，也就是 11 月 7 日，是我們全鄉社會主義結束之日。明天，也就是 11 月 8 日，是我們鄉大喜日子。從此，我們鄉進入了偉大的共產主義社會。共產主義社會就是財產不分你我，一切按公有制的需要重新分配。」

鄉領導還沒說散會，鄉民們已一哄而散，直奔鄉鎮小店。在小店裏，見什麼拿什麼。小店貨物被洗劫一空後，那些沒得到財物的人就聯合起來，直衝當地比較富裕的地主家。地主家裏的人趕緊把門死死堵住。但沒用，人們翻牆而入，把地主家的東西全部掏空，連地主女兒放在床頭的內衣也掠走。那些膽子小的就偷鄰家的雞狗，當場活殺吃掉。鄰家見之也不動怒，大步跑到田間割鄉里的農作物。這其中還有搞笑的事發生：張三跑到鎮幼稚園，把李四家放在幼稚園的小孩抱回家，說自己一直想要一個孩子，偏偏老婆就是生不出來。李四不是省油的燈，也把張三的的老婆騙到自家屋子，鎖上房門。說是要下功夫讓這女人來喜，補回他一個孩子。

財產共用，妻子輪得。這事鬧到鄉黨委書記那裏。黨委書記抓了抓頭皮，說：「孩子領養回家，只要對方同意就沒問題。但共妻之事要先慢一步，讓我請示縣領導之後再作決定。」鄉黨委書記為什麼要這樣迫不及待地宣布這村貧下中農跑步進入了共產主義社會？因為他看

到了公社的好處。自從嵖岈山成立了全國第一個「人民公社」之後，他認為公社就是共產主義社會初級階段。

政治局委員，負責農村事務的副總理、大躍進的積極推動者譚震林，在河南向農民宣傳了「公社」種種好處。他說：「首先，有好的食物，而不僅僅是填飽肚子。每頓有肉、雞、魚、蛋，還有更精美的食物如猴頭、燕窩、海味等等，都是按需供給。第二，衣服穿著方面，一切要求都可滿足。有各種花色和品種的服裝，而不是清一色的黑色和藍色。將來，普通服裝僅作為工作服使用，下班後，人們就換上皮服、呢絨和羊毛制服，當人民公社都養了狐狸，那時外套就都是狐皮的了。第三，房屋都達到現代城市的標準。現代化是什麼？人民公社。在屋子的北廂有供暖設備，南廂有空調設備，人們都住在高樓裏，不用說，裏面有電燈、電話、自來水、無線電和電視。第四，除了跑步的選手外，旅客和行人都有交通工具，航班通向各個方向，每個省都有飛機場，每個地方都有飛機製造廠的日子也不遠了。第五，每個人都受高等教育，教育已經普及。」

時任政治局候補委員的康生編出一句順口溜，讓沒文化農民難忘：「共產主義是天堂，人民公社是橋樑。」

最叫人捧腹大笑的是中央某些領導人的誇大其詞。其中薄一波於同年六月在題為《兩年超過英國》的形勢報告中說：「明年，工業總產值將比上年增長 60%～70%，鋼產量比今年增加 1500 萬噸。基礎建設投資將增加近一倍，達到 450 億元。由此，我們完全有理由說，在二年時間裏超過英國。」毛澤東看了這報告之後很開心，批示道：「超過英國，不是十五年，也不是七年，只需要二到三年，二年是可能的。」這一年，中共中央向世人宣布：「共產主義已經不是什麼遙遠將來的事情了，我們應該積極地動用人民公社的形式，摸索出一條過渡到共產主義的具體途徑。」

同年 8 月底，毛主席在北戴河主持召開了中央政治局擴大會議，會上經過討論，正式通過了〈關於建立農村人民公社問題的決議〉。要

求各地在秋收前後，先把公社的架子搭起來。北戴河會議結束後，中央報刊相繼發表了「迎接人民公社化的高潮」等社論。在迎接「高潮」到來之前一個月，《人民日報》已發表文章，大肆讚揚公共食堂8大好處，其中最大的好處就是吃飯不要錢。如此，人民公社運動很快進入高潮。全國人民的積極性也被充分調動起來。大家窮極思變。如何變？

思琪在〈支付大同夢的苦難〉一文曾這樣寫道：毛澤東本人出身於農民，對於作物的生長過程本不生疏。他在巡視鄉村的時候，就常常說起技術在種田當中的重要性，例如土地應當深翻，種子應當密植，這些話後來被譚震林歸納為「八字憲法」，包括土壤、肥料、水利、種子、密植、管理等等方面。然而終其一生，毛澤東始終認為精神力量之重要遠遠高於技術的因素。但任何科學技術一旦陷入愚昧和想入非非，也就如同鬧劇。比如，在「深翻土地」的號召之下，基層的官員們就會動員社員將八尺以至一丈二尺以下的土壤挖至地面。又比如「合理密植」的結果。是讓土地的每一平方釐米都佈滿種子，竟在每一畝土地上播種數百公斤，日後種芽發起，重重疊疊，先是將整塊土地頂起，接著就全部死亡。肥料的重要性更激起了人們許多奇特的想像。通常的做法，是把人畜的糞便加以蒸煮，壘成無數圓錐體或環形、梯形。再以薄土密封於表面，上栽作物後又以纖細竹管插入，順管孔澆水，催動肥料發酵，以釋放種種氣味，養育表層土壤和作物。這最為常見的施肥方法已不能滿足人們的增產欲望，於是又附之以種種非常措施。比如為每棵莊稼注射若干毫升的營養液體，這種液體可能是葡萄糖、白酒、生長素或者各種各樣叫不出名字來的東西。在所有幻想和發明中，以徐水縣大田人民公社黨委書記高玉生的發明最為聳人聽聞，他將帶血的狗肉煮爛，以肉湯澆灌作物。據說此種肉湯可使玉米每株結穗十棵，使穀子穗長五寸。所以一時風行鄉間，狗跡幾絕。但是，為人民公社的種種奇蹟作出犧牲的決非僅是狗，還有其他生物。陝西省蒲城縣發明改變雞的習性，讓公雞履行母雞的職責去孵化小雞，以使母雞騰出更多的時間來下蛋。在這個實驗中公雞被割去生殖

器官，並且被迫像人一樣地喝下兩杯酒，然後就醉意盎然地去孵化同伴的子女。西北農學院畜牧系的六位學生用大致類似的辦法完成了另外一項創造：他們對一頭豬施以手術，將其耳朵、尾巴、甲狀腺和部分胸腺割去。豬的照片掛在北京的農業展覽館中，其禿頭禿尾之狀慘不忍睹。但照片說明寫道，這種「四割法」使這只豬在一天之內增膘九點五公斤。所以它是學生們向國慶九周年敬獻禮物。

這樣無理智的運動一直演繹到 1962 年 1 月，中共中央在北京召開由七千人參加的大會。會上，劉少奇代表中共中央宣布「大躍進運動」失敗。「人民公社」方針重新審議，鬧劇這才暫告一段落。愚昧無知的農民，加上不負責任的中共中央高層領導合在一起，書寫了中國當代歷史上最荒唐的一頁。嗚呼哀哉！

文革，蔣介石會在廬山接見紅衛兵嗎？

　　據近年陸續公布的史料透露，上個世紀 50 至 60 年代，國共兩黨信使往來頻繁，一度達成統一協定。只是 1957 年，聲勢浩大的反右鬥爭在全國開展，使蔣介石認為國共談判時機不成熟從而中止了兩黨之間進一步接觸。60 年代，蔣介石與蔣經國在曹聚仁先生的協助下，再一次擬好了統一大業的六項條件。其要點是：把外交和國防交給大陸，台灣保留四個師；台灣自治，蔣經國任省長，文武官員待遇不變，人民生活保障不准降低；蔣介石回到大陸，劃出廬山地區為其居住與辦公的湯沐邑。就在這事協商到關鍵之時，1966 年 5 月 16 日，無產階級文化大革命開始了。國共和談再一次無望，錯失無法彌補的絕佳良機（引自《歷史教學》2005 年第 7 期第 57 頁）。

　　問：如果文革不發生，國共和談會成功嗎？蔣介石真的會回到廬山修身養性、悠然自得地讀書看報嗎？如果蔣介石於文革前回到大陸，會不會於文革開始後，在廬山接見造反的紅衛兵嗎？我看不會！這是政客們的胡思亂想。因為蔣介石這一生的稟性註定他不會改變反共觀點。而毛澤東的觀點很鮮明：凡是反共的行為就是不愛國的行為，因為共產黨代表國家。不愛國行為罪孽深重，該從思想上予以教化、徹底糾正。如抗拒改造，則從肉體上予以堅決而又無情地消滅。蔣介石深知毛澤東的處事為人，站著說話與坐著說話是兩種性格的人，他才不會做這種飛蛾投火的傻事。處事有手段的蔣介石，在毛澤東面前自知不如，毛澤東要比他棋高一招，不然他不會丟失上百萬國軍，無臉面地逃到台灣去的。那麼毛澤東又是怎樣在蔣介石面前打一下、親一下的呢？

　　就說中共六屆六中全會吧！全會在延安開了 40 天。1938 年 10 月
12 日至 14 日，毛澤東代表政治局向會議作了題為〈論新階段〉的政
治報告。在這個報告中的第 18 小節，毛澤東對蔣介石領導的國民黨作
了這樣的評價（《毛澤東選集》裏沒有）：

（18）國民黨有光明的前途

抗日民族統一戰線是以國共兩黨為基礎的，而兩黨中以國民黨
為第一大黨，抗戰的發動與堅持，離開國民黨是不能設想的。
國民黨有它光榮的歷史，主要的是推翻滿清，建立民國，反對
袁世凱，建立過聯俄、聯共、工農政策，舉行了民國十五六年
的大革命，今天又在領導著偉大的抗日戰爭。它有三民主義的
歷史傳統，有孫中山先生蔣介石先生前後兩個偉大的領袖，有
廣大忠忱愛國的黨員。所有這些，都是國人不可忽視的，這些
都是中國歷史發展的結果。

抗日戰爭的進行與抗日民族統一戰線的組成中，國民黨居於領
導地位。十五個月來，全國各個抗日黨派都有進步，國民黨的
進步也是顯著的。它召集了臨時代表大會，發布了抗戰建國綱
領，召集了國民參政會，開始組織了三民主義青年團，承認了
各黨各派合法存在與共同抗日建國，實行了某種程度的民主權
利，軍事上與政治機構上的某些改革，外交政策的適合抗日要求
等等，都是具有歷史意義的大事件。只要在堅持抗戰與堅持統一
戰線的大前提之下，可以預斷，國民黨的前途是光明的。

然而，至今仍有不少的人於國民黨存在著一種不正確的觀察，他
們對於國民黨的前途是懷疑的。他們對於國民黨懷疑的問題，就
是能否繼續抗戰，能否繼續進步，與能否成為抗日建國的民族
聯盟的問題，而這三個問題是互相結合不可分離的。我們的意見
怎樣呢？我們認為國民黨有光明的前途，根據各種主客觀條件，
它是能夠繼續抗戰，繼續進步，與成為抗日建國的民族聯盟的。

　　對此，毛澤東不放心，還特地在會議開幕時給蔣介石寫了一封信，並由周恩來於同年 10 月 4 日在武漢當面交給蔣介石。全信如下（《毛澤東書信選集》裏沒有）：

介石先生惠鑒：

　　恩來諸同志回延安稱述先生盛德，欽佩無餘。先生指導全民族進行空前偉大的民族革命戰爭，凡我國人無不崇仰。十五個月之抗戰，愈挫愈奮，再接再厲，雖頑寇尚未戢其凶鋒，然勝利之始基，業已奠定，前途之光明，希望無窮。此次，敝黨中央六次全會，一致認為抗戰形勢有漸次進入一新階段之趨勢。此階段之特點，將是一方面更加困難；然又一方面必更加進步，而其任務在於團結全民，鞏固與擴大抗日陣線，堅持持久戰爭，動員新生力量，克服困難，準備反攻。在此過程中，敵人必利用歐洲事變與吾國弱點，策動各種不利於全國統一團結之破壞陰謀。因此，同人認為此時期中之統一團結，比任何時期為重要。惟有各黨各派及全國人民克盡最善之努力，在先生統一領導之下，嚴防與擊破敵人之破壞陰謀，清洗國人之悲觀情緒，提高民族覺悟及勝利信心，並施行新階段中之必要的戰時政策，方能達到停止敵人之進攻，準備我之反攻之目的。因武漢緊張，故欲恩來同志不待會議完畢，即行返漢，晉謁先生，商承一切，未盡之意，概託恩來先生面陳。此時此際，國共兩黨，休戚與共，亦即長期戰爭與長期團結之重要關節。澤東堅決相信，國共兩黨終必能於長期的艱苦奮鬥中，克服困難，準備力量，實行反攻，驅逐頑寇，而使自己雄立於東亞。此物此志，知先生必有同心也。專此布臆。敬祝健康！並致

　民族革命之禮

　毛澤東謹啟

民國二十七年九月二十九日

　　然而僅僅過了一年，也就是 1939 年 5 月 28 日，風雲突變。中共中央針對汪精衛親日反共發出指示：反共即為投降。毛澤東撰文公開表示：「有許多的張精衛、李精衛，他們暗藏在抗日陣線內部，也在和汪精衛裏應外合地演出，有些演雙簧，有些紅白臉……應該給以堅決的打擊。」汪精衛這人我們知道，那麼張精衛、李精衛是指誰呢？《毛澤東選集》的注釋寫得很清楚，就是指蔣介石。蔣介石是暗藏在抗日陣線內部的投降派主要頭目。按照毛澤東的觀點，蔣介石是投降派主頭目，那麼國共團結抗日，鞏固民族統一戰線還有什麼必要？笑話！分明是國共兩黨之間爭奪政治權力的國內矛盾。而「投降」卻是中國與日本兩國之間的戰爭反映，也是屬於國際間的衝突矛盾反映。兩者本不能相提並論，可毛澤東卻英明地認為，天下凡是反蔣的勢力群體就是愛國的群體，凡是反共的就是不折不扣的投降群體。

　　或許蔣介石腦海中清晰地浮現出與日本軍隊驚天地，泣鬼神般搏殺的淞滬會戰、武漢會戰，三次拚死的長沙之戰，還有戰死到最後一個戰士的常德會戰，以及讓日寇全軍覆沒的松山之戰，這些歷史在共產黨的文獻資料中是一筆帶過的，沒有多少國人知道其詳情及來龍去脈。八年抗戰，國民黨軍隊與日本軍隊進行大會戰 22 次，重要戰鬥 1100 餘次，小規模戰鬥 38,000 餘次，消滅日軍 100 餘萬人，陣亡將士 380 萬人，內有將領 211 名，其中上將八名，中將 45 名，少將 158 名，而團、營、連、排長等陣亡則數以萬計。

　　然抗戰結束，兩黨又重新淪入不共戴天地步。如此，1966 年的那場文革就是不來，蔣介石也不會回到廬山，悠然自得地讀書看報、修身養性。既然不會回到大陸，那麼所謂在廬山接見紅衛兵，那純粹是一種無稽之談。

第二輯

悼念林昭

——我的祭文

4月29日，我在林昭墓前沉思

今天是4月29日，四十年的今天，也就是1968年4月29日這一天，在上海提籃橋監獄被關押八年之久的林昭，由刑警秘密押赴上海龍華機場槍決。罪名是：「陰謀推翻人民民主專政罪、反革命罪」。槍殺理由是：反黨氣焰極其囂張、罪惡滔天、罄竹難書，不除國將無安寧之日。

林昭之墓落於蘇州木瀆鎮靈岩山安息公墓中，由「蘇南新專、北京大學部分老師同學、妹彭令範立」。懷一腔崇敬之情，我驅車從上海來到這裏。當地一村民悄悄告訴我說，通往林昭之墓的山道上安裝了三個攝像頭，還有便衣守在那裏。既來之，何怕之。我想，害怕的不是這些由全國各地自發趕來的祭掃者。我們做事光明磊落，只有那些心中有鬼（打錯字了，應該是「愧」）者才害怕這段歷史真相大白於天下，並害怕出現林昭效應。

在林昭墓前，人們獻花圈、寄哀思，默守墓地，與林昭私語。遠在今年春節過後，就有張輝、胡迪等八位同仁在網上發起祭掃林昭之墓活動。今天，他們集體「失蹤」了，原因自然不言而喻。我認為，在科技發展的今天，文字可以遮罩，聲音可以阻截，活動可以禁止，但唯獨人心不可能被收買。歷史是一條流淌的河也罷，是一座巍然屹立的山也罷，不管如何演繹；如何洗盡歲月創傷，但「林昭」這個驚天地、泣鬼神的英雄名字，在民間，卻是用任何洗滌劑也洗刷不掉的。何謂精神，這就是精神。精神是暗河，流淌於風華歷史的冰面下。

林昭之死不是死於一二個領導偏見之手，而是死於強大的無產階級專政制度。專政制度，強大無比，其中沒有〈寬容法〉和〈信仰自

由法令〉可言。什麼叫〈寬容法〉？早在 1689 年 5 月 24 日，英格蘭國會就通過了給予不從國教者以信仰自由的權利。史稱〈寬容法〉。美國作家房龍在其《寬容》一書 P13 上說：「我說的就是《大英百科全書》，該書第 26 卷 1052 頁這樣寫道：『寬容——容許別人的行動和選擇的自由，對不同於自己或傳統觀點的見解的耐心公正的容忍。』」什麼又叫〈信仰自由法令〉？1781 年，神聖羅馬帝國向全國民眾頒發〈信仰自由法令〉，給予不信天主教的信徒有其他的或無信仰自由的權利。

歲月後移二三百年，1949 年 10 月 1 日，毛在天安門城樓上莊嚴宣告：「中華人民共和國成立了！」共和國成立，全國百姓卻付出了最大的政治代價：沒了信仰與言論自由，全民意識統一、交出個體，集體投入到社會主義思想改造的熔爐中。誰反對「文革」運動，誰就是罪該萬死。林昭反對了，由此林昭死一萬次也是死有餘辜。林昭死於無產階級專政，如此意識形態的集體專政，人民還有什麼幸福感可言？

「文革，使中國幾十年的革命與建設的成果遭到前所未有的破壞……它使我國的國民經濟瀕臨於崩潰的邊緣，國民收入損失高達 5000 億元。更重要的是，這場浩劫使我們的國家，我們的民族失去了寶貴的時間，失了趕超世界先進國家的難得機遇，使我們的經濟、科技、文化水準進一步拉大了與發達國家間的差距。……如果這一切沒發生，如果這只是一個可怕的噩夢，如果我們選擇了一條穩定的發展道路，那麼我們的今天將會是怎樣呢？」（見《我相信中國》P6，何傑等人主編，中國城市出版社 1997 年第 1 版。）

沒有「文革」，那麼我們的今天社會將會是怎樣呢？林昭這樣的人物還會出現嗎？此話問得好。我的回答是：沒有「文革」，林昭及林昭式的英雄人物照樣會出現。因為無產階級革命始終念叨著萬劫不復的「反革命罪」（十年前，憲法才取消這項罪名），凡持與政府不同政見者，均可列入「反革命罪」黑名單中。林昭乃女中豪傑、巾幗英雄，生性剛強、愛恨分明。她即便是躲過「文革」一劫，「反革命罪」還是會追殺而來。

　　什麼叫「反革命罪」？我在此引用因「反革命罪」而於七九年入獄（被判坐十幾年牢）的魏京生致法院一段答辯詞：「什麼叫反革命？由於『四人幫』的文化專制主義和愚民政策的多年影響，現在有人是這樣看的，按現在當權的領導的意志辦就是革命，反對現在當權者意志的就是反革命……把當權者的意志掛上永久革命的標（識），消滅一切不同的思想理論。有權就是真理，這種對革命概念的庸俗化，正是過去二十多年『四人幫』鎮壓反革命者和人民的最有效工具之一。」

　　老毛在論建國初期《論十大關係》的第八大關係：「革命與反革命的關係」中肯定了以下四點：1、1951 年至 1952 年鎮壓反革命是必須的。2、現在還有反革命，但是已經大為減少。3、今後社會上的鎮反，要少提少殺。4、機關、學校、部隊裏清查出來的真憑實據的反革命由機關清查，公安局不捉，檢查機關不起訴，法院也不審判，100 個反革命中 99 個這樣處理。為何十年之後，到了文革很多持不同政見者到了必須繩之以法，槍斃了再說的地步呢？原因只一個：毛的專制化與封建化政權不受民眾監督。由於專制化與封建化，使「革命」失去原有本色。那些執權者以手中掌握的權勢來鞏固個人地位、名譽、功利，並借革命名義來打擊異己分子，壓制不滿言論與不滿情緒。除林昭之外，像江西的李愛蓮、鍾海濤兩女子因不滿現實而被打成反革命，割乳、取腎，殘酷地加以殺害。東北有張志新為正義之言而於七五年被割喉槍決。另外還有因寫〈出身論〉而被強大的無產階級專政置於死地的遇羅克。既便是「四人幫」倒台後仍有華東師範學院學生王申酉作為政治犯於七八年夏被槍斃。這些人當初都是因罪大惡極、罄竹難書，被強大的專政處死的。那些群眾叫喊道：「這麼思想反動的人不殺不足以平民憤！」若干年之後，還是那些群眾泣聲說道：「這是代表中華民族錚錚鐵骨、寧死不屈的好兒女呵！」

　　是的！林昭是官方認可的中華好兒女；也是被公開追認的革命烈士。但現在這個社會，不需要有與政府持不同政治見解的「好兒女」大量湧現。我們的媒體，總是不遺餘力地宣傳另一種英雄形象。比如

說：電影《集結號》一再努力向我們揭示，在硝煙彌漫的戰爭中所犧牲的每一位戰士，都將成為先烈；也都將成為生活在和平年代的後人們學習和崇敬的榜樣。但是，林昭，林昭式的人物出現，顛覆了英雄標準，重寫了偶像參數。和平年代所誕生的每一位英雄，非常人所具有的生活勇氣。與林昭相比，當今社會，好多英雄名不副實，如童孩手上玩的鐵圈一般。

記得魯迅在《吶喊》「自序」一文中說：「所謂回憶者，雖說可以使人歡欣，有時也不免使人寂寞，使精神的絲縷還牽著已逝的寂寞的時光，又有什麼意味呢，而我偏苦於不能全忘卻，這不能全忘的一部分，到現在便成發《吶喊》的來由。」

魯迅是中國文化名人，他在聞訊左聯五位青年作家被國民黨殘酷殺害後，義憤填膺地寫了〈為了忘卻的紀念〉，國民黨審查制度也能容忍這類文章出台，魯迅病逝後，其《魯迅全集》還能在四十年代末的國統區發行。

歷史跨越六十多年風雨，今天，我們卻不能坦然以公開祭掃方式來悼念林昭，有關林昭祭掃活動文字在互聯網好些網站上被人為地遮罩了，成了敏感的「非法關鍵字」。

這裏，我還是要說那本有政府支持背景的《我相信中國》一書，首頁第一章的大字標題是：「我相信中國會有一個穩定的未來！」（在有些省市的中小學《歷史》課本書裏，已刪去關於反右、大躍進、文革這方面歷史），我們如果無法直面歷史，又何談改變看法？古人說得好：「後人哀之而不鑒之，亦使後人復哀後人也！」

不否認，我們的經濟比之前繁榮了；我們也奧運了！我們讓象徵和平友誼的聖火登上了珠峰。但我們也進入「河蟹」港灣，從此一切盡在不言之中。如果我們發出異聲，會成為破壞「和諧」大局的千古罪人並淪為「林昭第二」嗎？

「和諧」的目的就是為保經濟改革順利進行。經濟改革最早是鄧公提出的。鄧公說：中國經濟改革必須也只能在「四個堅持」框架下

進行。所謂「四個堅持」就是：堅持馬列主義毛澤東思想、堅持無產階級專政、堅持黨的領導、堅持社會主義道路。鄧公否定了華國鋒的「兩個凡是」，卻又豎起自己「四個凡是」。凡是由自己圈定需要堅持的東西，就是代表真理。不可抗之，違者必誅。

　　這是專制主義的衡量與取向價值。當今社會，我們生活在一個日益全球化的世界。這個世界經濟雖然每天都在彰顯飛躍，但並不意味著平等理念也在飛躍。強權對貧弱的凌辱；專制對民主的踐踏；暴力對生命的蔑視；野蠻對文明的挑釁，恐嚇對追求安寧的剝奪，舊時所具有的種種醜惡現象，現在依然招搖過市，只是換了一個符。

　　最後，我想說：台灣當局能為 2.28 遇難者立墓思痛，韓國政府也能為光州起義殉難者立碑為戒。我們，是否敢直面那段苦難歷史？並且是否有勇氣對那個特殊年代因持不同政見而被打上「反革命罪」烙印的、至今生活無著落的苦難者給予適當物質補助呢？

　　這，就是我在林昭墓前的沉思記錄。

2008 年 04 月 29 日

哭林昭，人民是什麼？

4月29日，四十年的這一天，1968年4月29日，林昭就是從上海提籃橋監獄押出，在上海龍華機場秘密槍決。罪名是：「陰謀推翻人民民主專政罪、反革命罪」。1980年8月22日，上海高級法院下達「滬高刑複字435號判決書」，宣告林昭無罪，並承認「這是一次冤殺無辜」。林昭被平反昭雪後，北京大學為這位1954年以江蘇省文科最高分成績考入北大中文系新聞專業的學生舉行追悼會，上聯是「？」，下聯是「！」。

林昭遇難四十年紀念日，全國各地一百多個有良心的中國人，自發來到位於蘇州木瀆鎮靈巖山安息公墓中的林昭墓前，舉行祭掃活動。由於有關部門的極力干預，張輝、胡迪等八位在網上發起祭掃活動的同仁均到不了場。祭園守園人主持了約一個小時的祭儀。原定焚詩靈巖的計畫受到現場多位不明身份之人百般阻撓，最終沒有得以實現。這是祭典活動中最為遺憾之事。

面對現實，默立林昭墓前，我的心情是難以平靜。一個不敢正視歷史事實的政府，在它的人民面前拿什麼理由來談重塑新的形象？林昭死了！死於強大的無產階級專政下，死於她生前所愛戴的黨及以「人民」名義送給她的槍彈下。林昭之死不是偶然孤立的事件，恰恰是中國黑暗專制勢力無法無天、登峰造極的時候。

我們不妨回顧一下林昭遇難前後一百天裏中國發生的事：1968年3月，全國正在轟轟烈烈開展「深挖叛徒」運動。劉少奇、鄧小平、陶鑄、彭德懷、賀龍、彭真、陸定一、楊尚昆、羅瑞卿等一批打江山功臣被宣判為「叛徒」。隨後，時任解放軍總參謀長的楊成武被打倒。

莫須有的「廣東地下黨」事件發生，七千多人被拉上街頭批鬥，數以萬計的人因此受株連。期間，因演《天仙配》而蜚聲海外的黃梅戲藝術家嚴鳳英於 4 月 8 日服安眠藥自殺。5 月 25 日，中央發文，決定在全國範圍內開展「清理階級隊伍運動」。全國又有大批所謂的地、富、反、壞、右、特務、叛徒、走資派、漏網右派、國民黨殘渣餘孽分子等被具有高度政治覺悟的人民深挖出來。這其中，為中國隊首獲世界乒乓球冠軍的容國團不堪忍受折磨，在養鴨場的一棵樹上自縊而死。相繼自縊的還有另外兩位乒乓運動健將：傅其芳、姜永寧。對作家巴金的批鬥會也在這時上了上海電視台，現場直播，群眾代表搶著上台發言，狠批作品《家》。魯迅夫人許廣平是 3 月 3 日在北京病逝，終年 70 歲。如果她再多活十年，有可能也會被打成反革命分子。試想，連國家主席在一夜間都能被輕易打倒，許廣平後台再硬也沒用。

人民有記憶，那麼有記憶的人民是什麼？詩人臧克家在〈今昔吟〉「人民是什麼？」一詩中這樣寫道：

> 人民是什麼？
> 人民是面旗子嗎？
> 用到，把它高舉著，
> 用不到了，便把它卷起來。
> 人民是什麼？
> 人民是一頂破氈帽嗎？
> 需要了，把它頂在頭頂上，
> 不需要的時候，又把它踏在腳底下。
> 人民是什麼？
> 人民是木偶嗎？
> 你挑著它，牽著它，
> 叫它動才動，叫它說話它才說話。
> 人民是什麼？

> 人民是一個抽象的名詞嗎？
>
> 拿它做裝潢「宣傳」「文告」的字眼，
>
> 拿它做攻擊敵人的矛和維護自己的盾牌。
>
> 人民是什麼？人民是什麼？
>
> 這用不到我來告訴，
>
> 他們自己在用行動
>
> 作著回答。

當社會為戰亂所主導和驅遣，人們屈服於專制，不再相信世上還有陽光的事物出現；也不再相信知識的力量會在被愚昧冰封大地滲透時，尋找一條緘默的生存之路顯得格外重要。這時，每一個人的精神變得蒼白起來，所有曾經是神聖崇高的理想跟著泯滅無光。誰若再提個人的信仰與信念自由，必遭天打雷劈革命，斷然逃不過這場聲勢浩大的無產階級專政。人民，曾經是善良樸實的人民，生活在這樣一個沒有思想自由的專政社會裏，只有將自己靈魂閹割起來，投身於煉腦的洪流中。這樣才能做到自己生存權不會侵犯。

人民的生存權本是神聖的，現在卻被神聖的革命潮流所取代。歷史淪入一個史無前例的荒誕境界。於是，每一場革命運動，都被冠以人民神聖名義展開。人民固有的信仰與言論自由權，在通紅的旗幟下被淋漓盡致地剝奪精光。「人權」成了「罪惡」的代名詞。何謂崇高？越是將自己靈魂提煉得赤裸裸，越是崇高。何謂正義？信奉「一個主義」就是最大地捍衛正義。何謂領袖？領袖就是人民頭上動不得、說不得的神龕仙牌。何謂「解放」？這就是「解放」。於是，崇高變味、正義變質，人心思惡。苦難取代幸福、恥辱取代光榮、沉淪取代歡悅、麻木取代思考、失明取代發現、荒唐取代真理、政黨取代皇帝。城頭變幻大王旗。一面高喊「為人民利益」口號，一面又將人民趕到苦海深淵。

隨著暴風驟雨降臨，「解放」帶來更深的壓制，人民失去更多的人身自由。如此，人民還在鶯歌燕舞，體驗和嚼著由革命帶來的種種發

洩感——那種把自己靈與肉閹割，然後看血流一地的快感。「愚昧」兩個字怎麼寫？不知道！「專制」兩個字如何拼？ＮＯ！「革命」成了「恥辱」的乳名。「人民」成了實驗室裏由這個容器瓶倒入那個容器瓶的試劑。林昭，在「實驗者」眼裏無疑就是一個走樣的「標本」。秘密槍殺的目的就是擔心更多走樣的「標本」出現。剝奪一個人的生命權，就如同傾倒一杯化學水那樣輕描淡寫。

當「革命」與「野蠻」聯成姻緣時，試問中國大地，有一肚子學問的知識分子都到哪裏去了？那些為推翻蔣家王朝，不惜拋頭顱、灑熱血，置自己生死不顧的革命者，坐在自己一手打造的新政權下，為何集體啞然了？還有，那個號稱「偉大的」人民民眾，居然能做到熟視無睹、問心無愧，一眠至天亮？

我們曾經相信文明的力量光芒萬丈，後來知道，原來人的愚昧與野蠻不因文明一點一滴的發展而自行消失。專制對愚昧與野蠻推波助瀾。曾經憨厚的工人，樸實的農民、經驗老道的商店職員、學問高深的知識分子，都有可能在這一瞬間、或一陣子、或一個年代，變成愚昧巨人，野蠻高手。愚昧、野蠻與文明，居然僅一步之遙、一念之差。

我們曾經赤膽忠心地投入到「大革命洪流」中，我們懷抱壯麗的「理想主義」之夢入睡。現在才發覺：那些追求理想主義，努力使自己出於「馬」而力圖超越「馬」的「馬理論」信徒們，竟然經不起權力考驗，權色面前如此不堪一擊，被人拉下馬。

我們曾經相信運動能夠帶來改造歷史的魅力。後來才發現，答案不是這樣的。歷史多半是根據政治需要編造，只為愚民。前朝史永遠是後朝人在寫，後朝人永遠在否定前朝，它的後朝又來否定它。一朝又一朝，一屆又一屆。驀然回首，走馬燈火，盡在闌珊處。

古人說：「江山不幸詩人幸。」我不是詩人，也不是文人。我哭林昭，以一個良心未泯滅的中國人而哭；同時也為因「反革命罪」而遇難的張志新、遇羅克、鐘海濤等等逝去的英靈而哭；我更為中國大地發生的這頁史無前例、慘絕人寰的恥辱歷史而哭。雖然他們的聲音被

那個時代無情扼殺，但他們點燃的聖火，還有他們留下的血書文字，成為控訴專制社會的最有力武器。他們的名字震撼大地，驚風雨、泣鬼神。他們是中華民族公認的、真正的好兒女。

最後，讓我朗讀美國詩人卡爾‧桑德堡所作的〈人民，是的〉一詩結束本文吧！

> 有時人民顯得像小孩、要哄、要餵
> 有時人民是流氓惡棍，要嚴厲懲處
> 很少有人看作是一口大鍋，一個水庫
> 蓄容著人類創造歷史的無窮精力
> 是迎接百川的河流，那零落的前代已經消失
> 是匯集眾水的大澤，筋疲力盡的種族滴入
> 沉默地積儲。
> （見《美國現代詩選》P141）

2008 年 5 月 2 日夜

林昭、貞德、寬容

　　昨日，有幸得到一本中山大學編印的《民間》雜誌，其中翟明磊先生寫的一篇「胡傑，悲憫的凝視」文章深深留住我的目光。文章通過對紀錄片《尋找林昭的靈魂》製作人胡傑不平凡的經歷介紹，讓我第一次瞭解到林昭，一位生長在被無數人頌詠的偉大的社會主義國家中──最普通的大學生被殘酷殺害的故事。

　　胡傑說：「五年前，我聽到了一個關於北京大學女學生，在上海提籃橋監獄裏用自己的鮮血書寫了大量勇烈的充滿人道激情的血書，最後被監獄秘密槍決的故事。這個女學生的名字叫林昭。那時，我第一次聽到這個名字。1957 年的『反右』運動之後，整個中國大陸都停止了思想，並生活在謊言與恐怖之中，是這個女孩開始進行了獨立思考，在獄中，當她被剝奪了筆和紙的情況下。她用髮卡當筆，刺破自己的手指，在牆上、在襯衣上書寫血的文章與詩歌。這個故事使我最後作出一個決定。放棄我的工作，去遠方尋找林昭飄逝的靈魂。」

　　林昭，這位中華優秀兒女，她在獄中用血書這樣寫道：「作為人，我為自己的完整、正直而乾淨的生存權利而鬥爭那是永遠無可非議的。作為基督徒，我的生命屬於我的上帝，我的信仰。為著堅持我的道路，或者說我的路線，上帝僕人的路線！基督政治的路線！這個年輕人首先在自己的身心上付出了慘重的代價，這是為你們索取的，卻又是為你們付出的。先生們人性，這就是人心吶！」

　　讀到這裏，我的心頭有一種說不上來，但能斷定是被震撼的感覺在升騰。我情不自禁地流淚了。

　　林昭的死讓我想起曾經看過的一部電影，名字叫：《聖女貞德》，開頭說的是十五世紀初，法軍在英法戰爭中大敗，國王查理帶著一群官兵逃到法國南部一個小鄉村。這時，有一個鄉村姑娘騎著馬遠道而來，要求見國王。她對國王說：「我叫貞德，我要解救奧爾良，請您給我一支軍隊！」貞德這番話讓國王大吃一驚，最終還是同意給她一支六千人的隊伍，讓這個不滿二十歲有著一身鄉土的姑娘帶兵前去解救被英國軍隊圍困的奧爾良小城。

　　看到貞德在說「我要解救奧爾良」這話時的語氣之堅定，神態之泰然自若時，我十分震撼。那是叫「信念」啊！信念就是一種火燒不亡、水澆不滅的追求呵！後來，貞德的結局很悲慘，雖然她成功圍解了奧爾良城。但後來幾年，法軍還是打不過英軍，國王就把貞德出賣給了英軍。英軍讓教父對貞德說教，貞德寧死不認錯。最後，她被剝光衣服，當街遊行，遊行之後再被吊死。奧爾良城的人民永遠記住了這位可歌可泣的巾幗兒女。由此我想到國人，中國人會世世代代記住林昭這個名字嗎？

　　林昭可以算是烈士，烈士輩出的時代正是黑暗與專制交織的時代。都說毛澤東領導的革命推翻了三座大山，建立了社會主義新制度。而林昭的被害絕不是無產階級專政下的個別案例，它恰恰說明了在中國，整整一代人的精神體系在這場可怕的、史無前例的運動中被徹底奸殺了。這些被奸殺的人們不但放棄了做人的準則，也拋棄了傳統的良心與道義。他們只想平安地生活在利欲之中，庸俗、無聊、功利就是他們的代名詞。他們就是昨日我們可憐而又可悲的一代人面目呵！

　　「寬容吧！」這些曾經飽受磨難與凌辱的人們這樣叫喊道。他們說自己有一百個控訴的權利，但更有一千個寬容的理由。寬容呵！寬容，我們拿什麼來高舉起你？苦難了幾十年的一代人呵，能拿什麼來洗滌心靈的創傷，靠什麼來找回喪失的人格？

　　人格！我們其實何止是喪失人格，我們也喪失了做人的意義。我們沒有生命價值可言，我們的精神世界一無所有。我們膽怯到對「一

無所有」都沒勇氣承認，可我們還是要叫著「寬容」兩個字，以為這不是麻木的表現，而是靈魂新生的一種涅槃。

說「寬容」要有資格，我們有理由揮舞起「寬容」這面開悟之旗嗎？我們是寬容這個曾經是如此野蠻與專制的專政體系？還是寬容下令批准殺害林昭的屠夫？當整個民族在十字架下瑟縮發抖並潰沒於黑暗中，那些發出吶喊的人才有資格說「寬容」。照照鏡子，看看我們這張臉，我們有多少懺悔之詞能夠取代林昭流下的殷紅鮮血。不幸的懦弱者呵！你可以呻吟，但你沒有資格談「寬容」。你的呻吟在林昭眼裏充其量只是一種精神自慰的語言。因為你沒有林昭那種信仰，在信仰被權力牢牢控制的年代，信仰早已不再是信仰而淪為政治工具了。你能有勇氣挑戰政治工具，你才有資格談生命的意義。生命的意義不只是一種向前的詠歎調表現方式，它更是一種大無畏的擔當責任。

古羅馬有個神話傳說，有個門神叫雅努斯，他的頭前頭後各有一張臉，可以同時看到兩個不同的方向。一張臉可以明察過去的一切，不斷回憶著逝去往事。另一張臉可以展望未來，產生種種美好的願望。然而，唯獨就沒有顧及最有意義的現在。結果古羅馬帝國倒下了，留下的只是斷垣殘壁。過去的是今天的逝去，明天的則是今天的繼續。我們若不在今天好好反思林昭悲劇誕生的根源，那麼，即使對昨天的歷史瞭若指掌，對未來的藍圖框架猶如洞若觀火，這又何用？林昭式的悲劇還會再現，人們還會在震撼中發出一絲柔弱無力的呻吟。

馬克思說：「法蘭西不缺有智慧的人，但缺少有骨氣的人。」林昭教會全中國的人，「骨氣」這兩個字怎麼寫。正如房龍（美國）在《寬容》一書中說得好：「勇氣有許多種，但一等功勳應該留給那些舉世無雙的人們，他們單槍匹馬，敢於面對整個社會，在最高法庭進行了宣判，而且整個社會都認為審判是合法和公正的時候，敢於大聲疾呼正義。」

林昭，中華民族優秀女兒。

魯迅訴狀告贏教育部長，盧雪松能告贏誰？

　　遠在 1924 年，北京女子師範大學的學生與校長楊蔭榆發生衝突，學生群起向上告狀，要求教育部撤換該校校長之職。事情一直鬧到 1925 年春天還沒結果，雙方依舊相持不下。此時，魯迅在該校講課，每週一次，上完課便提包走人，從不發表任何個人意見。

　　1925 年 4 月，情況發生變化。司法總長章士釗以兼教育總長的身分公開發表議論，表示全力支持校長楊蔭榆的行為。楊蔭榆拉大旗作虎皮，張貼告示，一舉開除六名學生領袖。而統管北京的段祺瑞又以總理名義發布恫嚇命令，凡鬧事者一律法辦。章士釗更是得寸進尺地說：若是學生再這樣鬧下去，就把這個學校關了。這時，魯迅認識了學生會中的許廣平，倆人交換了對事態的看法。過了幾天，魯迅寫信給許廣平，許廣平及時回信。隨著書信往來增加，魯迅對許廣平及這些學生寄予了深刻的同情。當年五月十二日出版的《京報副刊》上首次出現了魯迅支持學生運動的文章。不僅如此，魯迅還動員其他教員，聯名發表文書，反對楊蔭榆，要求她立即下台。

　　此事激怒了章士釗，他以「結合黨徒，附合女生」罪名把魯迅的職給撤了，魯迅的生計一下子沒了來源。魯迅不服，一紙訴狀告到法院，控告章士釗濫用職權，欺人太甚。法院經過大半年時間的調查，認為魯迅所言屬實，章士釗的命令顯然超越許可權，存在不合理之處。於是判章士釗命令無效，即刻恢復魯迅教學職務，回原單位上班，補發拖欠工資。章士釗自知理虧，屁股一拍，未等宣判便離開教育部到其他地方謀差事去了。

　　八十年前，魯迅能就自己被革職一事告贏教育部長，那麼八十年之後，同樣是被革職的盧雪松能告贏誰呢？或許有人還不知道盧雪松是誰？那就讓我簡單介紹一下事件來龍去脈。

　　盧雪松是吉林藝術戲劇文學教研室的一個年輕女教師。那天，她在課堂上放映了紀錄片《尋找林昭的靈魂》。課後又與學生們討論觀片感受。其中一位女學生當場就哭了，不相信這種慘無人道的事會在中國大陸發生，一定是盧老師受個別別有用心人的教唆而這樣幹的。她親自到校長室彙報，要求校領導肅清盧老師流毒，以自己乾淨的靈魂拯救盧老師被人欺騙利用的靈魂。

　　校方在第一時間裏作出反應，對盧雪松作出停課處理，等待思想深刻檢討後視情況及後果嚴重如何再考慮是否准予復課。盧雪松不服，她認為《中國青年報》、《南風窗》等國家認可的報刊媒體都曾報導過《尋找林昭的靈魂》之事，作家許覺民還寫過《追尋林昭》一書，並於 2000 年 11 月由長江文藝出版社出版。憑什麼她就不能說這事？再說此紀錄片是從網上下載的，所下載的網站都是有國內 ICP 登記並經過政府許可經營的。

　　盧雪松在給校黨委書記的信中這樣寫道：「我當然清楚地意識到，在一個瀰漫著『鄉愿』氣息和由習慣力量支配的環境中，堅持真實的存在與言說，我是有危險的。但我更清楚，因為我的小心謹慎與理性平和，這種危險並不是來源於任何法律、法規、規章與規定。恰恰相反，危險來自於觸動了長期統御和奴役我們的生活的潛規則。」

　　八十年前，魯迅要求複職，一是想讓自己的生計有個可靠保障，二是指望能謀一個官位，以擺脫經濟上的困境。八十年後，盧雪松要求復課，理由也很簡單。她說了一個教師的良心話；她捍衛了憲法給予每個公民應有的權利。如果一個大學教師連這點最起碼的權利都無法保障，那她在學生面前還談什麼平等、自由、民主？還不如回家種紅薯。

　　寫此文，訴不平，也算是對盧雪松老師精神上一種支持和敬佩，雖然天還是那個天，地還是那片地，只是多了一顆蒼白無奈的心，但我想，我確實已盡力了。

第三輯

魯迅其人

──我的感悟

那教授說：
魯迅讓我在老婆面前抬不起頭來

　　前晚，在軍工路水產大學處的一家餐館裏，坐著一幫子男人，這些人都是來自附近的大專院校。其中有楊浦 X 中學的高級講師、有理工大學的優秀工作者。借著芸芸燈火；也借著朦朧酒意，大家侃侃而談。靠牆坐的是一位六十開外、老學者模樣的人，他一聲不吭、好像興奮不起來。

　　一位年輕講師站起來，指著老學者模樣的人介紹說：「這位就是『復旦大學』赫赫有名的大教授 XXX，專門研究魯迅課題，出過不少關於魯迅研究方面的專著，其名聲在全國是數一數二的。」（注：對於老教授，我不想公開他的真名，就用「老教授」代替這稱呼吧！）

　　老教授搖了搖頭，歎息一聲，說：「我這一生的心血全部用在了研究魯迅的課題上了。前陣子我拿了最近幾年寫的魯迅研究專稿找出版部門，他們看了之後一個勁說好，並說這種好稿子不出版什麼稿子可以出版。不過，他們話語一轉，有關出版和發行的費用要我自己掏腰包落實解決。說白了，他們就是賣書號給我，比市場價格略優惠一些。」

　　「那你掏錢了嗎？」眾人異口同聲地問。

　　「哪來錢？」老教授顯得有些垂頭喪氣，說：「我又沒什麼積蓄，工資很不高，拿了一些錢都買書了。現在大學裏講課與經濟效益掛鈎了，多講課就能多拿津貼。我上的是『中國現代文學史』，這課學生們不大要聽。與他們說魯迅，更是紛紛搖頭。為什麼？難道他們不愛魯迅？不愛國？沒想到學生們這樣回答我：我們敬佩魯迅，在沒人敢言

的那個黑暗時代發出自己鏗鏘有力的吶喊，這需要很大的勇氣和膽略。但是，我們的敬佩只是停留在字面上，沒有深入人心。這不是我們的虛偽，而是我們的一種生存守則。試想，我們要是處處以魯迅為榜樣，對社會上呈現的各種弊病予以不斷猛烈抨擊，帶著魯迅的『匕首』進入新單位，有哪家單位領導會喜歡這一類頭上長角、目光敏銳、政治大腦發達的大學生？天知道！這些學生還說什麼：如果敬佩魯迅，就遠離魯迅。因為執政者讓你學習魯迅，是學魯迅聽黨的召喚，與黨保持心心相通，而不是要你學魯迅對當今執政者的施政綱領雞蛋裏找骨頭。這是什麼亂七八糟的論調呵，我教書教到現在還沒碰到這樣的學生。」

　　一桌子人無語，望著老教授有些漲紅的臉。老教授猛喝一大口酒，說道：「學生不理解我也就罷了，畢竟他們是小字輩。偏偏與我生活了幾十年的老婆居然動不動就對我發脾氣。原因只有一個：那就是我拿錢回家太少了。我現住在教師樓裏，老婆幾乎天天抱怨說：看人家教授一一都搬出去了，買了很大的房子。你呢？還窩在這樣一個小房子裏，孩子都長大了，看你這個做教授的父親怎樣向子女解釋。你總不見得說，魯迅當時住房也是十分困難的，我們現在比他好多了，應該克服克服。」

　　眾人笑了，勸道：「麵包會有的，牛奶會有的，大房子也會有的，你想要的一切都會有的。」

　　老教授的臉由紅開始變青。他說道：「我真不明白，老婆哪來那麼多的勁，從早到晚嘀咕個沒完，說什麼男怕入錯行女怕嫁錯郎。早知道這樣，當初找個沒文化的人結婚，興許現在還會是一個貴夫人。與我結婚，沒想到會成為一個偉大的『魯迅研究家』夫人。而且這個夫人老是要為家裏的油鹽醬醋犯愁。嗨！老婆的話讓我一次次反省自己。為什麼研究魯迅，喜歡魯迅，反而讓我在老婆面前抬不起頭來。難道我這一生選擇魯迅，真的是走錯了路？」

　　「都是魯迅惹的禍！」桌上不知誰說了這一句話。

魯迅與胡適，誰更燦爛於我胸懷？

　　在我讀小學時，我們的課本書上這樣寫道：魯迅，中國新文化運動的主將，中華民族反封建、反專制、反迫害、不屈的英雄。而胡適，對不起！這名字在課本上不曾出現過。後來，上了高中，才知道中國新文化運動的主將有胡適。後期的魯迅認定胡適是思想戰線上的敵手，寫了不少文章予以口誅筆伐。我們的歷史教科書是一邊倒，只因為晚年的魯迅擁共，而胡適偏信老蔣。歷史是寫給小人看的。凡與共產黨作對的人都是「人民」的公敵（「人民」是共產黨神聖而又無限專有的一個名詞）。是公敵，我們的教科書自然不會浪費筆墨紙硯給予注解的，寧願讓他們在歷史的走廊上真空。

　　不過歷史總是歷史，事實如小蔥伴豆腐──一清兩白，醒目於陽光下；也淋漓於月光中，這道理猶如紙包不住火一樣。這時，受了十幾年教育的我們這才發現，魯迅原來是毛澤東那個專制時代所供起的一尊神像；也是一個萬靈的驅鬼除魔咒符；更是一個可變大變小的「千鈞棒」。例如，三十年代，魯迅與周揚及「四條漢子」論戰，以後成了文革中批周揚和「四條漢子」的重要理論依據。最搞笑的是：在文革中最擅長活學活用魯迅語錄的姚文元，又被後來的上台者認定為最仇視魯迅的罪人（在中國，「敵人」往往有很大的變數，可以根據不同的政治形勢需要而巧妙樹立，可以肆意放大或縮小，沒有法律的嚴肅性、公正性、權威性可談）。

　　不否認，魯迅的雜文於當時來說，確實充滿了陰、冷、澀、苦、辣、銳，這在中國所有作家中是獨一無二的，而且這種鞭撻的力度幾乎到了恨不得挖對方祖墳的地步。我們可以想像，那是在悲愴、忿滿、

憂鬱、絕望的心態下誕生出來帶血的苦難文字。蒼茫歲月中，魯迅看到了中華民族的種種劣根性，來自它骨髓中的那片可惡而又可怕的腐爛，還有一張張變態的臉。由此，他耐不住要大聲吼叫、吶喊，讓國人儘快清醒，脫離麻木無邊的苦海。

由於對現行政府腐敗、專制、陰暗、落後現象的不滿，魯迅終於走上了這條不歸路，誓死要以自己的生存方式抗爭到底。抗爭中，魯迅又對「盧布社會」產生了美好的願望和嚮往，義無反顧地走上向陽的親共之路，指望以毛澤東為代表的「蘇區紅軍」能推翻國民黨反動派的黑暗統治，順利拿下全中國，使百姓有言論和思想的自由，不再像他那樣每議論一件事都要拐彎抹角，直說了會招來坐牢之險。魯迅這種想法和言論於當時和現在來看，都是難能可貴的，這需要很大的勇氣。

但是，推翻舊文明並不意味著一定能建立一個嶄新文明。魯迅所嚮往的那種文明只是屬於歐陸性的東方文明，那也是從法國大革命延續過來的一種極權主義的民主政治鬥爭運動下的文明之花。這種運動的目的就是要借助暴力將舊社會推倒重來，再建一個新國家和它的新人民。這看起來很民主、很高尚，但是政治運動的既得利益從來就不為平民百姓所掌握。一種中央集權和高壓政治在一個政黨被推翻後馬上會被另一種高壓政治和中央集權所取代，人民重新陷入另一場奴役中，還得作出一種開心樣，以示自己過上幸福的日子。解放初期的各種政治運動就是最好的例證。現在的北朝鮮同樣也是一個明證，領袖認為是「勞動黨」解放了北朝鮮人民，所以黨的生日那天，全國放假一天，其中邊防海關也要關閉一天，各行各業的工作人員以及在讀或不在讀的學生都將開心 24 小時。

話題說遠了。魯迅是歐陸性的東方文明極力推崇者，那麼胡適呢？胡適正相反，他完全是英美式或者說是純美國式的西方文明宣導者。胡適始終認為，中國目前缺乏的便是美國文明中那種嚴明的科學理性和精神。倘若能輸入一些這樣的精神，中國文化再造不是不可能的事。

胡適留世著作很多，其文字清晰透明，條理明瞭，一如江河之水永遠向東流。他斷然沒有魯迅文字中處處顯露那種叫人意想不到的猜測，這裏面到底是哪位蘇聯或其他外國進步作家的影子在召喚，還是中國工農紅軍的影子在遊移。魯迅身體上的疾病與他不停地罵有一定的關係。

魯迅留學日本，感受很深，但所學會的東西不多。而胡適在美國從師實驗主義理論大師杜威，成了他門下學生，收穫很大。杜威的哲學是科學主義的產物，與西方形而上學有所不同。杜威的理論並不高深複雜，它的特點是相信已有的各種存在經驗，注重邏輯分析與周密推理，開闢思想的創造性。胡適在美國深造多年，洋思想由此領悟不少。回國後不久，便任北大教授。後來參政，想以學到的知識來報效和拯救自己的祖國。他曾經寫信給蔣介石，建議蔣總統專門劃一個省出來，讓毛澤東和他的軍隊獨立「開耕」幾年，看毛能否言行一致地給社會帶來進步。在第一次國共合作時，他極力主張搞美國式的議院制，誰得票數高誰上台。要是那時蔣介石能從民族利益出發，暫且讓一步，與共產黨開展不流血的總統競選，這事要真成了，中國人在世界舞台上地位肯定會高大起來，或許「四‧一二大屠殺」、「皖南事變」及「西安事變」都不會進入歷史檔案了，抗日戰爭更不會發生了，實在要爆發，主戰場一定不會在中國。

說起抗日戰爭，插一句，胡適的貢獻是巨大的。是他親自向美國總統請求，要求最大努力地對華經濟援助，以便中國政府早日擺脫困境，徹底戰勝日本軍隊。美國總統終被說通，同意撥一筆鉅款給中國國民政府。胡適成為中國國民政府駐美國的大使，為中國人在亞洲地位的提高作出了不少努力和影響，這有目共睹，有史可依。

胡適與魯迅一樣，是一個有骨氣的人。這在胡適主編的《獨立評論》（1932 年）創刊詞中就有他的思想表述：「我們叫這個刊物做《獨立評論》，因為我們都希望永遠保持一份獨立的精神，不倚傍任何黨派，不迷信任何成見，用負責任的言論來發表我們各人的思考的結果。」

這種論調的刊物於今天要求政治思想與上級領導意圖保持一致的社會來說別想出籠。

如果說魯迅是「左翼文化」的旗手，那麼胡適無疑就是「右翼文人」的主帥了。不管是魯迅還是胡適，他們都把自己的命運融進了中國新文化運動和愛國主義潮流中。他們倆位，不管誰高誰低，對認知現代中國文化運動的興起與演繹，各有不同的貢獻。這時，你會驚詫地發現，雖然這是兩個不同視野的視窗：一個是通向冷漠無邊的長夜；一個是有著春暖花開、鳥語花香的田野，但他們的心卻如此相近。因為黨派衝突而人為地隔離了他們的思想、信仰、情感和立場。當我們走出是非的恩恩怨怨，坦蕩地望著這兩顆天邊的巨星。我們會發現：人類文化的精髓雖然被一次次塗改，斑駁陸離，面目全非，但終究還是要沿著它既定的軌道顯現出來，這就是歷史！燦爛或不燦爛，都是天際裏的一抹星火，雖然一時難概論。

魯迅晚年人格的最大缺陷：不誠實

　　夜，燈下重拾魯迅文字。從魯迅晚年所寫的一系列文章中，我恍惚看到魯迅另一張臉。那是一張極不自然、極失望與無奈的臉。在這張鬱悶不堪的臉皮下，掩蓋了魯迅內心世界種種矛盾心態的溢出。想要表明卻不便表明；想要批評卻不能過多批評。甚至發些微詞還得考慮後果，不能隨心所欲。生活在這種氛圍裏，曾經筆墨鋒芒、憤世嫉俗的魯迅不再坦然，少了撰寫《阿 Q 正傳》時那種意氣風發，多了只是給人以不誠實的味道。「不誠實」，正是魯迅晚年人格缺陷的寫真。

　　何謂「不誠實」？1927 年 10 月，魯迅攜許廣平由廣州來上海定居，目的性很強。那就是對國民黨專制統治的憎恨以及對毛澤東領導的共產黨產生好感。《魯迅傳》是這樣寫道的：「從一九二七年的十月起，他和黨結成了最堅定的，最緊密的聯盟。黨支持著魯迅，黨給魯迅指出道路，黨領導著魯迅前進。他的『尊奉先驅者』的『命令』的『遵命文學』就是色彩鮮明地為著革命鬥爭服務的。」（見《魯迅傳》P198.212）。翌年，魯迅在「內山書店」購買了不少日譯本的馬克思恩格斯原著，對「共產主義」、「社會主義」、「階級鬥爭」有了新一層瞭解。

　　1930 年 2 月，魯迅參加了由共產黨組織的「中國自由運動大同盟」成立大會，並在當月「左聯」成立大會上作演講，闡明自己政治立場。然而就在當月，魯迅在致章廷謙信中對「左聯」某些成員行為產生表現出不滿情緒。同年 5 月，由馮雪峰陪同，魯迅於爵祿飯店會見共產黨領導人李立三，不滿情緒更加深。因為李立三要魯迅利用自己在青年中威望和知名度，在報紙上撰文痛罵蔣介石。魯迅當即問：「罵蔣容易，罵後如何辦？」李立三表示說：罵好後即搭乘黃浦江邊停靠的俄

國船離開，一切路費由黨來支付。魯迅搖頭，表示反對。同年 9 月 17
日，受黨指示，「左聯」借法租界一家荷蘭菜館為魯迅 50 壽辰舉行慶
祝會。魯迅這時剛好有了海嬰，收入沒保障。所有費用自然由「左聯」
來承擔。前來參加的除了一些革命作家之外，還有革命美術家、演員、
新聞記者、學生和教授，工農紅軍代表、中國共產黨的報紙編輯。（見
《魯迅傳》P216）。

　　自魯迅參加「中國自由運動大同盟」，國民黨就視魯迅為「墮落文
人」，揚言要緝拿。「左聯」五青年犧牲，支持「左聯」的魯迅到了只
有進不能退的地步。於是魯迅接過「階級鬥爭」武器，自覺不自覺地
跟著「老馬」這部戰車前進了。馬克思主義理論的核心是關於「階級
鬥爭」，階級鬥爭從假設到付諸實踐成功以後的歷史來看，只有那些領
袖人物成了這一假說的「既得利益者」，而無產階級作為一個群體，仍
然得出賣自己的勞動力去謀生。對此，「新月派」代表梁實秋說得好：
「階級鬥爭的發生，是由於幾個『過於富同情心而又態度偏急的領袖
把這個階級觀念傳授了給他們』，因而引起的。」而實際上「無產階級
本來是沒有階級自覺的。」（見《魯迅傳》P204～205）。魯迅攻擊梁
實秋為「喪家的」「資本家的乏走狗」，不擔心對方會反咬一口，倒過
來斥責自己是「有家的」「無產階級的狂犬」。一生研究魯迅的上海大
學教授哈九增在其學術文章中說：「1930 年，魯迅已成為一個成熟的
馬克思主義者。他看問題已站在馬克思主義的理論的高度，不為一人
一事所牽。」（見《左聯論文集》P148）。

　　數年後，支持青年走向革命的魯迅卻對馬列理論出現擔憂情緒，
開始與黨領導的「左聯」保持一定距離。「左聯」由於周揚出現，馮雪
峰不再任書記，與魯迅保持聯繫的紐帶一下子斷了。魯迅擔憂「左聯」
會越走越遠。然而，他在文字中卻掩蓋了這種擔憂，並刻意表現出自
己所撰寫的文字不是受馬克思主義理論影響，與共無關，而是與國民
黨專制統治鬥爭的產物。同時，還要力顯自己一言一行是有個性與國
民黨專制統治較量到底的必然反應，與盧布完全無關。

　　那麼，魯迅到底接受沒接受過由馮雪峰定期或不定期帶來的黨的盧布呢？這事許廣平應該是清楚的。一生研究魯迅的吳中傑先生曾在五十年代採訪過許廣平，許把馮拖出來，說：「雪峰現在雖然是右派，但當初卻的確是他代表黨來聯繫魯迅的，有些事屬於黨的機密，我不曉得，只有他曉得，你們還是應該去找他。」吳便去找馮。馮雪峰開始很拘謹，後看吳無惡意，只是對魯迅研究感興趣，也就慢慢談開了。在當時政治氣氛下，有許多話是不准講的。即便是真話，講了會坐牢，弄不好還要殺頭槍斃。

　　毛澤東對魯迅的評價是很高的。然而，「世上絕沒有無緣無故的愛」，這是毛澤東作為一個鄉土政治領袖最喜歡講的一句名言。至於魯迅生前是否接受過黨的盧布不定期捐助，這已成為一個歷史之謎。但至少有一點是可以肯定的，魯迅敬畏毛澤東。一次偶爾讀到毛澤東詩詞，一種「山大王」感覺油然而生。山大王者，就是綠林好漢也。當初在東京參加光復會，就領教過山大王們厲害。魯迅曾向朋友私下預言，這種人上台，自己肯定要遭殃，沒好日子過。此話不幸言中，把魯迅其人其事介紹給毛澤東的馮雪峰，在上世紀五十年代被打倒，命運坎坷就是最好一例。毛澤東說魯迅是偉大的，那是因為反蔣需要。一旦把蔣從大陸趕走了，便轉臉。魯迅得意門生胡風受害最典型。魯迅逝世，胡風還抬棺材呢！55年，鎮壓反革命開始了，胡風作為知識分子一員，第一批被打倒。晚年的魯迅，已經明白什麼叫馬克思主義理論下的「階級鬥爭」學說，只是在文字中不便挑明罷了。

　　或許，在魯迅眼裏，這不叫「不誠實」，那是生存法則需要。他要為剛出生的海嬰及夫人許廣平的安全多考慮一些；更或許，他心頭隱約覺得，紅色蘇區來的人可能要比國民黨更得罪不起。這是個謎！

第四輯
道德與法
——我談倫理

被拐女孩：
從鄉村女教師到「感動河北」候選人

　　在外開車，隨意打開車載收音機。電台裏，女節目主持人正飽滿深情地講述著一個叫郜豔敏的女孩從被拐賣到後來成為鄉村女教師的故事。節目主持人說：拐賣，徹底改變了郜豔敏一生，從此她失去歡樂、沉默寡言。後來，當她當上鄉村女教師，心情才好受一些。自從她帶著十幾個學生從天安門旅遊回來時，就像換了一個人似地。特別是村裏一位老黨員介紹她入黨，讓她終於看到了人生轉折的希望所在。

　　讓我先重播一下整個事件過程再作一番評論：

　　1994 年農曆五月初，那天，在河北蠡縣一家毛線廠打工的郜豔敏打算回河南看望父母，並幫助他們收麥子。在石家莊火車站買票時，她被兩個女人販子盯上了，她們說正準備回鄉招工，要郜豔敏到她們廠子裏去試做。年僅 18 歲的郜豔敏輕信了，同意前往。當感覺受騙上當時已晚，她被轉手給了三個男性人販子，其中一人當夜將她強暴。人販子以 2700 元的價格將她賣給了河北省曲陽縣靈山鎮下岸村一個比她大 6 歲的羊倌。由於下岸村位於曲陽縣最北部的大山深處，通向外界僅有一條羊腸小徑。無法逃脫的郜豔敏為擺脫恥辱和痛苦，曾三次自殺，但都失敗。而老家，母親因失去女兒消息急瞎了眼，40 多歲的父親在一年裏頭髮全部變白。一年之後，當她回河南老家探親時，表明自己不想走了，希望家裏人拿錢出來還給對方。但此時父母親卻抱著嫁雞隨雞、嫁狗隨狗的聽天由命態度，讓她跟著「丈夫」回去過日子。再後來，她生了一個女兒和一個兒子，傷痛感在心頭才漸漸淡漠。

　　然而，下岸村閉塞又貧困，家家戶戶一貧如洗。從郜豔敏到來時，一直不曾改變過，讓人看不到新生活的希望。一位校長主動找上門來，讓初中畢業的她出來做小學臨時老師，因為村裏實在是找不到比她更高學歷的人了。郜豔敏同意了，一做就是七年。這七年裏，每月工資200元，先是一月一發，後是一年一發，再後來是隔年發放。與郜豔敏被拖欠工資之事形成鮮明對照的是：3年前，曲陽縣教育局局長郝成學因貪污受賄而成為在全國名噪一時的「百萬巨貪」。郝成學上任教育局長一年多，家中存款增加了100多萬元。2003年6月，郝成學東窗事發，檢察人員從郝家搜出1000多瓶酒，包括五糧液、茅台及各類洋酒；又搜出61張存摺共計206萬元的存款以及11萬元現金；他家地下室裏堆滿了大米、食用油等。許多早已過期變質，足足可以裝滿兩卡車……

　　郜豔敏的事傳至外界純是偶然。曲陽縣一位農民攝影家來深山拍片時，得知此事後告訴外界媒體。於是，先後有20多家媒體記者直接或電話採訪了郜豔敏。每次採訪都遇到不同的阻力，連中央電視台《半邊天》節目、鳳凰衛視《冷暖人生》節目攝製組前來採訪也被阻擋在外。《半邊天》攝製組甚至想把郜豔敏帶到北京做節目，但鎮領導對下岸村支書下了死命令：「如果《半邊天》帶走了郜豔敏，就撤你的職，開除你的黨籍！」

　　還在媒體未作深層報導之前，2005年「6‧1」兒童節，在那個農民攝影家幫助下，郜豔敏和下岸村小學的孩子們來到北京，觀看了天安門廣場的升旗儀式。那刻，郜豔敏真是高興極了。在火車上又是說又是笑，像個孩子。從北京回家後，她就給老家的父親打電話，說到過北京看到天安門了，現在就是死了也心甘情願。

　　在這之前，村裏的一位老黨員對郜豔敏說：「如果我們村的人都像你一樣，村裏就不會是現在這個樣子了！」所以，他一定要介紹郜豔敏入黨。2005年，郜豔敏寫了入黨申請書，現在已經是中共預備黨員了。「但是，現在發生了這麼多事情，不知道今年能不能批准我正式入

黨？」郜豔敏對採訪她的記者這樣說道，同時又一臉無奈地說：「我只想跟孩子們在一起，只要不開除我就好。如果等個一年半載，等媒體不太關注了，再開除我，我就只好離開我心愛的講台……」

郜豔敏很善良，她說：「我不屬於公辦老師，也不屬於民辦老師，連代課老師都不屬於，我只是臨時的。」她覺得為村裏做事應該的，一年工作下來，拿不到工資可以理解，相信鎮政府確實是沒有錢支付給她。還在 2005 年秋天，郜豔敏的母親患胰腺癌住院，她向學校提出把欠的工資開出來，催了幾次都沒成，只好借錢回去。等到母親病逝，她從老家回來後一個月，工資才發下來。2006 年 9 月，新學期開學，上一年的工資應該發了，但她至今未能拿到。

郜豔敏用自己苦難人生譜寫了這樣一首悲愴的園丁交響曲。這事蹟感動很多人，全國各地捐款紛至遝來，但她能拿到的錢很少，不少錢被鎮政府以建立慈善基金會之名扣留了。鄉政府想從中拿點錢出來造一條村裏通往外界的馬路，但鎮政府以各種理由拒絕動用這筆捐款。郜豔敏的事蹟廣為流傳，她被河北媒體推選為「感動河北」的最佳候選人。

一個被拐買來的媳婦，現在卻成了能給那個村子帶來希望的好老師。這不啻既是一種不可理喻的諷刺；又是一種不可避免的社會悲劇。確實，當郜豔敏的人格、尊嚴被殘酷的現實無情碾碎時，她所感受到的痛苦如泰山壓頂。一個農村女孩，從打工妹到被拐女人，再到現在的鄉村教師，郜豔敏覺得自己在拯救他人靈魂的過程中，逐步完成了自我救贖，在苦海中得到一種永生、一種涅槃。

郜豔敏應該成為「感動河北」的最佳候選人，但是，我又想，這也許又是她人生新一輪悲劇的開始。「感動河北」可以理解為一場秀，一種炒作，其實質就是對當地政府領導政績的歌功頌德。領導需要的是陽光面，越是陽光越是能說明自己領導有方。明白了這點也就明白當地政府為何千方百計地不讓外界採訪郜豔敏。因為他們擔心郜豔敏會連帶出一個社會陰暗面來。為阻止郜豔敏接受記者採訪，鎮領導曾

受命將小學關閉，讓學生們翻山越嶺，走十幾裏路到其他鄉去讀書；也讓郜豔敏自動回家。由於媒體再次披露，鎮領導才收回此命。不過，加派了一位所謂的女教師過來，專門負責監視郜豔敏的一舉一動。為募集更多的錢，鎮領導特地向社會媒體公開一個專門用於捐助的銀行帳號。鎮領導這是拿郜豔敏作搖錢樹呵！既然鎮領導可以這樣做，那麼縣領導，省領導又何嘗不願一為呢？

一位詩人說：人以羞恥為生，不因恥辱而死。郜豔敏憎恨那兩名女人販子，然而，她萬萬沒想到給她帶來深重災難的正是這個社會。由於政府部門「打拐」無力，販賣人口的事在全國各地層出不窮，從來就沒在這個社會消失過，只是比以前更隱蔽和狡詐化。政府對農村居民宣傳防範教育只是治標不治本。這個社會只要一天不縮小城市與農村財富收入的天壤之別，那麼，在全國任何一個城市都會出現盲流隊伍。有盲流就會有「人拐」出現的可能。政府對「打拐」的力不從心，又加劇「人拐」現象迅猛氾濫。可以這樣說，鎮領導「打拐」不力，那只能說明縣領導在治安方面表現出來的無奈；而縣領導的無奈又反映出市領導的不力；市領導的不力又說明省領導的無奈；而省領導的無奈則直接意味著國家在此方面表現出來的無奈。在我眼裏，「無奈」與「無能」表現出來的是一個意思。真所謂：有什麼樣的政府，就會有什麼的犯罪現象滋生。

痛心疾首。在郜豔敏身上，我看到了一個國人被傳統教育毒化的愚忠。郜豔敏說她在北京天安門前佇立，看國旗升旗儀式，精神面貌立刻大變樣。回來之後，就像換了一個人似地，對遠在老家的父親說，現在就是死了也心甘情願了。這是笑話！天安門不是通靈神殿，她也不是什麼信徒。如果說天安門能治好一個人久積的憂鬱，那我們還要什麼心理醫師與精神醫師幹什麼？如果說這是無法抗拒的謊言，誇大其詞旨在美化天安門和國旗，那說明我們某些編輯根據政治形勢的發展需要，利用報刊和電（視）台在全國平民百姓面前不負責任地說假

話。這種推波助瀾的誤導將會毒化更多的人表現愚忠。如果不是那只能說是郜豔敏在說無奈謊言。

悲天憫人。郜豔敏的可笑還表現在另一個方面：她積極申請入黨，以為入了黨，就是與政府、與領導是一條船上的人了，她將會得到黨的保護，從此會過上好日子。錯了！大錯特錯。或許郜豔敏根本沒想過，給她帶來無盡煩惱，不讓她接受外界採訪的那些領導人也是黨員。那些黨員為了保住黨的「純潔性」；維護黨的「紀律性」，就是要封住郜豔敏之口。那些領導代表著政府，但個個就像土皇帝，高興什麼時候發工資就什麼時候發給你，絕沒你討價還價的餘地。郜豔敏聽從他們的話，以為這就是聽黨的話。黨不會錯怪她，早晚會理解她，不會讓她這樣吃虧下去。入了黨，她的人生將會騰躍，不再是一個普通的、沒有追求的人了。如果真是這樣，那麼黨就是一盞神明燈。可惜不是！

「確實，人類的愚笨是永遠沒有底的」（見布朗基《祖國在危急中》P103）。還是〈國際歌〉唱得好：「從來就沒有什麼救世主，也不靠神仙皇帝，要創造人類幸福，全靠我們自己。」

19 歲女教師賣身養家，
賣身恥辱還是貧窮恥辱？

　　《南方週末》（06 年 2 月 23 日）發表了記者傅劍鋒一篇題為〈平時是天使，週末是魔鬼〉文章。文章說：2002 年春節，年僅 19 歲的鄉村女教師徐萍為籌集三個弟弟高昂學雜費，同時為償還父母因經商失敗所欠下的債務，不得已瞞著全家人出去賣身。週一至週五在鄉村小學教書，週六和周日毅然去城裏賣身。直至兩年後因道德自責以及性病引發病痛才停止賣身生涯。

　　對此，傅劍鋒評論說：「誠然，天使變魔鬼的悲劇原因是多方面的，有社會的責任，但我認為，主要責任是那位鄉村女教師徐萍自己。因為，她的賣身行為完全是她自願的，不是別人強迫的。沒有誰強迫她做小姐，她只是因為需要更多的錢給弟弟讀書，就這樣一個原因，就讓她義無反顧的賣身了，而當時的她才 19 歲。年輕不懂事是否是一個原因？對個體生命尊嚴意識的缺失是否是一個原因？對女性價值的無意識貶損是否又一個原因？最主要的，也是幾乎所有論者有意或無意忽視的一個原因是：不管女教師家庭因父親多病、弟弟上學學費昂貴、工資收入微薄等等，歸因於一點就是她非常需要錢，但她家及她都非常貧窮，但這也是我所要追問的貧窮難道就是賣身的理由？而且是唯一理由？」

　　傅劍鋒此話問得好！徐萍父母有病在身，已經無法通過正常工作賺錢回來。以前貸款買車，因車禍及經營不善欠下一大筆錢。徐萍自己在小學教英語，工資極低不說，每個月還不能按時收到。三個弟弟

讀書的學雜費（一個在讀大學，另一個已考進大學，因付不起學費只好繼續再讀一年高中，第三個在讀高中），由做姐姐的徐萍埋單。徐萍工作沒幾年，本無積蓄，靠什麼埋單？既然埋單的正常管道看不見，就只好靠非正常手段了。

我們不用急於討論賣身賺錢供弟弟上學這事對與否，先來看一看徐萍所處的這個社會大背景如何。我想，如果說賣身是靈魂的墮落、道德的淪喪，那麼造成徐萍走上這條不歸路的首先應該是貧窮，貧窮才是她罪孽滋生的開始，讓她獨對良知，一生苦澀，無法回首。

貧富不均、差距越拉越大。富人的財富以幾何級在迅猛遞增，而弱勢群體的人數也在一步步擴大。這無疑是社會機制不合理引發的悲劇，同樣也是導致一個貧民女兒道德逆行的原由之一。再來看看徐萍所處的這個廣大農村又是怎樣一種情景呢！農民生活艱辛，長期負擔著沉重賦稅。賦稅分配極為粗放，不論貧富一律按全年收入的 5% 徵收，而且既沒有對維持生存的那部分收入的豁免，也沒有對生產資料的豁免。

徐萍及徐萍一家可以說是生活在社會底層，苦苦掙扎於貧困線上，她們一家子拿什麼來脫貧（不談致富）？徐萍無法像城市裏的教師那樣給學生做家教以賺取小把或大把的外快。城市教育與農村教育有著天壤之別，這是中國現行教育制度重心不一的畸形表現。

現今事實是，比較有限的教育資源都向大城市集中，在大城市中又向極少數的重點學校靠近。於是這樣，高等院校成了富人和權貴的盛宴。教育事業原本負有推進社會公正的使命，現在這事業卻種下了朵朵不公正的花卉。城市出身的子弟中擁有本科生和研究生學歷的人數分別是農村出身子弟的 281 倍和 323 倍，而農民人口又占全國人口的三分之二以上（見關瀾女士《公民常識》一書）。農民的孩子其實也想上大學，但因為貧窮，只能過早地挑起家庭的經濟重擔，遠離高校這所響往的大門。殘酷的現實一次次無情地閹割他們想要得到一份知識、想要做一個現代文化人的美夢。

　　傅劍鋒在文章中振振有詞地說：「貧窮不是罪惡，但依靠賣身來改變貧窮就是一種罪惡。因為，『萬惡淫為首』的古訓仍然是多數人的道德戒律；因為，賣身違反國家法律。而這位天使魔鬼女教師一開始就選擇了一條不歸路，正如『污水定律』一樣，她賣身的污水使她當教師的聖潔之水也變得污濁不堪了。她雙面人的形象對孩子也是一種道德的玷污，從她選擇賣身的第一天起，她就不配當一個天使了，因為，賣身本身就是對聖潔天使的一種諷刺和嘲弄。」

　　徐萍賣身養家，賣身恥辱還是貧窮恥辱？拿傅劍鋒的觀點來說，一個人可以允許因貧窮而失學，可以允許因失學成為無知之人，這一切都不重要。重要的是，不允許為改變貧困而賣身，那樣會背離道德準則，靈魂敗壞、遭眾人吐沫。那是罪惡！罪惡！貧窮才是波德賴爾筆下的《惡之花》。貧窮不但是一個人的恥辱，也是這個人罪惡的開始。正如法國作家雨果在《悲慘世界》扉頁上所說：「貧窮使男人潦倒，飢餓使女人墮落，黑暗使兒童羸弱。」

　　在中國，小農社會或自然經濟社會中，政治、經濟、道德三位一體，它的結構關係表現為：道德—政治—經濟。道德通常與政治聯姻，它的地位高於經濟地位。你就是貧窮不堪、餓死病死、無關大節。但你要是出格，那就是對道德的背叛。貧窮可以原諒，失足犯罪也可以原諒，唯一不能原諒的就是你對道德的褻瀆，而對道德的褻瀆就是對政治的褻瀆。中國式的政治決定著中國式的道德是怎樣的一張臉譜。

　　徐萍的遭遇只是中國鄉村女教師的一個縮影。我們盡可以用各種語言苛責徐萍人性的墮落，但我們對政治體制中日益增長的危機卻視而不見。政治掌控著道德與經濟，它才是真正的晴雨錶。所以，我們想要痛心疾首解決道德淪喪現象，首先要解決經濟體制改革中出現的貧富不均以及由此滋生的各種社會現實問題。而要解決經濟體制中出現的矛盾又必須先解決政治體制上的危機。唯有這樣，大家才能在月光下說風涼話。

悲劇：23 歲女孩為 23 元不被搶劫而死

　　《中國婦女報》8 月 29 日刊登了一個震撼人心的故事：年僅 23 歲的打工妹鄧哲玉來廣州找工作不到半年，那一天，她走在馬路上，突遭搶包賊作案。鄧哲玉拽住提包就是不肯放手，被摩托車拖著甩倒在地，終因遭重創而不治而亡。被搶時，她的包裏只有 23 元現金和幾張名片。

　　為守護 23 元付出了 23 歲的年輕生命，值還是不值？人們反響很大。城裏人表態說，這是鄉下人「思維落後」的表現，而鄧哲玉老家的鄰居卻說：鄧哲玉只有 23 歲，卻已挑起家庭的全部重擔。19 歲的弟弟沒有工作，啞巴父親和文盲母親在湖南邵陽老家耕種山地。23 元錢對一個城裏人來說，或許是一個很小的數字，但對於一個擔起家庭重負的打工妹來說卻是很重要，對錢財的愛護足以使她做出這種本能的反應。不管何種說法，這是一個悲劇。這既是鄧哲玉個人的悲劇，也是這個社會不幸的悲劇。它無情地向我們揭示，在所謂的城市繁榮背後，無法掩蓋的是那些遺留的現實問題存在；這也是農村傳統美德文化與現代城市中個別野蠻文化在較量。

　　23 歲的鄧哲玉從農村來到大城市半年不到，她是一個善良的女孩，從小到大受到的都是老家的傳統教育。她認為包裏的東西都是自己的私有財物，不要說 23 元，就是 2.3 元也不應該讓人劫走。在她眼裏，大白天搶東西，這個社會還有沒有皇法了？她太單純了，以為這是在她老家，老家從不會出現這種不要臉的、要被鄰居們罵祖宗三代的缺德事。

　　鄧哲玉是外來者，搶她包的那個騎摩托車人不會是本地人，也一定是個外來者。這個搶劫者知道搶本地人會有麻煩，目標專盯著外來者，她們反抗與自我保護的能力比較差。退一步來說，誰敢斷言他們

天生就是搶奪賊？或許他們曾經也是一群善良的農民，因為長期找不到工作而淪落龜縮在這個城市一角，做著偷雞摸狗、打劫犯法的事。這些人生活在城市的邊緣，這城市的繁榮與他們無關；這城市的骯髒卻與他們分不開。他們搶劫或許也是為了生存，誰能斷言他們沒有家小，他們只是走一步是一步。

在男人眼裏，女人沒錢無法生存下去可以去髮廊，可以賣身。男人要是有力氣卻沒地方被收留，找不到工作可要壞事。因為男人不能缺錢，長久缺錢的男人什麼沒理智的事都會做出來的。他們也會算帳，搶劫也有風險成本，弄不好會坐牢，而搶劫單身行走的外地弱女子成本最低。如果搶劫者知道對方包裏只有 23 元，可能殺他們的頭也不會下此毒手。畢竟他們要的是錢，而不是命。這一劫居然鬧出人性命，估計他們也沒想到。

那麼，人們可能要問，農村裏的年輕人為何拋棄祖輩們留下來的土地紛紛湧向大城市？原因很簡單，這片賴以生存的土地已經無法讓他們的生存得到保障了。種一年田只能保一年的肚子不挨餓，可他們還要面對生、老、病、死，你說讓他們怎麼辦？他們要成家，要繁殖後代，要過上有保障的日子，不再靠天吃飯。這些土地、這條河流，這些老樹，曾經讓他們遐想。現在，他們卻要告別父老鄉親，獨自去大城市闖蕩。然而，這城市沒有給這些遠道而來的打工者留出一個空間，甚至連做夢的一張床都給剝奪了。他們可能曾經工作於大城市的建築業、服務業等。工作中，可能連最低的工資標準都拿不到，更不用談意外保險和醫療保障了。老闆若是生意不好，首先想到的就是辭退員工。《勞動法》不屬於他們，也沒人站出來替利益受到侵害的他們說話。城市像什麼？城市像百慕達的漩渦，把他們一一吞進去了，來多少吞多少。在媒體宣傳上，人們可以興高采烈地把他們這些外來民工稱之為城市建設的締造者，建築行業的魔術師，可美言再多，他們還是融不進這座城市，這個城市的美麗不屬於他們。屬於並等待他們的卻是飢餓、甚至是疾病的到來。

　　農民兄弟紛紛湧向城裏，以為城裏人都在過著富人無憂無慮的日子。其實不然，城裏人日子同樣不好過。真正過上富裕生活的人畢竟是少數，大部分人面臨下崗、再就業的嚴酷選擇。城裏人創造社會財富不少，為何卻富不起來？道理一個，中國的稅賦列世界排名第二，而中國的人均收入卻遠遠地排在世界的近百位。低收入高稅賦的結果是：窮人更窮，翻不了身。現在，貧窮已成幾何級地生長。貧窮現象越嚴重，社會犯罪率就會成正比例地大面積提高。

　　搶劫事件在廣州頻頻出現，此起彼伏，這只能說明政府管理機構已經嚴重失控和無能為力。他們拿不出更好的辦法來治理，只能頭痛醫頭，腳痛醫腳。或許他們的警力有限，不能有效地到位；或許他們心裏明白，這種事絕非是靠加重處罰和打擊力度所能收效的。他們有難言之苦。

　　想想在老毛時代的廣州，這種事絕然不會出現，真要出現了，廣州市公安局局長該撤職了。現在全國下上的領導都在抓國民生產總值指標數。指標數上去了，政績也就出來了，而政績出來官位上升的空間就大了。廣州市的國民生產總值指數很高，說明該市經濟很繁榮，這是改革春風最早吹入廣州，一朝騰飛起來的結果。不過，這種國民生產總值指標數再高有何用？連一個百姓的生命安全都無法得以保證，還談什麼改革的優越性以及國民生產總值指標數的偉大？我呸！

　　在中國，無論是哪個城市，無生存保障可言的經濟繁榮都將是曇花一現的美麗，不會長久。即使是以「改革」的面貌出現，這條路註定走不遠。老百姓只會厭倦、不會認可。我們若不把這個社會矛盾解決，那麼，明天就會有王哲玉、李哲玉的悲劇再度演繹。如果是這樣，49年，共產黨推翻蔣家王朝的意義又在何處呢？老毛在天安門城牆宣布說「中國人民從此站立起來了」就是假大空之話。

這年頭為何英雄越來越高大，案件越來越血性？

　　早上，翻閱《新聞晨報》，有一篇〈寒風中，市民含淚送別英雄〉文章引起我的注意。文章報導說：6 天前，一位叫汪洋的復旦上海視覺藝術學院大學生見義勇為與不法分子作鬥爭不幸遇害。就在昨天，600 多位市民含著淚水為年僅 19 歲的大學生送別。汪洋家庭所在社區的上海康城近 60 名業主也來了。上海市人大常委會主任龔學平特地參加了昨天的遺體告別儀式。60 多名同學連夜折出三大箱、幾千隻紙鶴，它包含著同學間共同走過那段青春紀念，更多的是一種崇敬之心。

　　汪洋因何遇害成為英雄？不法分子又是誰？這事要從一星期前說起。那晚，他回宿舍，半路上，有人告訴他，有個小偷偷了東西往前逃了。他一聽「正義感」立馬上來，猛地追上去。小偷心慌逃進一家網吧，人藏在廁所裏不出來。汪洋大義凜然地一步上前，揪住他的衣服不放，要扭送派出所。沒想到這時小偷狗急跳牆，從口袋裏掏出一把水果刀，一刀上去，正中汪洋身體的要害部。汪洋倒下了，再也沒醒來。小偷趁機逃走了。

　　如果這事能倒放，我想，那時汪洋一定在想，我這是正義之舉，你是小偷應該害怕我才對呀。論個子雙方差不多，就是對搏小偷不一定能占上風。汪洋萬萬沒想到對方會耍賴、下流、動刀子。在汪洋大腦裏防範心理與護衛行為幾乎為零。他甚至可能天真地認為，只要曉之以理、動之以情，小偷就會回心轉意，自覺地跟他去派出所投案自

首。假如他知道抓小偷會把自己的命搭上，我斷定他絕對不幹，就是送他十頂「英雄」帽子他也不會稀罕，因為這實在是划不來。至於那小偷，他可能也在想，我怎麼這樣倒楣，剛出手就被人盯上。現在又被堵在廁所裏，插翅難飛。我拿刀出來嚇唬他，他應該會退卻吧！給他一刀教訓一下，讓他別再纏著我。是好漢讓一條路。小偷要是知道自己這一刀下去會致對方於死地，我敢斷定，就是打死他也下不了這個手。小偷本是一個農民的兒子，本質上不是一個壞人，只是一時打不到工，沒得飯吃才想到去偷。要是知道偷這點東西居然會把自己生命斷送，這事傳回到村裏不要被全村人笑死才怪呢！以後老父老母在鄰居們面前還能抬頭做人嗎？

當然，以上是我的假想。現在汪洋死了，人們懷念他，追認他為英雄。但是，我卻不認為他是英雄，而是一個魯莽人，因為他的行為一點也不可取。試想，當他將小偷逼進網吧裏時，他有沒有想過守在大門口，然後打「110」報警，讓警察來抓小偷。警察職責就是加強治安管理，防止犯罪分子作案。汪洋要是口袋裏沒手機，也可以另出一招：在網吧門口大叫大喊，把路人吸引過來，再求路人打電話報警。如果汪洋實在要充好漢衝進網吧，那也得找一個拖把之類的傢伙握在手上權作防衛武器，這總比徒手套白狼要強一百倍。

然而很遺憾，汪洋沒這樣做。傳統的正義感與道德感，還有英雄主義的心理占了上風，他以為自己是一個強者，強者無敵。他沒有想過，如果人人都是強者那麼還要警察幹什麼？汪洋之死，死於對自己的盲目自信。要知道，精神上的強者並不等於是肉體上的強者。人的生命其實是很脆弱、不堪一擊的，倒下就永遠醒不來了。

汪洋之死既是他個人的不幸，也是他的家庭之不幸，更是這個社會的不幸。我們的輿論宣傳工具很不實在，總是拼命地鼓勵人們與壞人壞事作堅決的鬥爭，以「生得偉大，死得光榮」為崇高境界和追求目標。真搞不明白，那些拿著納稅人之錢的有關部門又是幹什麼的。治安無力、治安不到位，刑事案件不斷呈上升趨勢，在這樣複

雜世態的背景下,卻要老百姓以自己血肉之軀來捍衛法與德、抵制邪惡,不管好壞均以「英雄」蓋棺定論,這是哪門子高帽子加工廠的壯舉?

市民不要眼淚,不希望英雄頻頻閃現於這個社會。英雄輩出的時代正說明社會治安已到了亂套的地步。英雄越多,犯罪率越高,無謂的犧牲也就越多。我以為,小偷固然要抓,但光抓一二個小偷不能解決治安問題。只有解決了這個社會的貧富巨大差別,還有城市邊緣化人口生存的問題,讓弱勢群體有做人的基本保障,不再受到城裏有錢人的歧視,等等。那樣社會犯罪率才會降低。而犯罪率越低,英雄自然就無用武之地,不會大片冒出來。

我很欣賞西方人的處世哲學,西方人總是認為生命是第一可寶貴的東西,它高於一切世俗的約定。就拿北歐國家瑞典來說,瑞典是世界上犯罪率最低的國家之一。那裏的富人收入越高,賦稅越重。政府又用這些錢來救濟那些生活上有困難的老弱之人。在那裏居住的人不知道飢餓是什麼味,一切都由國家替你想到了。你想讀書讀到老,國家就給你津貼給到老,你想看病不用自己掏腰包(無故不去讀書或與醫生約好不去看病要扣錢),就是不工作拿救濟金也足夠吃香的喝辣的。二十五歲以下的青年人基本上不工作,周遊四海見市面去了。那裏不存在小偷小摸的人,那些一不小心走上犯罪道路的人,伏法方式很簡易,每天早上到警察與政府聯合開辦的教化所去接受感化教育,晚上回家與親人團聚。天天如此,如此一來,你會覺得無法像其他人那樣去海外度假遊玩而後悔莫及,於是痛下決心一定要做一個遵紀守法的好公民。(在這一點上,我們很內疚,我們曾苦苦宣誓,要為實現共產主義社會而奮鬥終生。看人家不立宣誓,照樣能進入共產主義社會的初步階段,我們莊嚴的宣誓還管用嗎?)

西方人對中國人重德義輕生命之舉頗感奇怪,因為幾百元或幾千元的財物而搭送兩條年輕鮮活的生命覺得太不可思議了。西方人始終認為錢是可以再掙的,生命一去不復返。中國人卻不這麼認為,不為

五斗米折腰，寧為玉碎，不為瓦全。中國人就是喜歡高大全，可以這樣說，是高大全的美德害死了汪洋。

我想，如果我們要大力宣揚汪洋的英雄事蹟，倒不如化重力去開挖那些生活無望的窮人因何會淪入小偷的問題。他們是一群生活在社會底層的人，每天耗著自己的體力，一點點老去。這城市的市政市容巨變是他們親手締造的，但繁華不屬於他們。在這個城市中，他們猶如無名無姓的多餘之人，工作沒保障，一要擔心被老闆解聘，二要時時提防疾病與涉及到個人安全隱患的到來。他們之中的有些人積勞成疾，連伸手幫一把曾生死患難的鄉友安慰都無法做到。他們是這個城市的幽靈，早出晚歸，在自己簡陋棚屋裏過著沒有奢望的日子。他們也想做一個好農民，不做盲流人員，不為國家增添負擔，但耕田所得收益早已無法讓生活有個可靠切實的保障。他們的土地有可能被以政府名義圈地的房產開發商徵用，沒人替他們說話做主，他們也沒錢打官司。他們中的有些人走上犯罪道路真的是有很多社會原因。沒有飽嘗過飢餓折磨的人永遠想像不出這是怎樣一種生不如死的感覺。法國作家雨果在《悲慘世界》扉頁上說得好：「貧窮使男人潦倒，飢餓使女人墮落，黑暗使兒童羸弱。」

我又想，這個社會，只要解決了以上這些問題，社會犯罪率就會大幅降低，英雄也就不會前仆後繼地出現。市民不希望英雄越來越高大，案件越來越血性。真的！

董存瑞之妹能告贏央視
並獲得十萬賠償嗎？

　　昨日，全國多家報紙相繼報導了董存瑞之妹董存梅以一紙訴狀將《大眾電影》雜誌社、導演郭維和中央電視台告上法庭，稱三被告嚴重侵犯了其哥哥董存瑞的名譽權，要求他們做到：一、公開致歉，以消除影響；二、立即停止銷售和播放《電影傳奇──董存瑞》；三、要求賠償精神損害撫慰金和其他經濟損失計 10 萬元。

　　現已年近 70 歲的董存梅在起訴書稱，2006 年 4 月 15 日，在《大眾電影》雜誌第 8 期以《〈董存瑞〉：「真實」創造的經典》為題刊登了署名為沙丹的文章，該文章介紹了導演郭維講述的電影《董存瑞》創作過程。文章寫道：「在真實中，董存瑞死後並沒有立即被評為烈士，僅僅是通知家人他犧牲了。更重要的是，沒有誰親眼看見他托起炸藥包的情景，這完全是事後根據一些蛛絲馬跡推測出來的⋯⋯」

　　中央電視台製作出版的《電影傳奇──董存瑞》中，郭維也講：「以後怎麼知道、確定是他（董存瑞）托著炸藥包炸的呢？就來了一些軍事專家，因為不知道誰炸的，而這是一個英雄啊！最後有人建議挖這個橋底下。結果最後挖到一定深度的時候，挖出一個襪底來，就是董存瑞媳婦給董存瑞縫的。班裏的同志都知道，這是董存瑞的襪底，這麼確定這是董存瑞⋯⋯」

　　董存梅說，《電影傳奇──董存瑞》於 2005 年 10 月 29 日、2006 年 8 月 19 日兩次在中央電視台《東方時空》播出。董存瑞的英雄壯舉有豐富的史料和健在的戰友作證。郭維言論係毫無根據的捏造，《大眾

電影》和中央電視台未盡審查義務刊登、播放，使郭維的不實之詞廣為傳播，嚴重損害了人民英雄在人民心中的形象，傷害了她本人、其他親屬、與董存瑞並肩作戰並親眼目睹其英雄壯舉的戰友以及以英雄命名的單位的感情，故將三被告起訴至法院。

據媒體說，本案原告除了董存梅之外，起訴書中還列明了 7 個「第三人」，他們是隆化縣董存瑞烈士陵園管理處、隆化縣存瑞中學、隆化縣存瑞小學、隆化縣董存瑞研究會研究員呂某以及三位部隊政委，這些「第三人」分別在起訴書上簽字或者加蓋了公章。媒體說還引據一位叫「程搏九」的老人說：「董存瑞是我們的國寶、軍魂啊，是我們敬仰、學習了快 60 年的一個光輝形象，現在就憑這麼一句話輕而易舉地否定了事實，我們自己否定自己，這不是讓外國人看笑話嗎？現在部隊中還都掛有八幅畫像，第二幅就是董存瑞，否定了他的事蹟，以後在他的畫像前還怎麼再向後人講起他的故事？那時我們的心裏會是什麼滋味？」

老人們堅定認為董存瑞是烈士，烈士就是我們的國寶，後（旁）人豈可隨意歪曲事實？任何淡化、塗抹英雄形象行為就是對國寶的一種篡改。那麼輿論和道義在手的董存梅，能否旗開得勝、力挽狂瀾地告贏《大眾電影》雜誌社、導演郭維和中央電視台嗎？

根據中國法律規定，作為起訴的原告必須是本案的當事人，或是他的直系親屬。董存瑞沒有結婚生子，那麼他的妹妹──非直系親屬，替董存瑞起訴有法律作用嗎？明眼人能看出來，董存梅看中的是其哥哥光輝燦爛了幾十年的形象。為此，她要竭盡全力保護這形象，不讓任何人可能或已成事實上的玷污、破壞。

不否認，董存瑞是英雄，但英雄是根據政治或其他需要而樹立起來的。作為學習楷模的英雄往往是只能上不能下，而且是高高在上，成為一尊供後人信仰的神像。董存瑞之事讓我想起前幾年拍攝的電視劇《林海雪原》，由於楊子榮的形象在國人記憶中高大、深刻，劇組導演現在卻起用了一個看上去有點流裏流氣、像土匪一樣的人來充當這

個角色。並且在劇片開頭的場景中，楊子榮是打著響亮口哨，一路滑雪而來，高大全的形象一下子全沒有了。此事引起眾多爭議，楊子榮家屬要求對方賠償形象損失。可歷史上，楊子榮原型就是這樣一個瘦精身材的人，沒有半點魁梧樣。若他臉面和藹可親，一定打不進土匪老巢，無法贏得坐山雕的信任；也無法完成首長交付的任務。電視劇《鐵道游擊隊》也一樣，根據宣傳需要，遊擊隊隊長必須在全劇結束時犧牲。可是作為隊長原型的賈德老人不服，認為自己沒死，要求賠償名譽和精神雙損失。

我說這些只是想證明一點：英雄靠的是包裝與宣傳。電影《董存瑞》也一樣，當董存瑞衝在敵人的碉堡橋下，想要安放炸藥卻沒處掛。這時，約定的總攻時間到了，董存瑞在無奈之中只好咬牙，一邊拉開炸藥包導火線，一邊對不遠處的戰友們大聲叫道：「為了新中國，前進！」（又一說：「為了新中國，衝啊！」）可事實上，董存瑞並不是這樣叫的，他是叫著：「臥倒！臥倒！快趴下！」然後拉開炸藥包導火線犧牲了。

現在再來看董存梅的訴狀行為，她興師動眾將《大眾電影》雜誌社、導演郭維和中央電視台告上法庭，最主要的目的是想要保護其哥哥光輝了幾十年的形象。英雄形象與那個產生英雄的時代往往聯成了姻緣。在姻緣中力排來自不同地方的不同聲音和不同形象。正如那年毛澤東提出「百花齊放，百家爭鳴」口號只是那個社會由不成熟向成熟過渡的一個響亮而又漂亮口號，事實上並非如此。

最後我想說：英雄輩出的時代正是一個戰亂、人民飽受苦難的時代。中國現代史上的多災多難孕育了一大批英雄風起雲湧般地呈現。我們的歷史如此淋漓地在飽受一波又一波的磨難。在磨難的輪迴中，我們分明感覺到：這個時代，我們其實並不缺少對英雄的認識，真正缺少宣傳的倒是那些死不瞑目的、有骨氣的人，像張志新、遇羅克、林昭，他們也是光榮的烈士──為捍衛真理而獻身的烈士。馬克思說得好：「法蘭西不缺有智慧的人，但缺少有骨氣的人。」

在西天，董存瑞與國民黨老鄉精彩對話

　　那天黃昏，在西天極樂世界，董存瑞正閉目養神地坐著，延綿心思在無靈無魂的風中一輾輾放飛。這時，拐杖聲響起，一個斷腿的、一身農村人衣著打扮的小青年一拐一拐地走過來。老遠就喊道：「小董，小董，怎麼，你不認識我了？」

　　董存瑞一臉驚詫地問：「我不認識你，你是誰呀？」

　　那「斷腿人」說道：「難道忘了？那年你在隆化中學的橋下手舉炸藥包炸碉堡時，我和其他三個兄弟就躲在碉堡裏。一聲巨響，我們同時去了西天，我的腿就是在去西天的路上沒了。好巧，黃泉裏我走了十萬八千里，今天終於碰上了你。」

　　雖然事隔五十九年，但董存瑞一點沒忘記那段烽火歲月。他說道：「我記得。不過那時我是東北野戰軍第十一縱隊裏一名勇敢的爆破手，而你卻是國民黨軍隊裏一個相當頑固不化、不識大局的士兵。我們是冤家對頭，沒什麼好說的。釘是釘，鉚是鉚，根本就是水火不融的兩種世界觀的人。雖然我們同時上了西天，但我從此成了全國人民的英雄，軍隊裏的軍魂，我的名字走進小學生課本書，永垂千古。而你呢？既成了國民黨軍隊裏的可憐炮灰，又遭家人一輩子唾罵。」

　　「斷腿人」苦笑一聲，說：「這話就說錯了！你以為我喜歡打仗？老實說，我當兵的目的還不是混口飯吃。你不是不知道，我們都是被綏靖公署拉壯丁給拉去的。每家必須出一個丁，不出丁綏靖公署會給我們全家太平日子過？再說那年頭兵荒馬亂的，飯也吃不飽，種田又沒保障，不當兵能做什麼？當了兵至少有口飯吃，還能拿點軍餉回去討老婆生孩子。」

　　董存瑞打斷「斷腿人」之話，說：「我的意思是說，要當兵也不能當國民黨軍隊的兵呀！你看我，十六歲就參加八路軍，有多威風不說，還能為解放全中國出一把力呢！你呀！錯就錯在不識時務。什麼兵都可以當，老蔣的兵就是不能當。誰當誰倒楣，秋後必算帳。你死了，還要連累全家人。」

　　「斷腿人」這回苦笑不出來，拉長著臉，說：「憑良心說，我也想參加八路軍，可這由不著我選擇呵！總不見得被拉壯丁後再趁勢開小差逃回來，那樣會讓我全家人遭殃，家裏人還要補一丁上去。再說這兵荒馬亂的，到處是槍林彈雨、槍炮連天。你說我往哪兒開小差去找八路軍部隊？怕是八路軍的部隊還沒找到就成了國民黨軍紀處刀下鬼了。」

　　董存瑞說：「說你不識時務你還不承認。你其實不需要用死腦筋來守橋頭堡，看見我們部隊來了，放放空槍，或者乾脆丟下武器投誠就是了，那不是很好的一條光明道嗎？幹嘛非要置自己於死地，自絕於人民。你說你這行為識大體不識大體？光彩不光彩？後悔不後悔？」

　　「斷腿人」的臉還是拉得長長的，說：「那時你們部隊發起總攻的約定時間到了，想要衝鋒卻被我們的子彈阻隔在隆化中學碉堡前。作為軍人，同時作為一班之長，你覺得自己有挺身而出的義務；同時也有義不容辭拉開炸藥包導火索的理由。然而你為我想過嗎？我也是一名軍人，軍人以服從長官命令為天職。如果我臨陣脫逃，肯定會死於自己人的亂槍之下。逃是死，不逃也是死，都是死路一條，我還能選擇什麼？除非我們的子彈打光，主動撤退，八成還有生路可走。我覺得一個軍人死於戰場不是他的恥辱，而是他的光榮。」

　　「斷腿人」繼續說道：「或許你會說，我們八路軍士兵是為正義而戰，為全國人民得解放、謀幸福而戰。你們國民黨士兵是為不得人心的腐敗蔣家王朝而戰，死了也不值得，輕於鴻毛。但我認為古人說得好：『勝者為王敗者為寇』。千百年來，歷史從來就是由王者歌功頌德撰寫的。所謂『正義』，誰奪取了統治政權誰就掌握了正義之劍。」

　　「你瞎說！」董存瑞義正詞嚴地回答說：「你曲解了『正義』。事實上，中國人民解放軍在朱德總司令的指揮下，在毛澤東軍事思想的正確指導下，打敗了蔣介石幾百萬大軍，推翻了國民黨長達幾十年的黑暗統治，建立了嶄新的、人民當家作主的、民主新中國，全國人民從此揚眉吐氣地站起來，歡呼雀躍地跨入新社會，這是不可抹殺的事實。」

　　「斷腿人」不賣帳，說：「你還是那年的急脾氣，一點沒改。現在有人這樣傳說，說你當時把炸藥包引燃後，完全可以再以拋物線的動作把炸藥包扔到碉堡的堡頂上，因為堡頂是平的，炸藥包扔上去不會滾下來，那也能起到炸毀碉堡的作用。但是你心太急了，想著不讓戰友們犧牲太多，其他什麼也不顧了。你也知道，《董存瑞》電影裏，成排的士兵在衝鋒時倒在我們的機槍掃射下，那是虛構的情節，並沒有那回事，白連長沒傻到這樣指揮自己的隊伍。充其量只有幾名衝鋒士兵受傷，你卻壯舉了，一舉驚天下。」

　　「斷腿人」停了一停，說道：「這事我們不談，反正早已過去了。我想談談你剛才說的話題。你說你們解放了全中國，人民從此告別舊社會，迎來新社會。那麼我問你，什麼叫『解放前』？什麼又叫『解放後』？所謂『解放』，應該是指一個人原先曾經是奴隸，後來被人從奴隸狀態拯救出來。對他來說，『解放』就是恢復了做人的尊嚴與自由狀態。如果說答案是肯定的，那我怎麼聽人說，現在這些人的奴性變得更加淋漓盡致了，尤其是對黨和領袖的依附關係比任何朝代都要來得全面和徹底。你說全國人民告別舊社會，迎來新社會。可是，你想過沒有？『舊社會』其實只是一個政治色彩極其濃厚，無不含有救世主味道的政治道德的名詞概念。它的內含是勞動人民在『舊社會』當牛做馬、受剝削、被壓迫。於是，與之相對應的便是由一個執政黨杜撰出的一個神話：『新社會』。在一個人絕對依附於另一個人或政黨的時候，並且在變成了奴性的前提下怎麼還會有『新社會』內容可言呢？」

「胡說八道！」董存瑞狠狠地說道：「你這是嚴重歪曲事實！你以為我這個牢牢樹立了幾十年的英雄被你三言二語就能輕易抹掉了嗎？告訴你，別癡心妄想。」

「斷腿人」這回不再拉長臉，說：「英雄？在部隊裏你是英雄——軍人的驕傲。但是，在國內戰爭中，你我誰都不是真正的英雄。因為人民需要過太平日子，需要生命有個保障，不需要這樣那樣的大牌英雄冒出。說起英雄，在我們死後一年，也就是49年9月，銀川機場發生過一件事。當時我國民黨軍有一架運輸機降落於銀川機場，準備帶部分高級軍官返還重慶。不想被你們解放軍給截了，你們的士兵用繩子把飛機的起落架綑綁在一棵大樹上，我軍駕駛員謊說飛機要天天發動，不然飛機就會壞的。你們的幾位官兵信了，跟著飛機駕駛員上了飛機。那駕駛員點燃發動機，巨大的動力立馬掙斷了繩子。幾位官兵急忙衝上前，想制伏駕駛員，可那駕駛員來了幾個特技駕駛動作就把他們嚇壞了，飛機由此順利返回重慶。你說，在這裏，誰是英雄？我舉個例子是想說，英雄輩出的時代正是最紛亂顛簸、飽受戰火的苦難時代。英雄越多，死亡的『狗熊』也就越多，而這個『狗熊』就是我們昨天的手足同胞。」

「斷腿人」突然問董存瑞說：「你是懷來（河北）人吧？我也是！看你眼熟，我們竟是一個村的，小時候還一起比賽跑步呢！你看多可惜。我們去西天的前二個星期，在上海江灣體育場正召開中華民國政府第七屆全國運動會（1948年5月5日召開，為時12天），我們應該在賽場上拼個高低，沒想到卻在隆化中學門口演繹了一場魚死網破的悲劇。痛心呵！」

董存瑞還是顯得那樣剛強，說：「呸！你才痛心呢！我覺得我死得光榮！我為自己的行為沒半點遺憾。再說我們董家村也沒有你這樣的一個敗類。」

「斷腿人」苦笑一聲，說：「這世界原本就沒有永遠的敵人。」

CCTV，不要問我幸福在哪裏

中央 12 台《紀事欄目》曾經播放過「幸福在哪裏」專題採訪節目，據說觀眾的收視率和反應還不低。我認為，「幸福」標準不一，取決於人們的認識和把握。窮人有窮人的「幸福感」；富人有富人的「幸福感」。我們的電視台在宣傳「幸福感」的同時，給我們昭示了兩個截然不同的世界畫面。一方面，所謂的社會精英被請到電視台來做節目，講他們當初是如何艱難創業，打拼天下，幸運挖到第一桶金。政府官員為了讓這些人掏錢投資，給他們戴上「傑出青年」或「世紀風雲人物」帽子。面對攝影機，他們侃侃而談、神采飛揚，有一種人上人感覺。他們確實在事業上成功了。電視台製作這檔節目，苦心希望更多的人看了這電視之後能「拷貝」他們的發家史。

但是不是所有的人都能發家致富。這個社會，富人誕生越多，窮人數量就成幾何級增長。就像山巒越高，山谷越深。原因只有一個：社會財富就這些，它就像桌子上放著的一個大蛋糕，你多吃了一口，別人就勢必少吃一口。於是這樣，我們不可避免地在電視裏看到了另一個悲慘世界：那些因為找不到工作，或者因為飢寒交迫，不得不鋌而走險、孤注一擲的人，他們本善良、她們本賢慧，現在卻因為填飽肚皮，不得不去偷、去搶，去賣淫，幹見不得人的事。那些人案發入拘留所，辦案人員不解，問：你們是否想過這是犯罪行為？犯罪可是要坐牢的。他們臉無表情，說：「我不看電視不知道，看了電視就想不通。憑什麼就該他們吃好的、住好的、玩好的？還要包二奶！我他媽的也是爹媽生的，為何就頓頓吃不飽，睡覺沒著落，連個老婆也討不起！誰欠我的？」

　　眾所周知，由於中國改革的部分不到位，經濟發展的某些領域不平衡，並且由權利不均所滋生的社會財富分配不公正，註定了在相當長的一段時期內，一個龐大的弱勢群體會以這樣低調的格局保持下去。在中國人幸福感指數普遍下降的同時，對未來不確定感在加深。他們在失望與挫折中產生了濃郁的不公平感、相對剝奪感、甚至是1949之前的那種被壓迫感。有了這種感受，我們的社會難以暢談「安定」與「和諧」這些美麗詞句。

　　社會需要「祥和」，而電視台製作組人員又想像不出什麼新創意，於是拿著攝影機跑到主持人家裏，把主持人房間裏的各種裝飾擺設，還有很多漂亮衣服都給拍攝下來，通過電視展示給觀眾們看。他們以為這樣節目主持人與觀眾的距離就拉近了，收視率也會跟著上一個新台階。廣告製作商也一樣，製作出很多像「肯德基繽紛全家桶」、「麥當勞深海鱈魚片」和「法國精製匹薩」等精美廣告。觀眾看了心花怒放，真以為明天的生活就像這「法國哈根達斯」一樣美味可口。

　　然而不幸的是：在美麗廣告之後，往往緊接著就是中國內地某某縣城洪水氾濫成災的新聞報導。這邊，城裏的大人帶著小孩紛紛湧到海灘邊度假消暑；那邊，片瓦不留的農民們卻因為水災而進入臨時救助站，等待政府的救濟。無田可耕、無房可居、無木可伐，拿不到救濟金的只好離鄉背井，成為城市街頭的新盲流人員。

　　這個世界真是不可思議：這邊，「鮑汁月餅」、「魚翅月餅」隆重上市，一盒豪華包裝月餅可以賣到上千元。那邊，窮人連幾元錢一個月餅都吃不起，只能等待中秋過後特價再品嘗。同樣是教師，城裏的教師，工資加津貼還有補課費，每月可以拿到四五千元，甚至更高。那邊，山裏的教師一個月到手的工資不足五百元，並且還不是按月支付，還要拖上半年或一年才能兌現。已經是二十一世紀了，窮的標準不單指家裏沒有充足的食物被儲存，它還包括那些因營養不良導致疾病一身卻無錢就醫治療的人，更包括那些打工難、討薪難、入校難、建房

難的貧苦鄉民們。試想，一個要時時躲避天災、攤派、罰款、盜賊的百姓，其幸福感指數又在哪裏呢？

貧富的巨大落差，使幸福感成為一支脆弱無力的「風向標」。富人們練就了雙面性，一方面，他們看不起窮人，覺得窮人是這個社會繁榮昌盛的累贅與重負；另一方面，他們又害怕受到窮人們的趁火打劫，不得不像防小偷一樣處處提防周圍的窮人。窮人，也有喜怒哀樂，他們把對某個富人的仇見發洩到這個社會中。好像是富人把他們逼窮、弄窮一般。在他們憨厚的臉部表情下，滾動著的卻是猛烈的報復心態。他們要把這個世界欠他們的都一一贖回，不管用何種光彩的或不光彩的手段。他們想證明一點：他們是炎黃（皇帝）的後代。皇帝是什麼？皇帝是進了宮園的地主，地主又是什麼？地主是發了財的農民。

同是上海電視台，曾播放一段叫人難以至信的錄影：在高速公路上，有一個八歲男孩開著一輛黃色高級跑車，其父坐在副駕駛位上壓陣。錄影播放後給人的感覺是：龍生龍，鳳生鳳，強盜兒子掘壁洞。富被世襲，窮同樣被世襲。窮人家的孩子甭想有出息。在他們幼小的心靈世界，早早埋下了不公正的影子。他們不僅僅是輸在起跑線上，更是輸在沒有起跑這樣一個機遇。他們長大後，還是步他們的父母後塵，沒有文化知識，沒有好的工作等待他們就位。不管他們如何揮灑汗水，這城市還是無法包容他們。心在流浪，躺在冰冷潮濕的床上，他們會自歎不如，惱恨自己是打工仔的命，這輩子沒得翻身機會。幸福感對他們來說就像是郊外的一朵野花，好看卻不長久。宛如英國學者約翰‧格雷在《人類幸福論》一書結尾時說：「目前的社會制度和它所追求的目的是最可悲地不相適應。它的目的是增進人類的幸福，而它的結果則是使人們經常遭到貧困。」

昨日已逝去，明日猶未臨。我想，幸福是什麼？這本不重要。正如這個社會，人們竭力倡導給予窮人更多的一些幫助，然而，找出貧窮落後的原因比幫助顯得更為重要。也如「脫貧」，不是政府用救濟金就能擺平萬事。

　　最後，我想說：中央 12 台以專題採訪手法來探討幸福在哪裏，其目的很明顯，旨在表現一個祥和的世界。然而，我看到的卻是一幅幅因偷盜或打劫不成被抓的場面。正是這些人，通過電視傳媒驚奇地發現，富人原本並不是天生就是富有，他們曾經與他一樣也是一個窮光蛋。為此，他有一千個理由要以劫富濟貧的心態去作案。他們是一群犯罪的窮人；沒有頭腦的傻人；靈魂受傷的苦難之人。

第五輯

拷問良知

——我的自白

拷問良知，我為什麼渴望墮落？

　　首先我得說明，我不是一個公共知識分子；也不是一個優秀的文字工作者，能讓燦爛無比的文字語言打開一個沉悶封閉的世界，我只是覺得自己是一個有良知的中國人。在此，我大言不慚地宣告說：中國語言文字的燦爛無比不等於我們的心靈世界也是絢麗多彩。中國歷史文化豐厚結實、源遠流長，但中國的封建專制主義同樣根深蒂固。我們身處一個開明的專制社會裏，但再怎麼開明還是一個專制社會。

　　說「專制」是因為這年頭說良知話很難，良知話代表一個人的真話。而在目前這個到處鶯歌燕舞的時代氣息下，說真話沒有市場。說假話可以平安無事；可以招搖過市。一個人一旦說了真話就有可能引來專政鐵拳，這不是聳人聽聞之言。我們自認為自己是偉大的社會主義國家中當家作主的一分子，卻沒有在公開場合表現自己意願的權利。言論不自由，資訊不公開。我們只能把我們的目光轉向互聯網，以為探索民主、人權、言論自由等種種問題在此能淋漓盡致地展開。我們在互聯網上一次次激昂地抨擊封建專制主義，也一次次地傳播民主思想，宣揚公民應該具有的人權意識。我們以為這樣就能改變中國的現狀。錯了！我們大錯特錯。那些做學問的人，尤其是搞思想理論研究的知識分子一向理論嚴謹，文字嚴肅。然而，在這充斥著追星族、爆炒花邊新聞、電影電視娛樂獨霸視窗，遊戲技巧橫掃一切、色情文字與圖片時不時地搶奪眾人眼球的互聯網上，這些精英的聲音混合其中，那是多少屏弱呵！他們彷彿是在訴說一個陌生世界邊緣化的語言。

　　我們失去了什麼？眼見民主革命的呼聲漸趨遠去，冤案錯案一再發生、黨大於法、貪污腐敗之風越演越烈，其劣跡已到了令人髮指的

地步。動不動就是有多少億的人民幣被貪官捲到國外，當事人逃之夭夭，國家財產為之蒙受巨大損失。這是全中國納稅人的血汗錢呵！憑領導者良心做事，而沒有一條完善的法律法規在高層管理中起制約與監督作用，這種事還會不斷發生，這只是一個開始。眼見這個社會變得越來越看不懂，而那些有思想的公共知識分子，很大一部分人卻不發聲音了。也許在強大的「專政」機器下，他們不得不低下頭，保持一種沉默，放棄對崇高理想的追求。有的下海經商，追求物質享受；有的則沉默寡言，看破紅塵。曾經說真話的勇氣蕩然無存，生活變得比原來還清貧。他們可是國家的精英呵！本該受國家保護，在學術方面有所建樹，現在卻不得不融入世俗功利之中。雖然骨子裏還有憂國憂民之念頭，但無情的風雨和殘酷的事實讓他們最終以沉淪告別崇高。他們是精神被玷污的一代學者，正朝著我們的目光遠去。

在高度集權的社會裏，權力控制著一切資源，個人的世俗與理想，所有願望的實現都要經過權力之手的制約，形成對權力的崇拜是必然的。想要達到個人的理想，就必須學會忍氣吞聲，屈尊俯就，放棄自己所堅持的人格獨立與尊嚴。而那些聚集在公共知識分子周圍的民眾力量，由此迅猛地土崩瓦解。

我不是學者，但我也混入了思想頹廢的隊伍中。我渴望墮落，以為這樣心情會好受一些。為此，我酗酒、我麻木、我玩女人，就差沒五毒俱全。種種人生快感在我變得面目全非時終於得到滿足了。我越走越遠，思想也越來越骯髒、不堪一擊。我犯什麼賤，為何要在此低三下四地說自己？或許你認為我談不上是什麼「脫變分子」，本質上就是一個很壞的歪種。是一個標準的世界觀畸形者，根本沒資格在此大談什麼民主、議論自由、人權等問題。我墮落是因為我是人碴，人碴總是把自己的墮落硬說成是這個社會墮落造成的。我是社會碴子！

我不是社會碴子！記得在讀小學時，政治老師常殷切地對我們說：「你們是祖國的未來，要多學知識，長大報效祖國。」那時，我聽了這話心潮澎湃，還真以為有朝一日會成為國家的棟樑。為此我拼命

地學馬列毛澤東思想理論，我幼小的世界觀因過多地注入「革命理論」而變得對政治十分敏感。當我走上社會之後，我發現老師說的話，還有書本上講的道理與這個社會有著很大的不合拍。是老師欺騙了我們，還是這個社會欺騙了我們？我們真是不明白！不明白老師以及書本上要求我們以德報國、以德治國，而一個完善的社會體制應該是以法興國、以法治國。以德治國的惡果最終引出人類社會根本的危機，那就是價值體系的解體。對此，我們視而不見，我們的高級管理層窮於應付政治、經濟與社會的危機，其實這只是從一棵生病的樹根上長出來的「枝幹」而已。中國社會的精神結構原本已百孔千瘡，等待著大手術。我們需要精英式的醫師。

　　寫此文，用文字罵自己，如同用鞭子抽打自己。我痛心痛肺，我交出了我所有尊嚴。我的精神一片蒼白，一無所有，可我不敢正視現實。我只能拼命墮落，墮落到了想改變一無所有的勇氣都沒有，可我還是不敢正視。我良心不安。墮落是一個墮落者的悲哀。墮落對於一個意志薄弱者來說，無疑就是走上一條不歸之路。墮落對於一個一心想改變精神世界的人來說，不啻就是一種涅槃。走出心靈的廢墟，讓生命在血色輪迴中重新孕生。

　　墮落，我們除了擁有墮落，還能擁有什麼？生命即苦，所以我們要悲憫生命，在墮落中作一次艱難的超生。這就是墮落的我，這就是幾經沉淪墮落又幾經奮起的我。

季羨林，新舊社會不是這樣說的

今日，讀《新聞晨報》轉載的季羨林《學問人生》中〈舊社會與新社會〉一文有感。季羨林把自己的人生分成兩截，前截是舊社會，後截是新社會。舊社會對共產黨不瞭解。新社會，感覺政治清明，一團朝氣，許多措施深得人心，從此換了人間，幸福來到人間。從以上這段話可以看出，作為一個對印度佛學研究的知識分子，對新社會所出現的一切事物抱著百信不疑、百愛不止的態度。這是知識分子依賴於社會所表現出來的脆弱一面，這也註定了他的後半生會有艱難曲折的里程在等待著他。

什麼叫舊社會？什麼又叫新社會？新舊社會的區分不應該以一個執政黨替代另一個執政黨統治作為劃分標準。統治的改變只是一個小的參照物，關鍵還是要看這個新社會讓老百姓受益了沒有，生活水準有沒有上了一個新台階。在我們小時候，就被強行灌注一種觀念教育：國民黨統治下的社會就是標準的黑暗舊社會，老百姓生老病死沒保障，大學生畢業後找不到工作。而我們的國情課本書上也總是不忘把台灣人民與「水深火熱」四個字聯繫在一起。如今，大陸與台灣除了執政黨施政綱領不同，黨旗不同，還有其他什麼性質不同呢？老百姓（大陸）生病還不是照樣看不起？大學生拿到畢業文憑找不到工作的現象多著呢！至於兩岸百姓收入的差異就不用談了。

季羨林在德國讀書十年，歸國後很快適應了新國情。他說：「對我來說，這個適應過程並不長，也沒有感到什麼特殊的困難，我一下子像是變了一個人。覺得一切的一切都是美好的，都是善良的。我覺得天特別藍，草特別綠，花特別紅，山特別青。全中國彷彿開遍了美麗

的玫瑰花，中華民族前途光芒萬丈，我自己彷彿又年輕了十歲，簡直變成了一個大孩子。開會時，遊行時，喊口號，呼『萬歲』，我的聲音不低於任何人，我的激情不下於任何人。現在回想起來，那是我一生最愉快的時期。」

「萬歲」口號不是萬能藥。沒有文化的工人農民們視「萬歲」口號為行動法寶可以理解，但是作為一名知識分子，而且是清華大學畢業轉送德國留學的一名精英，對「萬歲」充滿魅力和活力，這說明了什麼？我以為，這是中國傳統文化對知識分子影響在起作用。因為中國是一個歷來予政治以特殊重視的古國。人們始終相信「政行則事成，事成則功立」。喜讀古書的季羨林瞭解中國古政治文化。中國古代不僅政治組織完備，政治人才密集，政治機制成熟達到驚人的地步。這種結構的產生無形中又上升成為民族精神的基本框架。由此，人們很自然地要將政治尺度作為評判善惡是非最高標準。

季羨林從內心深處坦言自己百無是處。他說：「中國人民站起來了，自己也跟著挺直了腰板。我享受著『解放』的幸福，然而我幹了什麼事呢？我做出了什麼貢獻呢？當中華民族的優秀兒女把腦袋掛在褲腰帶上，浴血奮戰，壯烈犧牲的時候，我卻躲在萬里之外的異邦，在追求自己的名聲事業。天下可恥事寧有過於此者乎？我覺得無比地羞恥。連我那一點所謂學問——如果真正有的話——也是極端可恥的。」

「靈魂深處鬧革命！」這是文革中紅衛兵小將們最喜歡叫的時髦口號。但是，我要問一個簡單問題：知識分子不做學問還能做什麼？可以這樣說，知識分子做學問是長處，其他方面都是短處。在文革這樣一個不尊重知識的年代，知識分子屬於「臭老九」（排在第九類人中），這是這個社會多餘階層的人，沒有發言權。所以，季羨林要說：「我處處自慚形穢。我當時最羨慕，最崇拜的是三種人：老幹部、解放軍和工人階級。對我來說，他們的形象至高無上，神聖不可侵犯。在我眼中，他們都是『最可愛的人』，是我終生學習也無法趕上的人。」

　　季羨林認為這三種人可愛之處在於：老幹部有精明的管理能力，解放軍有保家衛國的本領，工人有在崗位上作出色貢獻的技能，而他，一個國家重點培養的知識分子卻什麼也不會。離開印度古文化的研究，便真的是一無是處。倘若轉行，十年書就是白讀了。

　　故，季羨林奇想奇說：「我希望時間之輪倒撥回去，撥回到戰爭年代，給我一個機會，讓我立功贖罪。我一定會不惜犧牲自己的性命，為了革命，為了民族。我甚至有近乎瘋狂的幻想：如果我們的領袖遇到生死危機，我一定會挺身而出，用自己的鮮血與性命來保衛領袖。」

　　季羨林錯了！季羨林以為自己通過思想改造以及思想方式的改變，馬上能使自己幸福起來。這是幻想——知識分子所表現出來的通病。說「幻想」那是因為人們能夠從語言中汲取的好處，從思考中得到的改善實在是微不足道。他們希望自己的知識能早日得到社會公認，對社會有用。他們認定自己粘上了「知識分子」這一張皮，就再也蛻不下來了。由此，他們在一輪又一輪的失落感中，只能把自己所鍾愛的精神財富藏於靈魂深處。

　　季羨林直截了當地說：「我左思右想，沉痛內疚，覺得自己有罪，覺得知識分子真是不乾淨。我彷彿變成了一個基督教徒，深信『原罪』的說法。在好多好多年，這種『原罪』感深深地印在我的靈魂中。」

　　這是悲劇的語言，這種語言的產生只能說明一個問題，那就是知識分子在人格以及其他方面還沒有徹底獨立自主。知識分子靠腦力在這個社會生存，如果腦力被框定了，思考就無法進行下去，無法思考就無法謀生。而腦力被框定的事經常會因一個政治人物的離去或一件大事的突然爆發而跟著發生。知識分子不能像商人那樣容易掌握自己的命運。確切地說，知識分子是看這個社會臉色生存的一個特殊階層人士。

　　許紀霖在〈商品經濟與知識分子生存危機〉一文中說得好：「知識分子是這樣一種社會階層：一方面它是社會的精英，在社會系統中扮演著相對獨立的、不可替代的角色；另一方面它又是不直接進入社會的經濟生活，不直接創造任何物質財富，因而它的生計唯有通過與社

會其他階層作複雜的交換，或者依靠政府的、團體的、私人的支持方能得到保障。」

季羨林在文章末說：「就這樣，我背著沉重的『原罪』的十字架，隨時準備深挖自己思想，改造自己的資產階級思想，真正樹立無產階級思想。」

我覺得季羨林說了真話，但真話並不等於代表真理。知識分子最終選擇的路有以下幾條：一、以海瑞式的抗「勢」殉「道」，那是儒家所提倡的理想主義者悲慘結局的縮影。二、退讓，專注修養身心，與世無爭，陶醉於山水之間，那是隱者的風範道路。三、「道」屈服於「勢」，在不知不覺中讓「勢」佔據了「道」，喪失了自我，與當政者的立場合二為一，其價值功能轉變為工具功能。四、既不敢得罪「勢」，以「道」抗「勢」，又不想徹底放棄「道」，於兩者之間尋得平衡點，阿Q式地自我滿足。

洛陽毀陵，致作家魏巍一信

魏巍老先生：

　　上互聯網，看到您及其他 14 人就「洛陽毀陵事件」於 2 月 12 日
集體寫的一封公開信，作為上海一普通公民，我想就您信中談到的幾
個問題表示我一些看法。

　　魏老，在我讀書的時候就曾拜讀過您的那篇著名記敘文〈誰是最
可愛的人〉。那時我很激動，對您老的文筆佩服得五體投地。時過境遷，
當我步入中年禪門，肩負起種種責任時，豪情蕩然而去。但當我讀了
您老這封信時，心頭彷彿又升騰起早年那股激情，不吐不快。魏老，
您清楚地知道，毀洛陽陵園者非外來人，乃該地市負責人允許而之為。
且本地百姓多為默言同意。那麼地市負責人為何要允許改作商業用
途？兩個字：缺錢。陵園全年維護需要投入不少的人力和物力。以前
是靠政府撥款，現在改革了，每個城市的書記都在發憤圖強地提升城
市形象工程，支出每一分錢都得與領導政績掛鈎。哪有錢再來維護只
有投入沒有產出的事業？除非中央發改委撥款，但這是不可能的事。

　　魏老，您投身革命事業幾十年，槍林彈雨好不容易闖過來。如今
看到殉難戰友陵園被改作商用，從此失去對下一代愛國教育的紀念意
義，擔心下一代會忘本，忘記是誰揮灑熱血打下的江山。於是心如刀
絞，不顧自己年老體弱，挑燈夜戰，義憤填膺寫下此信。這種懷念之
情較深沉我能理解。但是，您只是從您的眼光出發，惦記著陵園裏長
眠的 537 名戰友遺骨。您怎不想想洛陽一戰，被解放軍消滅的國民黨
第二〇六師，這些士兵的屍骨至今還在洛陽城外淪為荒野鬼魂。當然，
您盡可以說您的戰友倒下是烈士，國民黨反動派士兵倒下是罪有應

得，他們自絕於人民。國民黨士兵哪裏來？還不是被抽壯丁、為生活所迫去當兵。有幾個真心替長官賣命？戰爭結束，雙方脫下軍裝，一看都是農民自家兄弟。原來是為爭老大，建黨天下。君不見，第三次國內革命戰爭，有一百七十一萬多國民黨士兵被解放軍斃傷（見《第三次國內革命戰爭大事月表》〔人民出版社出版〕一書最後一頁）。

　　魏老，您是作家，有文化之人。您一定知道歷史上劉邦與項羽之戰。問：劉邦是烈士？還是項羽是烈士？那年的那場戰爭原本就是一場賭博。士兵沒文化、沒派性，分成兩隊，站在劉邦與項羽身後比著運氣。敗者運氣差，一了百了，只能成為荒郊野魂。勝者運氣來了，由窮光蛋搖身變為高人一等者；也可以喜新厭舊、討上幾個老婆，孩子熱炕頭，天天喝上「兩鍋頭」。項羽說：「我敗，難見江東父老，我要在九功山下為跟我打天下而死去的士兵立墓碑，陪我左右。」劉邦回答說：「我得天下，我也要為跟我打天下而獻身的士兵立墓碑。」一時墓碑林立大地。二千多年來，中國戰爭連綿不斷。死去多少英雄好漢，想一想，中國大地該需要建多少陵園來安息這些無名屍骨？有一句話不知當問不好問。您在信中說：「毀陵事件，太傷全國人民的心了！太傷人民子弟兵的心了！太傷千千萬萬革命烈士家屬們的心了！也太傷過去為新中國而戰鬥的老戰士們的心了！」在信中，您還特地引用部分網友之話：「商人可以忘記，民眾也可以忘記，甚至說連學生和民主黨派也可能忘記的時候，你們是最不應該忘記的。因為今天所有政權的一切，都是這些人在用生命來換取和維護的。」「烈士為了共和國已經獻出了自己最寶貴的生命，現在某些人為了『利益』，竟然還想讓他們再『犧牲』一次，真不明白，難道，良心，都給狗吃了！！！」我想問：「毀陵事件，太傷全國人民的心了！」這個「人民」是指誰的利益下的人民？是不是集團利益下的人民？您說：「今天所有政權的一切，都是這些人在用生命來換取和維護的。」這話聽起來很耳熟。有位首長曾說過：「我們今天之所以能坐上這位子，那是前人用無數腦袋換來的，誰要是不服眼紅，就請拿腦袋來換。」文革中擔任國家副

總理的老革命家謝富治在寫給他兒子的一封信中也曾說過：「兒子，你要接班，革命幹部子弟不帶頭接班，誰來接班？」這些話說明什麼呢？它可以證明先烈用鮮血確實換來了革命勝利成果，並且這些成果漸漸成為一種不對外的專利權，只有革命後代以及具有高度政治覺悟者可以靠近並分享。革命成功所帶來的種種利益被貼上神聖標籤，非革命者勿近。凡不服而對抗者很可能成為無產階級專政對象。公民社會演繹成集團的家天下，這違背了當初先烈創建革命的初衷。可我們不得不承認，現實社會就是這樣翻版：老子英雄兒好漢，強盜兒子掘壁洞。

　　魏老，我知道您是老革命家，滿腔熱忱、盡忠報國。那麼這個「革命」是什麼樣性質的革命呢？讓我們共同回首一下中國歷史革命風雲錄：當中國步入近現代史，最大的變遷便是發生了兩場革命：一場是由國民黨孫中山領導的國民革命，另一場是由共產黨領導的人民民主革命。前者革命的對象是君主制度（清王朝的皇權制度）；後者革命的對象是針對國民黨專權制度（黨主政權制度）而進行的。共產黨要推翻國民黨專權制度的理由之一是結束政治專制化和一黨化統治。這在那年《新華日報》社論早有記錄：「中國人民為爭取民主而努力，所要的自然是真貨，不是代用品。把一黨專政化一下妝，當做民主的代用品，方法雖然巧妙，然而和人民的願望相去十萬八千里。」「不結束黨治，不實行人民普選，如何能實現民主？把人民的權利交給人民。」（見：1945 年 1 月 28 日《新華日報》和 1945 年 9 月 27 日《新華日報》社論。）兩場革命犬牙交錯。革命的目標和動機只有一個：就是旨在建立民主（國民民主或人民民主）制度。前者在打倒君主制度後進行了革命創制。後者在趕走前者於大陸統治之後也進行了革命創制。「革命創制」就是領導革命的黨（集團）以執政黨自居，實行革命式統治制度。綜觀古今中外，凡帶有「特權性」的革命創制，其結果就是：黨主政權。在中國，黨主政權的結果是：趕走蔣宋孔陳，來了陳孔宋蔣。

　　魏老，我還想說：中國歷史，英雄多並不是好事，英雄魚貫而出、層出不窮的時代正是中國社會最內亂、黑暗、患難之交的時代。您的想法我知道：保存陵園，教育下一代，讓他們知道國民黨政府是如何黑暗專制，先輩革命是如何艱難困苦。國民黨統治越是黑暗，就越能顯示出今天社會的光明與和諧。這種教育模式我們從小就接受，植入我們的腦根。打我們記事時就知道蔣介石是壞人、賣國賊、專殺共產黨員。我們的下一代，依舊在接受這種教育。網友在信裏的發言，已表示出他們所接受的正統思想教育是如何駕輕就熟，他們認為這是事關愛不愛國的態度表現。他們年紀雖輕，但愛國情結很深。他們多的是崇高理想教育，缺少的是勇於反省精神。這種反省精粹在他們的課本上是看不到的。

　　在和平建設時期，有人寫過揭露林彪、四人幫蠻統治的文章，但他們的文字連同他們名字忌入中小學教課書。曾記得建築學家梁思成問：「是這樣的北京城牆，為什麼要拆？」顧准也曾借用魯迅的名言問：「革命取得勝利的途徑找到了，勝利了，可是，娜拉走後怎樣？」王賡武則問：「文革」究竟埋沒了多少天才？」龍應台在台灣跟對手較量時問：「中國人，你為什麼不生氣？」這些話都不能在中學教課書裏介紹，這不得不說是我們思想教育的悲哀。當然，這些話不是我在這封信裏需要討論的。

　　魏老，最後祝您身體健康！少氣。

　　（注：我寫此信時，魏巍還沒去世。）

節日，致方志敏烈士一信

方志敏烈士：你好！

　　又到十一節日，市領導已去外灘人民英雄紀念碑瞻仰先輩。閒人之我，在家無聊，翻閱《名人書信》一書，偶讀你七十多年前於國民黨監獄中寫下的《給全黨同志的信》，「心頭感慨萬分」屬誇大詞語，不吐不快才是真話。思前想後，最終還是決定給你寫信。雖然我不是黨員，且與你無親，你在天堂也看不到我的回信，但我浪漫地以為，這文字算是一個無名後輩在節日裏給你獻上的祭文吧！

　　方烈士，你在〈給全黨同志的信〉說：「蘇維埃的制度將代替國民黨的制度，而將中國從最後崩潰中挽救出來！……共產主義世界的系統，將代替資本主義世界的系統，而將全世界無產階級和全人類，從痛苦死亡毀滅中拯救出來。全世界的光明，只有待共產主義的實現！」這種理論來源於馬克思主義學說。馬克思主義（以下簡稱：老馬）理論學說對年輕時代的你影響不小。我查閱資料得知，你出生於江西一個叫「弋陽」小縣。因家境貧窮，父母無錢為你繼續交付有著教會背景的南偉烈大學費用，讀了一年書的你不得不中途退學。這件事對你打擊很大，你覺得世道太不公平。窮人要翻身，只有推翻現行制度。於是你隻身來到上海，尋找「SY」（中國社會主義青年團）組織。期間，大學裏有位美國先生託人帶信給你，只要你不談老馬理論（你在教室裏一直喜歡與同學們談「社會主義」），可以免一切學費，再返大學讀書。而此時的你，心中已裝改變世界的雄心大志，豈肯回校安心讀書。對一個可以返校讀書的大學生來說，這種選擇對不對？從前至

今，媒體一直向我們灌輸：大學生以多讀書，多掌握知識為主，報效祖國是大學生的最高目標。

是的！讀過英文版老馬著作的你，覺得讀書已無意義，造反才是一生中最偉大的事業。在你就義之後十四年，蘇維埃制度終於在中國大地實現，取代了國民黨在大陸統治地位。然而，你知道嗎？七十多年風雨過後，綜觀世界各國，共產主義世界系統並未劈波斬浪地全面代替資本主義世界系統。全世界無產階級和全人類，也並非老馬所言，不選擇「共產主義制度」就會生活在痛苦、死亡、毀滅中。能夠稱得上享有光明幸福生活的國家，更不是靠共產主義理論制度實現來換得的。相反，在共產主義理論制度實現的那些國家，革命成功後帶來的種種「既得利益」為少數人所控制，「不公平」現象依然存在，無產階級還是那張姓「無」的臉。這，你在革命當時沒想到吧？

方烈士，你說：「我們臨死前，對全黨同志誠懇的希望，就是全黨同志要一致團結在中央領導之下，發揚布爾什維克最高的積極性，堅決性、創造性，用盡自己的體力和智力，學習列寧同志『一天做十六點鐘工作』的榜樣，努力為黨工作。……在此時，如有哪些同志不執行黨的決議的指示，而消極怠工，那簡直不是真正的革命同志，而是冒牌黨員。」黨員聽黨組織的話沒錯，但黨組織也不能視黨員身體健康不顧，一味要求黨員為黨組織「用盡自己的體力和智力」。你可以這樣選擇，但你不可以學列寧名義，要求全黨同志與你一樣廢寢忘食工作。入黨參加革命工作的有青年人，也有老年人；有男同志，也有女同志，每個人的身體素質不一，你這樣要求全體黨員，是不是有一種走火入魔、不人道表現？似乎，一個黨員不工作十六小時，就不是一個好黨員，而是「冒牌黨員」。

方烈士，你說：「你國民黨是什麼東西！──一夥兇惡的強盜，一夥無恥的賣國漢奸！一夥屠殺工農的劊子手！我們與你們反革命國民黨是勢不兩立的，你法西斯匪徒們只能砍下我們的頭顱，決不能絲毫動搖我們的信仰，我們的信仰是鐵一般的堅硬的。」國民黨軍隊中確

117

有騎在百姓頭上作威作福的強盜、土匪，有那麼一群害群之馬，但國民黨再怎麼不得人心，也論不上「賣國漢奸」之名。你就義後有所不知，抗日戰爭，與日寇正面作戰的是國民黨軍隊，國民黨高級將領在抗戰中陣亡的人數遠遠大於新四軍和八路軍將領人數，這不是我胡言亂語，而是有史料統計。如蔣介石真是賣國賊，還會傻到讓自己軍隊大片陣亡於日軍炮火下嗎？故，老毛在抗戰結束後寫的桃子熟了誰來摘文章值得後人們爭議。

說國民黨屠殺無辜工農，這讓人懷疑。有頭腦的人會想，國民黨再怎麼殘酷野蠻，也不會到見工人農民就殺的殺人魔黨地步。我想是：革命黨人在工人農民中傳播老馬的「階級鬥爭」思想，號召大家行動起來，推翻現行政府。鼓動大家推翻政府的人是要冒殺頭危險的。這點魯迅很清楚，他在給一位朋友信中曾說，你要人家位子，人家要你拿腦子來換，這很正常。英雄不是人人能有膽略做的，做英雄就得準備掉腦袋。魯迅在答許廣平問一信中（X 年 3 月 21 日寫），也曾表示自己沒「法子」做英雄，只能「混」。道理太簡單。

罵國民黨是「法西斯」，法西斯的國軍與同樣是法西斯的日軍打仗，而且有時打得焦頭爛額，這話說不通。「法西斯」是指什麼？是「喪失人性」的通解。剛才我說過，你要把人家趕下台，人家要你頭，這是公平買賣。中央有一位姓薄的首長，十幾年前也曾說過這般經典之話：「我這位子是拿腦袋換來的，誰看中，打我位子主意，拿腦袋來換！」試想，當權力一旦成為一種小部分人專利，大部分人無權分享時，你卻硬想爭取，那只能是拿腦袋來換了，天經地義。

然，有一種名詞你可能沒聽說過，叫「黨民移位」。新黨流血打天下上台，應該放手把治理國家的權力直正移交給人民選出的代表，而不是自己近水樓台先得月。要知道打天下的軍人不一定會治國，治國的人不一定會打天下。如果以軍功之名論座位，大功名者坐大位，小功名者做小位，沒功名者靠邊站，這恰是封建主義思想表現。

　　說共產黨與國民黨「勢不兩立」，這是戰爭年代之話，和平時期的今天，兩黨領導人已化干戈為玉帛，友好握手。故，時過境遷，我們沒有永遠的敵人，只有共同的利益。

　　方烈士，你在〈給全黨同志的信〉一信結尾處，一口氣寫下 10 句激動人心的口號，其中後四句口號是：「7、共產國際萬歲！8、蘇聯萬歲！9、全世界無產階級最偉大的領袖——史達林同志萬歲！10、共產主義在全世界勝利萬歲！」

　　滄海桑田，歲月蹉跎。「共產國際」早已退出歷史舞台；「蘇維埃制度」創建國「蘇聯」，這個國名也已蕩然無存；被俄羅斯史學家稱為「殺人魔」的史達林，現封存於歷史塵埃中。就連他的出生地「格魯吉亞」，為加入北約，正想法與俄羅斯再次開戰呢！這，你在天堂是做夢也想不到。

　　方烈士，我還想說一些題外話。在寫這封回信時，我又找出我女兒愛讀的《百位中外名人成功啟示錄》一書，這書是由中國青年報社、中國青年雜誌社、中國青年出版社共同編撰的。書中第 31 頁專門介紹了你的事蹟。文章說：你帶著使命回江西老家開展革命工作，想開個書店，卻身無分文。你一拍腦袋，想出一個好主意。找人私下偷印了當時江西省公開發行的公債券，再將這些假債券拿到市場上去兌現。於是你有了開店的資金。翌年事發，你只能逃往南京、上海。

　　哇！你事業成功的第一桶金是這樣挖來的！我們不談造反有理沒理；也不談那些持有假公債券的貧窮百姓到時因兌不到現金是怎樣哭天抹淚的，但就你這行為在今天看來，就是犯了破壞金融秩序罪。革命若是以這種不擇手段的方式進行，那麼在革命成功後會留下很多後遺症。我問女兒，這本書裏關於方志敏的成功故事你讀了？女兒竟這樣回答：「讀了！高！共產黨人就是比國民黨人棋高一著。」我無言以答。

　　這篇文章還介紹說，中國社會主義青年團在當時屬於地下組織，不能對外公開活動。為了發展一切可以發展的對象，你們就組織了「馬克思學說研究會」作為公開進行革命活動的機關。考！在當時黑暗社

會，「研究會」就可以隨便建立了，而且是宣傳老馬理論的研究會。方烈士，你確實應該感謝那時寬鬆的民間組織登記制度，讓你有機會爭取到不少知己。這是你事業成功的關鍵一步。

方烈士，說完我閱讀你這封信的感受，再說說你壯烈就義後，你身邊的人發生的那些事。冒生命之險將你書稿帶出監獄的是一對年輕戀人。男的叫：高易鵬。女的叫：程全昭。文革中，高易鵬被打成「偽造方志敏故事」的反革命分子入獄。你的夫人繆敏，在建國初期，曾擔任江西省衛生副廳長等職務。77年因病去世，終年68歲。你的女兒方梅，14歲結婚。一生四次婚姻，人生坎坷。文革中，造反派掌權，母女倆相繼被抓起來。72年，方梅從農場出來，回贛州機關工作。第4次結婚，生活才得以平穩。

方烈士，文革是一個人人高舉馬列毛主席著作的瘋狂時代。你臨死前寫下的《可愛中國》沒被紅衛兵燒掉，但很多中外世界名著淪為煙灰，比秦始皇焚書坑儒厲害百倍還不止。很多老將軍、老革命幹部被打倒在地，投入監獄。像賈植芳、王若望等知名人士，坐過日本人的牢、國民黨的牢，共產黨的牢，這些人多得是。你是硬骨頭倔脾氣的人，這種人在老馬時代最吃不開、也最容易成為被他人整倒的對象，這樣的例子舉不勝舉。試問，國家主席劉少奇在一夜間可以被打倒，在中國大地還有什麼事不可能發生？共產主義理念核心部分就是階級鬥爭學說，除非我們放棄這一學說，但這不可能。

方烈士，要說的話還有很多，不多寫了。祝你在天堂節日快樂！

清明，我在王浩鎮革命烈士碑前沉思

　　清明時節，出門掃墓，走 335 道途經江蘇海門王浩鎮。這裏有個投入八十萬元修建的陵園。園內聳立一塊「革命烈士紀念碑」，碑文上寫：「王浩鎮烈士陵園始建於二十世紀八十年代初，歷經二十餘載，飽受日晒雨淋，碑體殘損，陵園破舊。時值盛世，國泰民安。為緬懷革命先烈，傳承光榮歷史，決定重建陵園，社會各界踴躍捐資。陵園建成，特立此碑，以告慰新民主主義革命以來，在這片熱土上前仆後繼、英勇犧牲的王浩等革命烈士。以勵後人繼承先人未盡事業，共建和諧社會，共創美好未來！」

　　站在烈士墓前，深鞠三躬，以表敬意。革命先烈們，你們好！自新民主主義革命以來，在這片熱土上，你們為推翻舊社會建立新社會，用生命譜下了一曲又一曲悲壯旋律，驚天地、泣鬼神；你們的精神可歌可泣，感染與教育著後代人。你們的「未盡事業」就是要在這個世上消滅一切剝削階級，徹底埋葬資本主義制度，讓全世界無產者在大解放凱歌聲中驕傲地步入共產主義社會。

　　先烈們，光陰似箭，白駒過隙。從 1949 年到現在已有 60 年歷史。60 年來，中國變化之大如網上一位學人所說：「黨建立了人民當家作主的全新社會制度，打破了人壓迫人，用戰爭來解決國內矛盾的怪圈；建立了基本完整的工業體系，使古老的中國由農業國，一躍成為工業大國，跟上了世界經濟發展步伐；建立了以高新技術為主要內容的國防體系，和一支全新的人民軍隊，結束了任人宰割，人民深受外敵殺的局面；創立了以毛澤東思想為主要內容的全新的思想文化體系，為全世界指出了通往幸福、自由、文明之路。」（文字摘於互聯網）

　　先烈們，你們在國民黨統治下奮起反抗，拋頭顱、灑熱血，爭取民主自由，終於換來革命事業成功。但是隨著毛澤東時代到來；隨著馬列主義理論與毛澤東思想成功相結合，在中國大地開花結果之時，人民對民主自由享有的空間比蔣介石統治下還不如。就是說，所謂「光芒思想」理論並沒有給全國人民在「通往幸福、自由、文明之路」上大踏步。相反，馬列主義毛澤東思想理論中關於「無產階級對資產階級全面專政」和「階級鬥爭」學說──這兩個最精髓部分卻使全國人民整體的意識形態處於休眠期。由於司法的不公正與不透明；審判的隱蔽化與不公開；致使產生無數冤案，人頭落地的事已無法精確統計。

　　先烈們，你們不曾想到，你們用生命換來的事業已演繹成當代權力者手中一張專利證書，而群眾無權分享由「專利」帶來的種種好處。這是典型的專制主義意識，專制主義意識導致權力的特殊化，使政治權力轉化為特權；而不受制約的特權恰恰是專制主義本質所在。於是，特權可以隨意擴張，隨處運用；可以做到無所不包、無所不能；可以無法無天、越俎代庖。

　　碑文說：「時值盛世」、歌舞昇平。可我看到的只是公路兩邊新樓房代替舊瓦房，還有農田裏一片盛開的黃色油菜花。農民幸福度到底如何？我不知道，我只知道前陣子有媒體曝光，說海門、啟東、通州這些縣政府官員為迎合上級有關單位就「全民達小康」民眾幸福度電話調查，不惜動用縣政府財力與物力，讓全民、全校師生集體參與造假行動（此事被披露後全社會譁然）。顯然，「盛世」不單單是體現百姓對物質需求的充裕或不充裕，更體現人們的每一輪精神活動是否自由自在。

　　碑文又說：「國泰民安」、鶯歌燕舞。可我卻聞不到「百花齊放、百家爭鳴」氣味。我只看到：一個執政黨推翻另一個執政黨；一個舊利益集團被另一個新利益集團所取代。意識形態上，還是堅守列寧提

出的「一個領袖」、「一個主義」、「一個政黨」原則。黨的利益高於一切,全黨黨員、全軍、全國人民必須服從這個利益調度。

碑文還說:「共建和諧社會,共創美好未來!」什麼叫「和諧社會」?天天花天酒地的權貴階層與日日在飢餓線上掙扎的貧民階層同桌談「和諧」是不可能的事;利用政策不健全而近水樓台先得月的一夜暴富者與在改革開放大潮中未得片刻利益的平民在一條線上談「和諧」,也是荒謬的比對。

「和諧社會」的前提是要保證讓每個公民在意識形態上享有一定自由空間:有言論自由權、新聞出版權。綜觀這個社會,黨禁、報禁……處處是禁區雷區,不可逾越。中宣部可以壟斷一切文化領域,它的魔法無邊,憲法也奈何不了它。國民黨統治下,全國有上百家通訊社,輪到共產黨執政時,全國只許「新華社」一家,其他皆是非法。陳獨秀曾說:「言論思想自由,是文明進化的第一個條件。法律是為了保護現在的文明,言論自由是為了創造將來的文明。」

現在,我們高喊「共創美好未來」,這個「美好」畫卷應該從精神方面來呈現,而不是單指 GDP 翻了一番。如果繞開「憲政」談「美好」;如果死抓著權力不放,視為私有財產,繼續凌駕於人民頭上,作威作福,這樣的「盛世」不會長久。

看電影《色戒》想到《行走的樹》

　　《色戒》電影最近很紅，它是根據作家張愛玲小說改編的。故事從 1938 年說起，那時的中國局勢很紛亂，一群大學生應時在香港組成話劇團，竭力為國家募捐抗戰。團長鄺裕民對汪精衛等漢奸分子深表憤恨，便組成一個暗殺團，團員全部來自話劇團。他們選定的刺殺目標是一個叫易先生的漢奸。為接近有專人保護的易先生，團組織決定派有著臉蛋漂亮的女團員王佳芝打進易家，用色相誘引易先生，以製造暗殺機會。但由於準備不充分，事一直沒成。三年後，鄺裕民與王佳芝在上海相遇，再次談及刺殺之事。那時易先生早已調回上海。為保證行動絕對成功，重慶方面來人作了專門指示，提供活動經費。王佳芝用床上功夫成功讓易先生上鈎。那天在珠寶行，易先生終於進入暗殺團的伏擊圈。這時，王佳芝面對易先生送上的漂亮鑽石戒，竟為情所動，不自覺地吐了兩個字：「快走！」易先生見事不妙逃走了。王佳芝出賣自己也出賣了同志，她和她的六七名團員被隨後趕來的警察逮捕。易先生下令將他們全體送到南郊礦石場秘密槍決。

　　看《色戒》電影讓我想起由台灣女作家季季撰寫的《行走的樹》一書，其書來源於她的「印刻文學生活志」專欄集。書名《行走的樹》取自於莎士比亞的戲劇《馬克白》。該劇說的是壞事做盡的主人翁一朝醒來，發現柏南森林裏的那些樹木居然棵棵會自動行走。於是驚恐萬狀，覺得老天要懲罰他了。季季借莎翁故事為此書名以表達自己對一個從前熱愛而今無限憤慨的卑鄙小人進行無情聲討與鞭撻。這個人就是她的前夫楊蔚。楊蔚是一個經過特工專業訓練的共產黨員，被共產國際（受史達林領導，後解散）派到台灣，專門負責收集情報工作。

季季與楊蔚相識並同居是在楊蔚坐了台當局十年大牢出來之後的事。那時楊蔚不同凡響,歷經危難而無懼色,讓人刮目相看。出獄後,楊蔚已是人到中年,但他還是那麼樂觀,為自己不凡身份和遭遇而自豪。他聰穎的文學才華很快贏得來自台灣雲林鄉下的文學才女季季芳心。然而令季季萬萬沒想到的是:這肉做的人心會變,隨人性變化而錯綜複雜。出獄後的楊蔚其較量鋒芒不再指向他曾憤世嫉俗的資本主義社會,而是戳向他身邊那些摯愛他、同情他的親朋好友。其中既包括林海音、朱西甯等老作家,也包括厚道慈祥的岳丈老人。當涉及「民主台灣同盟」案時,他便毫不猶豫地選擇向當局告密,其結果是造成多人入獄,其中有作家陳映真等人,還有一些是無辜的、純潔的、曾親切叫他為「大哥」的文學青年。楊蔚這行為很自私,遭人吐沫。相反與楊蔚一起被派遣到台灣的女特工梅英卻讓人肅然起敬。她為掩蓋真實身分在基隆港附近租了一所小屋,以賣淫,接待軍艦上的嫖客來收集情報。楊蔚,作為志同道合的戰友經常光顧她的小屋,以送溫暖之名時時侵佔她的肉體。梅英結局很慘,最終一生貧病交加,默默死去。季季在寫這些回憶文字時說:「往事紛擾糾結,身心備受煎熬,常常在電腦之前俯案痛哭。我哭的是一個被扭曲的時代:在那時代的行進中被扭曲的人性,以及被扭曲了的愛、被扭曲的理想。」

回到主題,現在我來談人性與愛國。王佳芝既然憎恨漢奸分子易先生,那麼她為何還要不惜一切努力地與他發生肉體關係呢?道理只有一條:王佳芝堅定認為,這是革命工作的需要。為消滅漢奸,賠掉自己身子有什麼了不起?身子是國家給的,在國家需要時返還給國家本是天經地義的事。青年人不愛國、不獻身,誰來獻身?儘管王佳芝在重慶來人面前曾表示過不滿情緒,但她馬上又否定自我,表示在這條道上走到底,犧牲性命也不後悔。

同樣,季季認為自己選擇楊蔚,把一生許托給他,這是一種崇高的愛國主義精神在自己身上淋漓展現。愛楊蔚就是朝愛國的方向靠近了一步;愛楊蔚可以捨棄自己的一切理念。只是沒想到出獄後的楊蔚

會不近人情，變本加厲地報復這個社會，並且把所有關心他的人都作為洩憤對象。季季是一個悲劇人物，楊蔚同樣也不例外。上世紀九十年代中，楊蔚神采飛揚返回大陸故土探親，當他看到隨改革開放成長起來的一代年輕人表現出對政治冷漠，對金錢崇拜，對理想主義不屑一顧的樣子，心頭苦苦念叨幾十年的價值體系破滅了，神聖得不能再神聖的理想主義火種終於徹底死去了。他失望而又生氣地說：「我不會再回去了！這社會變得那麼資本主義。我對那裏很失望，那可是我曾經流過血、奉獻過理想的信仰之國呵！」

西方諺語說：「三十歲沒激情，那是心靈有問題。」王佳芝、季季、楊蔚，這些曾經熱血沸騰的青年，眼前晃動的只有滾燙的「愛國」字眼，卻獨獨忘記還有「人性」兩個字存在。漢奸也是人，也有「人性」存在。對易先生來說，他這樣賣命地追隨汪精衛，他認為他也這是愛國的一種表現。當「人性」與「愛國」在現實世界裏交相廝殺時，倒下的總是叫著「愛國」的東西。凡反人性的事物註定沒生命力，而所謂「愛國」在這時會由最神聖的字眼演繹成最最骯髒的貨色。

這讓我想起小時讀過一本書：《紅岩》。甫志高為何會成為共產黨的叛徒？當他加入黨的組織時，除了有一種秘密感，更多的是刺激感。共產黨要推翻國民黨的理論作為一種時尚被他吸收。他沒有自己做人的價值觀念，所有能瞭解到的有限理論都是由黨組織給灌輸進來的，在心底既不開花也不結果。當被捕後面臨生與死考驗時，他方才覺得革命活是掉腦袋的活，不是《挺進報》上面說得那麼燦爛。於是他寧願放棄別人給的那個陌生理論以保全自己熟悉的生命。而許雲峰則不同，馬列主義理論都滲透到他的骨子裏去了。他的信念就是要推翻國民黨統治，哪怕犧牲自己生命也無所畏懼。於是，撰寫國情教課書者說：甫志高的變節就是叛黨叛國行為，而許雲峰壯烈犧牲就是最好的愛黨愛國行為。

我們忘記了最起碼的「人性」。大家知道，在國統時期，凡參加共產黨都是要殺頭的。甫志高根本不具備共產黨人的素質，還沒上電刑

就統統招供了，由此引出整個地下黨組織被一網打盡的慘劇。對這樣一個缺少意志能力的人，組織上卻非要爭取他，名曰：爭取一切可以爭取的熱血青年。身為地區書記的許雲峰不是不知道參加革命黨一旦遭到逮捕後的後果，他應該力勸甫志高退黨。然而他沒有這樣做，他忘記了一條道理：不是所有的熱血青年都是視死如歸的。甫志高是個標準的熱血青年，但同時又是一個怕死的熱血青年。我們不能說他怕死就是道德敗壞的青年。是人都怕死，死是人性恐懼的天生表現。在這裏，我們同樣不能刻意指責國民黨手段殘酷，你想要推翻它，它就要你的頭，這是合乎邏輯的公平買賣。問題在於許雲峰身上，他作為黨的領導，只有鬥爭的覺悟，缺少人性的領悟。對於死去的其他戰友，罪因固然在甫志高身上，但許雲峰就是開脫不了。這是黨組織濫竽充數所帶來的惡果；也是共產黨人在青年頭腦中灌輸凡是反國民黨統治就是熱愛國家的宣傳後遺症。

幾十年來，黨國概念依舊不分。愛黨就是愛國，愛國就是愛黨。國家被神聖化，黨也跟著被披上神聖袈裟，只有平民百姓還是那張平民化的臉。孫中山早年曾宣導「天下為公」的理念不見影子。唐朝詩人柳宗元也曾說：「失在於政，不在於制」（見其《封建論》一書），但這話就是沒人理睬。我們的教課書總是不失時機地宣揚「我自橫刀向天笑，去留肝膽兩崑崙」的英雄愛國氣節。殊不知，在一個「國家」概念始終無法理清、被混淆的社會裏，盲目鼓吹愛國精神其實就是一種反人性的荒謬行為。王佳芝的行為如此；季季和楊蔚也是；甫志高更是。我們何嘗又不是生活在這種氛圍裏呢？

第六輯
聲討腐敗
──我的檄文

政府官員誠信度為何不及妓女？

　　2009 年 6～7 月間，《求是》旗下的《小康》雜誌會同「新浪網」對我國「信用小康」指數進行了抽象調查。調查結果顯示：農民、宗教職業者、性工作者、被線民一致公認是最講誠信的前三位群體，而科學家、教師以及政府官員因誠信度打折嚴重而排名很靠後，排名最後的分別是房地產開發商、秘書和演藝人員。政府官員誠信度居然不及妓女！這樣的民意調查結果說明什麼呢？

　　對此，《重慶晚報》（8 月 16 日）撰文說：一方面，從「華南虎事件」、「躲貓貓事件」到「七十碼案」、「鄧玉嬌案」，網路對政府誠信監督的巨大影響日漸顯現。另一方面，由於政府公信力頻頻遭到踐踏，主要表現為：第一，在維護市場秩序方面有失公正，地方保護主義嚴重；第二，工作缺乏連續性和穩定性；第三，行為決策有失科學性；第四，工作缺乏公開性，透明度不夠，暗箱操作過多，輕諾寡信，給投資者上當受騙的感覺。諸多失控行為無形中成為政府官員誠信喪失的殺手。

　　《重慶晚報》對此建議說：「未來我們應從以下幾方面加快信用小康的建設進程：第一，加快信用立法工作，建立信用法律體系。首先是修改現行的相關法律和法規，為提供不真實資料進行懲罰做準備；其次儘快建立並完善失信懲戒機制。第二，培養人們的信用觀念和信用意識。第三，加快信用資訊開放的步伐，依次建立全國統一的有關企業和個人的信用資訊系統。第四，成立信用行業協會，以對現有信用仲介機構進行整頓並在此基礎上進行各方面的溝通研究。」

　　這番建議管用嗎？能夠拯救每況愈下的政府官員誠信度下降趨勢嗎？《重慶晚報》通篇報導中沒有說出在政府公信力與官員誠信度頻

頻下降的背後黑手是什麼？只是歸納為由於一些領導「急功近利」心態所造成。

依我看，造成政府公信力與官員誠信度下降的背後黑手不是一個人，而是一個利益集團。用一句話來概括：政府官員是人民的政府官員，還是人民是政府官員的人民？如果是前者，政府官員既然拿人民給的工資，就理應替人民著想，兢兢業業辦實事，全心全意為人民服務。如此，即便工作中出現失誤，人民也能諒解，其公信力只升不會降；而如果是後者，人民是被政府官員控制的人民，那麼政府官員可以為一己利益視人民利益而不顧（比如，某些領導為政績大搞政府形象工程，通過行政和警力手段實行費用攤派，根本不考慮當地百姓實際收入情況），更可以隨心所欲、天馬行空而不受任何民意監督。如此，公信力與誠信度沒有不降的道理。

「當你背向太陽的時候，你只看見自己的影子」（詩人紀伯倫語）。當權力者只面向權力的時候，他是看不到權力背後人民的影子。在這些權力者眼裏，也許只有一條真理。即：領導中國人民前行的是黨。既然黨用先輩黨員的鮮血換來革命事業成功，那麼黨有一百個理由必須決定一切；也有一百個理由必須讓黨的利益高於其他一切。政府官員既是替黨的事業做事的人，同時又是兼管輿論媒體、替黨發聲的喇叭。當「黨是老大，我是老二」成為某些權力者主流意識時，那麼所有「急功近利」行為都不叫「急功近利」，而叫發揚「與時俱進──科學發展觀」精神。

然而，現在問題是：偉大的「科學發展觀」並未讓政府公信力明顯抬升；光榮的「與時俱進」同樣沒能解決政府官員誠信度下降局面。如此，政府官員誠信度在百姓目光中漸行漸遠，非一日之寒。這個社會就像一張上下布滿魚鱗的魚皮，魚鱗不除，皮腥何能乾淨？同理，在司法不獨立，始終歸從於黨的領導當下，《重慶晚報》懇談如何「加快信用立法工作，建立信用法律體系。」開口未免太早了吧？

一個貪官倒下了，千萬個貪官站起來了

　　今日《新聞晨報》（2006 年 2 月 17 日）A16 版，有一篇新聞：「牡丹江市公安局原局長一審被判無期」。報導說：牡丹江市原公安局長韓健曾因提拔受「關照」行賄韓桂芝，同時犯受賄罪、行賄罪、濫用職權罪、巨額財產來源不明罪，被判處無期徒刑，剝奪政治權利終身，並沒收個人全部財產。對老百姓來說，這是一件大快人心的好事，說明共產黨領導的中央政府正在全國上下狠抓廉政建設，清腐敗，治濫用職權，手段堅決不軟。我讀了這篇報導卻愁眉苦臉。為什麼？因為想不通！為什麼在「保持先進性教育」旗幟下，腐敗的事會越來越多？而且所涉及到的人物都是一些高級領導幹部。這個社會，腐敗揭露越多，越不能代表這個社會在開明，而只能說這個社會在加深蛻變，朝著無法控制的惡性「怪圈」滑去。這個「怪圈」決非是「保先教育」能打破和改變的。今天判了這個市的公安局長，明天還會出現其他城市局長腐敗行為被揭露。只不過是下一個對手將會更腐敗、其手段也會更隱蔽和狡詐。真是：一個貪官倒下了，千萬個貪官站起來。

　　為什麼？因為現在政府治標不治本，沒從根本上去杜絕這種醜惡現象出現。現在的黨政機關沒有與之相對應的權力監督機構，那些高級領導幹部辦事全憑良心和道德，以及對黨的忠心耿耿。一句話：他們不是依法辦事，而是憑忠誠辦事。以情治國，以情興國。以情還情，用個人恩情來報答黨的關懷與栽培之情（領導班子內定與栽培就是最好的例子）。這是什麼行為？這是政治權力迷信的崇拜。如此這樣，以一個政治權力迷信來治國，而沒有一個完善的法紀法規全面制約，怎能不孳生下一場腐敗呢？就如同按下了葫蘆起來了瓢。不管我們如何

痛心，猛烈抨擊，社會的腐敗因法制法規上的漏洞而如影隨形地附在
這個制度中。

我們知道，道德是集合的文明。一個文明社會應該是一個富裕的
社會。而我們這個社會還沒進入到文明階段，其社會物質財富相當的
不富裕。由此，靠一個人的道德作為思想行為高尚與墮落的守則，真
的很難把握。尤其是在權力無限大的前提下，更難把握好自己的道德
規範。濫用職權一次，必有第二次、第三次……私欲就此被放大。

就說我的原單位，那是一個有著五十年廠史，並有著輝煌業績的
機電一局下屬國營大企業。可是，由局裏派過來的頭頭上任沒過一年
就露出貪性。全廠工人明知道這些頭頭很貪卻不希望他們走。為什麼？
因為前任廠長就是貪了一把，屁股一拍到局裏去了。新來的頭頭們在
一年時間裏剛剛餵飽，至少目前還不會有新的欲望出現。工人們知道
如果另換一輪頭頭過來，還得重新再「餵」一次，沒有一個頭頭會說：
「我飽了！」這個有著五千多在職職工的國營大廠在十年之後終於宣
布倒閉，所欠銀行數十個億的債務一筆勾消。不奇怪！廠是國家的，
銀行也是國家的，虧損了內部轉一下帳就是了，反正是一個皮袋裏的
錢。我舉這個例子是想說明一點，我們的平民百姓有時不希望有更多
的腐敗事件被揭露出來。因為濫用職權的行為一天不被監督機構制
約，並且不從制度上去下功夫，那麼，今天判了牡丹江市公安局長韓
健，明天會來張健、李健、王健。濫用職權的事還會發生。

我想，牡丹江市原公安局長腐敗只是個人行為的敗露，而那些趁
改革之際，以不正當手法讓國家財產嚴重流失，進入到私人口袋裏的
行為遠比這嚴重可劣。這些「私人」是什麼人？還不是靠不正當關係
進入國家經濟領域，並附在國家之柱上的吸血蟲。這些吸血蟲遠比牡
丹江市原公安局長來得可怕，因為他們會聯合起來，早晚有一天會把
我們國家的國庫蛀空。太肆無忌憚，目無法紀了（在他們眼裏，或許
覺得自己本來就是老子，和尚打傘），他們的出現是造成這個社會經濟
動盪不安的開始。他們加速了這個社會貧富的差別，機會均等的口號

成曠世謊言。而這個時時提倡廉潔自律的社會又嚴重缺少民意考核制度，「民意」沒有得到應有的「公正」待遇。

　　「公正」是什麼？它應該是一個希臘符號，是一個開根號：$\sqrt{\quad}$——。就是說，平方之根方是因各數投入運算後達到的中和。這個社會，不少人發跡起來，他們不是靠自己勤勞所得，而是依靠官托，用不公正手段富起來的。由此，牡丹江市原公安局長事件的被揭露讓我對這個社會正在走向廉潔公道說法產生懷疑，同時也使我喪失對期望這個社會回歸正常軌道的夢想。雖然我的心頭還有一絲「振興中華」念頭存在，但喪失了這期望之夢，我的心空落落，文字語言飄渺，一片蒼白。那是我昨天的愛呵！

　　可怕呵！可怕不是擔心這個愛失去，而是恐懼這「可怕的事實」到來。

「國家預腐局」成立能有效反腐敗嗎？

　　今日，國內各大報紙都在頭版登載一條新聞：「『國家預防腐敗局』掛牌成立。」據介紹，此局成立經過有關領導四年多的研究和論證。成立這個局，相信會對社會上的腐敗現象和行為起一定震懾作用。有關領導人還特地重申：2003 年以來全國檢察機關立案偵察的職務犯罪數以平均每年 5%左右的速度下降。其中 2006 年，僅有 33,668 件發生。「新華社」就此發文說：「反腐倡廉的『三大武器』就是：思想教育、制度預防、監督制約。」

　　面對各行各業氾濫的腐敗現象，及時成立專門的反貪局，有力打擊特權內部的職務犯罪和以權謀私、損公肥私的行為。這確實是一件振奮人心的好事。我聞喜訊卻亢奮不起來。為何？記得以前，腐敗現象在全國風起雲湧，黨中央立馬開展「共產黨員保持先進性教育運動」。一期又一期的培訓班隆重召開，其局面和聲勢大張很讓人歡呼雀躍。可結果呢？雷聲大雨點小不說，被揭露的腐敗官員其職位是越來越高，涉案的數額也是越來越大。甚至到了一個貪官倒下了，一千個貪官站起來了的地步。真不知道監督部門是吃什麼飯的，拿誰的工資、替誰服務？為何這般離譜的事之前一點徵兆也沒被發覺，而一旦發覺時便到了癌變晚期，非動手術刀不行了。難道說監督部門被同流合污了，還是他們眼不見為淨、沒履行應該具有的監督職能？或者說那是引蛇出洞，打腐就要見證據。反正事發了，便秋後算帳。事不發，平安無事、帳不算。

　　讓我亢奮不起來還有一個原因，腐敗來自特權部門；來自監督部門監督無力的地方。那些蛻變為腐敗的變節者原本都是對黨忠心耿耿

的好幹部，深受黨多年教育培養，現在為何走上犯罪道路？那是因為他們靠黨性和良心辦事，而不是依法辦事。在他們眼裏：既然法是在黨的領導和授意下頒布的，那麼黨指導法就是合情合理。一個黨員即使犯原則性錯誤，也可以他的黨票來減輕處罰。黨和黨員之間就是享有這種特權。而法是什麼？法為黨服務，為黨鳴鑼開道。所以說，黨高於法、黨大於法，成為這個社會有目共睹的事實。

聰明人都知道，掛一個牌子，然後全國各地設分局，那是一件容易的事。納稅人有的是錢。問題是：這些入局宣誓的同志，雖然他們的反腐信心很大，但他們必須無條件地做到一點，聽從黨的安排、努力工作，不負黨的信任和期望（此話引自新上任的馬局長）。他們所做的一切都是對黨負責。如果說，他們也腐敗了，或者說不小心被別人拉下水了，那麼誰來監督他們？這種不是依靠完善法的條約，而是靠加強黨的思想教育，指望通過這種「武器」來消除腐敗現象，那是事倍功半；也是治標不治本的。

新華社稱反腐倡廉的「武器」是「制度預防」和「監督制約」。那麼，人們不禁要問：這種「武器」對想腐敗或已腐敗分子有沒有殺傷力？我可以明確回答說：「沒有！」道理很簡單：你要讓掌握權力者做到廉潔公正，大公無私，可你這個規章制度本身就存在種種缺陷，讓他們如何做到以身作則？赤膽忠心？除非他們違背領導的意圖，而違背領導意圖就是意味著背叛黨的利益。領導代表黨，是黨的代言人，黨的利益高於一切，這是一個不用爭議的道理。

舉個例子：九江大橋發生船隻撞橋倒橋事故，大橋管理處向肇事船單位索賠 2558 萬元。理由是修橋需要六個月時間，以現在每天收費 14 萬來計算，六個月就是這個價。此資料一經公布，立即引起全社會喧譁。大橋於 1988 年建成通車，當時投入成本不到一個億。管理處不用二年就可收回投資成本，其餘十幾年是白賺。這筆帳要不是因為塌橋事故，這個過橋費還會繼續收下去。公眾沒有一丁點的知情權，不知道每年五千萬元的過橋費收入用於何處，是否合理。再舉一例：上

海每月拍賣小客車牌照額度在 6500～8500 輛之間，每張車牌照的拍賣費在 40,000～50,000 元之間。這樣，政府每年因拍賣車牌照就可得三十多億元收入，但上海市民沒有一個人知道這筆天文數的收入是如何使用的？是用於造房子了還是購買了輪船飛機大炮了？百姓們只知道最近黃浦江上多了一條身價上億的豪華觀光船。青島那邊的福利彩票中心就曾發生過拿彩民的錢去買高級豪華遊艇，名曰讓中大獎者開心遊玩一次，享受人生。

以上例子說明：「不以仁政，不能平治天下。」規章制度的不完善，註定公眾沒有監督制約的可能。沒「監督制約」，「制度預防」也就成為空談。尤其是在言論不暢的今天，談「監督制約」，未免太早了吧！讓制定有缺陷制度的人來高舉反腐防敗大旗，補漏洞，我是不看好。如換湯不換藥，沒戲！

有讀者會問：如果沒戲，那麼上邊為何堅持要掛牌成立新局呢？我以為，目的就一個，緩解這個社會日益顯現的三大矛盾：一是黨民對立矛盾；二是官商利益衝突矛盾；三是貧富懸殊之間的矛盾。

「12388」反腐電話開通能快速治腐嗎？

今日（6月27日），《東方早報》頭版以醒目標題《中紀委舉報電話首日被打爆》報導說：昨日，中紀委開通全國廉政和防腐的舉報專線，全國紀檢機關統一舉報電話設定為「12388」。目的是為受理群眾對黨員及領導幹部和國家公務員違反黨政紀行為檢舉控告，或對黨風廉政建設和反腐敗工作方面提供意見建議。中紀委這條專線開通當日即被打爆。

在此，本人不想談政府部門受理機制是否夠得上完善，實名制舉報電話進來後如何登記備案、查證、轉告、回饋，以及如何實施保密措施，讓舉報人無後顧之憂，不會因此像舉報潁泉區豪華辦公樓「白宮」舉報人李國福在省第一監獄醫院離奇死亡。再有，如何及時將查證之後資訊回饋給舉報人，云云，這都不是本文要談話題。

「治道備，人斯為善矣；治道失，人斯為惡矣。」我所關心的是，這舉報電話是否真能如上所說：起到群眾對黨員及領導幹部和國家公務員種種違反黨政紀有力的檢舉與控告，並且給黨風廉政建設和反腐敗工作方面提供真知灼見。老生常談。記得之前，媒體曾大張旗鼓報導說：國家反貪局在京鑼鼓喧天掛牌成立，各省會設立分支機構。照理有反貪局專職人員監督，各地領導幹部在工作中不作為現象應該大大減少，廉潔自律風氣應該被發揚光大。可我從媒體上看到的資料卻偏偏不盡如意。

據昨日《揚子晚報》（6月26日 A2 版）報導說：2007年，（江蘇）省檢察院共查辦縣處級以上領導幹部貪污賄賂犯罪案172人，其中廳級幹部5人。共有111人受賄金額超過百萬元，為國家挽回直接經濟

損失 5.3 億元。目前江蘇省設 13 個省轄市，下轄 106 個縣（市、區），其中 27 個縣級市，25 個縣，54 個市轄區。現在縣處級以上領導幹部貪污賄賂被立案居然達到 172 人，比例如此之高，讓人觸目驚心。比如安徽最窮的地級市——阜陽，更有一大批領導前腐後繼地倒下，幾乎成了腐敗重災區。我們不是有反貪人員活躍在各條戰線上嗎？我們的輿論監督機制不是存在嗎？我們的父母官不是接受「三個代表」的保先教育，思想領先、意志堅定、久經考驗嗎？為何還會有頻顯無視黨紀國法、膽大包天行為發生呢？

馬英九在就職總統演說文中說：「權力產生腐敗，絕對的權力產生絕對的腐敗」。機制一天不改，就無法做到正本清源這一天。僅靠領導良心和章程冊子來制約無限大的權力，而不是靠法紀法規更上一層樓；更不是靠加大民意監督力量和媒體廣泛跟蹤調查，這樣的治腐防腐手段是不高明的；也是杯水車薪、治標不治本，沒有從源頭上消除衍生腐敗溫床。相反人們有理由懷疑，「12388」可能使腐敗分子變得更狡猾，反其道而行之，其犯罪手段更具隱蔽性和惡劣性。

腐敗現象各國有之，只是多與少罷了。在一個法律不規範、受權力勢力干擾的國家，腐敗往往會演繹成一條潛規則。即：人腐你不腐，你將被開除出局。人大腐你小腐，你會平安無事。現在官場上流行這樣一句辭語：「不換腦子就換人。」作為一個下級領導，你所做的工作再怎麼兢兢業業，再怎麼為民著想，只要不按上級領導意圖辦事，對上級指示持不同見解，那麼你的官運到頭了。由於你的死腦筋，深深影響了上級領導整個發展步驟。即便你的觀點從長遠利益來說是正確的，但上級領導還是會叫你靠邊站。有資料顯示，中國縣政級領導任期是世界上最短的衙官之一。少則一年，多則三五年，沒有一個做上七八年的。幹部任命是由上級領導提拔決定的，不聽上級領導的話自然沒好果子吃。你可以不對下面負責，但你一定要學會知恩圖報，這樣位子才能坐得牢。領導要的是政績，商人們要的是利潤。一個想著GDP 快速增長，可以保證官運亨通；一個想著如何變本加厲，讓一元

錢投資變成十元錢的回報。官與商親密無間勾結，肩並肩站在同一條船上，不產生腐敗賄賂濁流才怪呢！

　　說到預防腐敗，我想起蔣介石。蔣介石在上世紀與共軍作戰時，時刻不忘開展防腐工作。他每晚睡覺前總要花上半小時想部下軍官可能會幹哪些蠢事。他把這些想法彙集起來，製成一條條戒律，印成宣傳手冊發給部下，讓全體軍官好自為之。蔣介石也採取類似逐級負責制，排長對連長負責，連長對營長負責。委座監督總司令，總司令監督軍長，軍長監督師長。就像我們現在村委會對鄉主任負責，鄉主任對縣領導負責，縣領導對上轄的縣級市領導負責，縣級市領導對地級市領導負責，地級市領導對省直機關領導負責，省直機關領導對中央常委負責。傳說有一文人在酒宴上借酒故意問蔣介石：「委座，那麼誰來監督你呢？」蔣介石聽了這話當即很生氣，說：「娘稀匹！我若是腐敗就不會是你們的委座了。」蔣介石的觀點太落後，他認為只要自己做到廉潔奉公，處處以身作則，下面的人一定會大公無私。蔣介石想錯了，這種辦法只能暫時緩解部下不犯錯誤，但不能從根子上杜絕軍官們違法亂紀行為發生。在「黨天下」專制社會，國民黨是無所不能、無所不欲。老蔣也設反腐部門，但這些反腐專員基本上被同流合污了。當時老百姓叫「國民黨」為「刮民黨」，意思是國民黨軍隊長期欺壓貧民，搜刮民脂民膏，使得民怨載道，終引起老百姓站在解放軍一邊，將老蔣軍隊趕出大陸。

　　最後，我想闡明本文中心思想：「12388」電話開通首日被打爆，這只能說明我們這個社會傳遞民聲、表達民意的管道嚴重不暢。雖然「12388」多少含有一種震懾力，但它不是萬能藥。它像一帖鎮痛藥膏，鎮痛並沒有根治病源。小病不發，大病適時還會出現。以為鎮痛藥能治大病，乃是天真想法。「12388」開通即能速治腐敗，莫過於此同轍想法。

千古功罪，我來評說──黑星人時評集

142

第七輯
改革之聲
——我看民生

中國，第二代窮人正被悄悄世襲

什麼是「第二代窮人」？第二代窮人就是指在中國經濟改革之時，那些因各種原因和自身難以克服的困難而沒有積極參與並投入到商品經濟的大潮中，之後又沒有得到社會利益保障的一代人。他們的子女成為了被社會經濟與政治生活主管道隔離在外的貧困勞動者的後代。他們活動範圍很廣，生活在社會底層。他們可能是城市裏下崗工人的子女，也可能是新一代農民工。總之，他們不是改革的受益者。

第二代窮人的主力軍是新一代農民工，他們燦爛的童年往往因為高額學雜費而被阻於義務教育大門之外。他們沒有學到生存的技能，他們無法與那些條件優越家庭出身的孩子共享社會的種種資源。他們即便找到工作，勞動所得可能還不到國家規定的最低工資標準。他們只能跟同樣是窮人的窮人結婚，組織一個新生的貧窮家庭，生兒育女，一直到老。

第二代窮人，人數巨大，流動性也極大。如以流浪在大城市中一億個的外來民工來計算，就足可以摺給社會幾千萬個第二代的窮人。雖然他們對這個城市做出了巨大貢獻，沒有他們，整個城市建設會陷入癱瘓狀態。可是，城裏人在計算人均產值時，卻沒有將他們統計進去。甚至在進行教育、醫療以及其他福利預算時，同樣沒有將他們的保障考慮進去。什麼時候重點考慮和關注他們呢？那就是在節慶來臨之時，他們將可能成為這個城市中最有礙市容觀瞻的一群對象。這時，他們就是城裏人眼中「準罪犯」的角色。城裏人犯罪他們得背黑鍋。

第二代窮人沒有自尊，為自己所擁有的點滴成就而得意，以為這是在上海生根立腳了，是半個上海人了。至於人生快樂的真諦如何拼

寫，他們不知道。他們的目光就這些，所有欲求充其量就是一杯加糖的白開水，而不是淋著奶香的咖啡或「哈根達斯」（冰淇淋）。他們生活在不公正中，他們期望通過上學教育，讓下一代擺脫困境，成為富人。他們太天真了。教育確實是負有推進社會公正的使命，可在我國，教育在種種社會不公正中早已成了最醒目的一種不公正。這種不公正包括因戶口不在這個城市而面臨上學讀書和找工作的種種限制。

在輪迴的限制中，第二代富人大踏步地走來了。他們對窮人的生活視若無睹，不知道、不理解，甚至不同情。這不能怪他們，一個社會性的價值觀單靠年輕人來擔當是不夠的。如果說富人世襲是應該的，那麼窮人的世襲是可怕的。未來，「窮二代」與「富二代」共同生存在這個社會，「和諧」兩個字將如何拼寫呢？強勢群體與弱勢群體又能做到怎樣的合理溝通呢？還有「公正」，如何向我們的下一代解釋呢？公正缺少，窮人在公共資源上所佔用與享受的利益無從談起，面臨的將是更多的限制。公正缺少往往會導致限制增加，而限制增加又會加速貧富差距的拉大。兩極分化，將會使第二代窮人對「公正」漠視和仇恨。危機將會隨時把這個社會推向火山口。

當然，讓窮人成為「第二代窮人」，這不是富人們的傑作，也不是城市裏的富人們對來自農村窮人們的剝削所致。而是部分權勢階層與富人勾結成聯盟產下的中國式怪蛋。由此，富人更富了，富人更富就意味著窮人更窮。道理很簡單，國家財富就這些。現實是很殘酷的，你多得一份，別人就少拿一份。沒有拱手相讓的道理。講謙讓美德，怕是餓死還不知道是什麼一回事。

舊體制已經過去，舊體制鑄就的上一代窮人已老，他們正翹首以待這個社會給予他們最後的一筆撫卹補償金。他們即便是有一種「仇富心理」，也不足以構成對現實社會的衝擊。那麼，我們最值得關注與憂慮的，應該是「第二代窮人」。或許有那麼一天，他們忽然覺得自己也是有血有肉、有七情六欲的人，憑什麼高等教育的大門要把他們拒之於門外？繁華的世界為何不屬於他們？他們虎視眈眈，他們想要與

富人共分一頓午餐上的美食。即使謀求不到，至少也要打破從祖輩就遺留下來的那個憨厚與無知混雜的苦命相。

作為第二代窮人，他們大聲地叫道：「憨厚曾是我們的美德，無知又是我們的劣根。我們清醒，我們是集體精神亢奮的一代窮人；我們麻木，我們是遭世紀遺棄的一群混血兒。我們歌唱；我們痛哭；我們無奈。我們一身命運就這樣被淒淒慘慘鎖定在苦難的記憶棒中。」

那男的說：把每月 38 元工資還給我吧

同志們，大家好：

我姓儲，和你們一樣，我也是一個工薪族。不過，我每月拿到手的工資只有四百元，不能與可能拿到四千元月薪俸的你們之比。確切地說，我是一個待崗在家的工人，收入與你們不成比例。在這裏不應該叫你們：「同志」。同志應該是工資收入基本相同的人，別稱：「同資」。具有諷刺意味的是：我跟著工人階級成分出身的父親姓儲，口袋裏卻儲不起一點錢來。對我來說，這確實是一種遺憾。當然我知道，姓儲的不一定就是儲蓄大戶，就像姓金的並不一定就是金子纏身。那麼，我想說什麼呢？我，61 年出生，八十年代初由職校畢業。記得剛踏上工作崗位，每月領取的基本工資是 38 元。實際到手是 40 元出頭，其中包括車貼、加班費、2 元錢的獎金等。38 元工資拿了一年，第二年基本工資轉正為 45 元。

雖然 38 元錢工資只拿了一年，但我記憶猶新、銘心刻骨。為什麼？這錢雖然不是很大，但夠我日常交際與開銷之用。除去每月 10 元錢的銀行存款，我還能有較大的活絡。如果我拿三元八毛錢上飯店，可以讓朋友吃飽肚皮。用二毛錢，可以請客吃一碗味道叫絕的海鮮湯麵。去電影院看電影，那是幾分錢的事。無產階級的電影院放映關於工人階級內容的電影，從來就是不亂收費的。至於上學讀書和生病治療，根本不用擔心自己會掏腰包。就是那住房困難問題，廠子裏的領導也會想著法子給解決。雖然慢了一些節拍，但絕對不會讓工人階級代表因為沒房子住而睡大街的可能。

　　我留戀 38 元工資，那是因為我覺得那段日子過得踏實，在生存意識和安全保障上有一種幸福的優越感。雖然這日子過得有些清淡，不像今天這樣繽紛華麗，但我根本不用擔心天會塌下來，地會陷下去。那時候，我覺得我是自己的主人，想做什麼事，只要用心去追求，一定會實現。

　　為此，我把我全部的愛都傾注到本職崗位上，我真的相信師傅的話：「三百六十行，行行出狀元。」我堅持不渝地做了一顆不銹鋼材料製成的螺絲帽，固守在自己崗位上，為「四個現代化」在世紀末實現作燦爛貢獻。

　　然而，我的燦爛表現並沒有給企業發展帶來燦爛一頁。當改革大潮鋪天蓋地席捲而來時，本企業緊跟潮流，於一夜之間突然宣布改性質，變成私人承包了。廠子裏的工人全部被強行買斷工齡，然後再部分簽合同回聘，進了與日本人合資的企業，成了小日本眼裏的「兵」，而大部分人想做「兵」卻不成，只能含著淚，拿著遣散費默不做聲地回家。

　　我不服！廠工會主席找我談話。我說：「昏頭了！主席。我問你，我們這是社會主義性質的國家嗎？誰不知道，社會主義制度下，工人就是工廠的主人。既然是主人，在企業的整改中（我暫且叫『整改』而不叫『國有資產大流失』），有權作去與留的選擇。如果你主席認為我的話說錯了，那我們現在就去找市長評理。」

　　廠工會主席忙說：「你不用下崗了，還是我下崗吧！」過了幾天，主席回家了，廠區被鐵絲圈一道道攔起來了，全廠就我及幾位重病在身的人沒買斷工齡，拿著四百元的最低工資，在家待著，一直到退休。」

　　我留戀 38 元工資，那是因為我橫豎想不通，有著幾十年輝煌廠史的國有大企業怎麼說倒閉就倒閉了呢？莫不是早就被蛀空、負債累累了？真的像郎咸平先生所說：「中國現有企業改革就這德性，理論荒謬。爛企業就像將要融化的冰棍，與其讓它白白融化掉，還不如低價送人。」

38元工資，雖然數小，但我感覺到活得充實、快樂、亢奮，每夜有好夢陪伴。而如今，我拿的是四百元工資，味卻苦澀，寸步難行，常常於半夜被噩夢驚醒。為此，我閹割了曾經留下的所有愛好，除非不用花錢的愛好。但這不用投入成本的愛好我至今沒找到。我也被迫中斷了不少交際往來。人生種種的快樂，以及臆想中的風流漸漸被我看淡。

期間，我試著去找過工作，曾經做過社區門衛、快遞員，還做過私營企業裏的剝線工、當過「為人民服務」的保險推銷員。但是，由於我這顆「螺絲帽」不改成色，不能很好地轉換角色，還以為自己就是從前的主人，有著發言權。因而總是與老闆在雇傭關係上爭個不休。由此，沒有一個單位容我做長，最短的只試做了二天，最長的也只是半年時間。原先我跟師傅學的手藝過於單一、落套，現在一點也派不上用場。師傅那句「三百六十行，行行出狀元」的話真是把我害苦了，在新職業選擇中，我居然一回回束手無策、無能無力。

誰都知道，沒有穩定的工作就不會有穩定的收入。而錄用單位情願要年輕人也不要我們這種人。我們不是老油子，可人家老闆就是喜歡往這方面去想。我們千對萬對，就是年齡不對。年齡限制，這是哪門子孫子搞出來的錄用標準。我們心裏一百次地罵對方是孫子，而在對方面前居然屁不敢放一個，把自己打扮成孫子還嫌不夠，還要在「孫子」前面加一個字：「灰」，灰孫子。

人格呵！人格，一向以尊嚴為自豪的我，或者說與我同年代、有著相同命運的我們，居然為了找到一份稱心的工作而在形形色色的小老闆面前低三下四。即便是這樣，狗屁小老闆們還是挑三揀四，對我們橫鼻子豎眼睛。我們犯了什麼過錯，非要這樣作賤自己？以至於把自己弄得面目全非，以為這樣才會好受一些？

每回，在人才市場，我們得到的總是諷刺與嘲笑的目光，或者是婉轉的拒絕。我們是來找工作的，工作沒找到，心境卻變得疲勞不堪、焦慮不安。起先我們出門時還對家裏人說，今天會有好運。後來乾脆就不聲不響地出門了。我們就像一隻受傷的鳥在叢林中淒婉地鳴叫。

太陽每天如可愛的甜餅出現，每天又如一枚破舊硬幣悄然滾去。林子大了，什麼聲音都有，就是沒有人注意受傷的我們在想些什麼，叫些什麼？

一次次希望過後便是一次次無奈的感歎。我們是小娘養的，對著那些要求苛刻老闆，我們暗下決心地說：「早晚，我們也會做老闆的！」可是，這註定只是春夢，我們沒本錢從商。在我們智慧處於頂峰的時候，我們把人生的全部希望押寶在無產階級的大本營裏。我們曾經聰明能幹，兢兢業業，我們在技術上不輸給任何人。可是現在，大本營不見了，我們潰不成軍。在商海面前，我們拱手相讓，我們還在緬懷大本營裏那段美好時光。這是我們這一代人過於理想主義的悲劇表現。而這時，新生代們上來了，他們高叫道：「讓你們抱著老去的理想主義在牆隅痛哭吧！我們的太陽正升起。」

我承認，我做人失敗，做男人失敗。我好想成家立業、繁殖後代。可又是誰讓我堅守處男的堡壘，剝奪世界上另一個不知名的女人做妻子的權利？我，又能拿什麼資本來交換這個權利。我無奈，我只能埋頭讀書，以為書中自有黃金屋。二十多年前，我曾也在舞台上高聲唱道：《我們的明天比蜜甜》。二十多年後，我居然成了真正的無產者，除了一櫥書，我一無所有。狗屁不是。

我懷念 38 元工資，其實就是懷念那段有著充足主人翁意識感的時代。歲月蒼然過去，但我們的心沒老。雖然月 38 元工資不像現在有這麼多家用電器可享受，特別是具有那麼多頻道的電視可看。但是，沒有踏實平安的生活保障及安全感，有再多的現代電器又有什麼用？

把月 38 元工資還給我吧！我才不管中國職工工資總額和職工平均工資連續四年實現 2 位數增長，我要的是從前那種實實在在的生活保障指數。沒有這保障指數，就是 3 位數增長又有何用？

一個農家女孩寫給溫總理的
催人淚下的信

溫總理，您好！

　　知您日理萬機，操心於國內事務中。我，一個農家普通女孩，還是忍不住要給您寫信。我虔誠祈盼，總理呵！您能在百忙中讀我這信，讓我們一家重新蕩漾已散失許久的、被苦難之海洗涮多年的歡笑；也讓我們全村百姓轉悲為喜、奔相走告地看到黨的陽光雨露再次蒞臨；滋潤一個喝著松花江水長大的、屢屢祈望又屢屢遭遇失望的、被本地集團利益圍剿的農家小女子之心。

　　我，出生於東北，也就是黑龍江省東北部，三江平原中部，松花江下游的南岸。它東北與同江市為鄰，東與饒河縣接壤，南與寶清縣、友誼縣相連，西界樺川縣，北與綏濱縣隔江相望。這地方就叫「富錦」。我的父輩，還有父輩之父輩，他們都是憨厚純樸農民。在富錦以種田為生、養家糊口。天天大魚大肉的小康日子不敢念，但全家挨餓受凍的事沒發生過。這片肥沃廣袤黑土地支起我們一個個琉璃之夢。我們憧憬；我們高歌，我們希望腳下之路越來越平坦。平坦中我們努力做一個中國式、知足常樂型、安分守己的好農民。

　　然而天有不測之雲。那一天，本地政府把屬於我們的、賴以生存的這片土地強行收走了。說是與韓國某公司合作搞什麼「經濟開發區」，省領導批准同意的。二十年彈指過去了，「開發區」沒見蹤影。「開發區」沒建成，土地又不退還給我們，政府另成立一個由己掌控的「農業開發總公司」。我們要種田，必須向「總公司」交納承包費。OH! My

God！世上竟有此等令人費解之事。村裏有人不服，站出來想維權。維權者被抓，抗議者被關。這是五星紅旗飄揚的中國嗎？世道呵！世道，怎會流變成這樣？人民「公僕」把有著人間美稱的「主人」請出家園，這是中國式的社會主義國情顯現嗎？和諧社會，就是以這樣方式來鑄造和諧嗎？正面看，這是本地政府以「脫貧」為由搞經濟大開發。反面看：恰似巧取豪奪，這與國統時期的匪奪有什麼區別？城頭變幻大王旗。舊瓶裝新酒，一樣苦澀年華。此舉如屬政府內部個別權力者為追求政績而為之，則叫強詞奪理。如屬政府集體意願的，則叫強姦民意。強姦民意、壓制民聲、製造恐懼，這樣的地方政府不管政績多光芒、GDP 多攀高，都不會受到人民愛戴和擁護。我想，酒醉的王國沒有秘密可言，蠻野的權力者沒有民心可得。載舟者是水，覆舟者也為水。

　　溫總理，您或許不知道。打小時起，沒文化的父親就在田頭叮囑我：好好學習，快快長大。聽黨的話，聽政府的話。愛政府就是愛黨，愛黨就是愛國。在崇高教育薰陶下，我長大了。然而，當我步入社會，無情的現實擊碎了我粉紅的夢。我看到，政府大量徵用農地，然後以低廉價格拋給外來的投資集團，讓他們將其變成科技園區、工業園區、大型農貿市場、開發區、或是大學城。小部分變成城市房屋建設用地。地方政府，壓低給我們農民的土地補償。農民沒有拒絕權利拒絕這種交易，最多只是要求政府多給一點補償。這樣，作為現有土地制度最大受益者的地方政府，既獲得了倒賣土地的收入，又通過經營土地刺激了工商業投資和房地產開發市場的興旺。政府官們員的財稅及 GDP 實現雙豐收。

　　然而，正是在攝取這種巨大利益的背後，呈現出地方政府領導人的雙面人格。政府一方面壟斷城市建設用地供應；同時又壟斷農轉非用地市場，另一方面再授予開發商以開發商品房的壟斷權，實現了官員們的私人利益與開發商的利益相勾合。為追求更多的利益，開發商不擇手段，政府領導眼不見為淨，並以公共權力作後盾。這樣，農民們的利益完全被剝離了，哪還有幸福感指數可言呢？

　　溫總理，前陣子兩會報導我看了，您的《政府報告》我也認真聽了。就是不明白一點：為何當政的地方領導幹部任期無固定，像換走馬燈似地一樣快換？有專家作過統計，在地方上能夠做滿5年的少而可憐。要麼升了，要麼降了。升與降，往往由上級領導一句話說著算。會上打個瞌睡，會後會丟烏紗帽。這勢必造就出一批政策與行為高度短期化的領導。他們只要政績，不念民意與實情，至於農民利益是否受到傷害且不管。於是就有郴州市委書記李大倫揚言「誰影響我動遷一陣子，我要影響他一輩子」之事發生。如果中央政府主導的土地管理權力配置格局與官員政績考核體系的激勵機制之間的錯位不能有效解決，那麼，這個自上而下的監督能量勢必事倍功半，甚至會流產。

　　溫總理，寫此信只為替老實巴結的父輩說話，討回公道。試想一下，農民沒田可種，就像工人沒機床可操作；士兵沒槍可握，一樣不可理喻。如果說話的權利也要被剝奪，那我就呻吟。即使這呻吟是微弱的，如一筐不好看的碎殼雞蛋，我也要將蛋黃蛋清攪合一起，連同我的肋骨揮出去，慘死強如苟生。在此，我堅信，呻吟，不是動聽的《南屏晚鐘》；呻吟，是身為世代農民的我們本能地渴望一種起碼人格被尊重的時代到來。我還堅信，《中國土地法》早晚會保障中國農民的基本利益。在國家與權力者之間，我重申一些看法：專制與腐敗是一對孿生兄弟。個別權力者的專制，必招之行為腐敗。國家之善，在於以公共名義遏制個人腐敗的可能，同時也要遏制個人專制，長官意志到來。我看到，農民土地被掠奪，並非個別之人的極權專制所為。在其背後，有著一張巨大的集團利益之網，它們是將壟斷的公權敗壞成農民權利喪失的悲劇。

　　足寒傷心，民寒傷國。

　　溫總理，我已淚眼朦朧，寫不下去了。

──農民女孩豆花於東北富錦呈上。

　　那個深夜，我打開電子郵箱。一位網名叫「豆花」小女孩給我發來一信。「豆花」是個農家女孩，沒到大城市裏去打工。沒出去是因為母親身體一直不好，由她在家護理著。「豆花」的父親到城裏去打工了，家裏還有一個弟弟。不過不常回來，在省城讀高中。豆花想要從政府手裏討回曾經屬於她們家而今已失去的那塊地，這個忙我幫不上。然而，豆花在信中流淌的潸潸淚水卻深深打動我的心。我彷彿看到：松花江畔，風瑟瑟、樹淒淒，有個小女孩揮淚斬月月不語，唯有孤對寒江訴衷腸。我彷彿又聽到〈黃河大合唱〉的河邊對口曲：「張老三，我問你，你的家鄉在哪裏？」

　　聽！豆花的呻吟是多麼小心翼翼呵！喃喃而又苦澀。這呻吟必須被上層者聽到，必須被世人理解。在今日公共生活中，它在等待來自高層政府領導人的確認和回饋。呻吟，以及權力者努力掩蓋呻吟，逐漸成為今日中國的政治遊戲原則。如何讓民眾呻吟就此成為渴求公眾媒體支持的有力武器？如何讓民眾參與進來，建一條委婉策略路線？這是我要深思的。不幸的是，這種呻吟只能是我們尋求媒體支援的蒼白語言。在光怪陸離的世界裏赤裸裸奔跑；跌倒了再爬起來。幸運的是，我們仍能聽到豆花的呻吟在潺潺流淌，互聯網的天空還能悄然傳遞豆花的呼吸之聲。

　　有資料顯示，從 2006 年 10 月至 2007 年初，大約有 1500 名官員因為土地違法違規被處分，其中包括兩名地廳級官員和 100 多名縣處級官員（見 2008 年 01 月 04 日《中國新聞週刊》）。另，2008 年 01 月 07 日《南都週刊》、2008 年第三期〔1 月 25 日發行〕《鳳凰週刊》報導了維權者被抓坐牢之事。

　　法國作家加繆在《荒謬的人》一書中說得好：「生活就是活用荒謬，凝視荒謬。捨棄意識上的反抗，就是逃避問題。我們的哲學立場之一，就是反抗。」（見《荒謬的人》P18）。

溫總理「四個痛心」與鄧小平改革開放

溫總理在十屆全國人大四次會議的中外記者招待會上說：「施政三年，我最痛心的是沒有解決醫療、上學、住房、安全等四個百姓所關心的問題。」

溫總理的痛心之話讓人感動，由此，我想起了上個世紀八十年代末提出在世紀末實現「四個現代化，人人奔小康」口號的改革總設計師鄧小平。1987 年 4 月 30 日，鄧小平在會見西班牙客人時，明確提出了「三步走」實現中國現代化的戰略構想：第一步，是在 80 年代翻一番。以 1980 年為基數。當時國民生產總值人均只有 250 美元，翻一番，人均達到 500 美元，解決人民的溫飽問題；第二步是到 20 世紀末，再翻一番，人均達到 1000 美元，進入小康社會。第三步，在下世紀再用 30 到 50 年的時間，再翻兩番，大體上達到人均 4000 美元，基本實現現代化，達到中等發達國家的水準。

如今，二十多年過去了，當我的後代如雨後春筍般地茁壯成長，並且如森林般地站立於我身旁時，我這才發現我已步入中年門檻。曾幾何時，我曾宣誓要為在本世紀末實現四個現代化；為消滅剝削階級；也為共產主義的理想事業而奮鬥終身。可現在那個為之作「貢獻」的基地（工廠）倒塌了。我沒有找到屬於我的那個「光榮」，我只看到處處是「下崗」、「倒閉」的現狀，手裏拿著的是一本很陌生的「勞動手冊」，而不是十幾年之前所得到的那份「紅色獎狀」證書。「下崗」、「倒閉」，讓我及我們整整一代人一夜之間感到了生存的危機，也體會到了無產階級勞動者沉重的選擇，不選擇沒飯吃。

　　是的！由於經濟體制改革的不配套，市場經濟法律體系建立上的不完善，以及經營運作上手法的陳舊、保守，再加上少數腐敗分子借改革之名，混水摸魚，貪污受賄，於是企業效益一落千丈，虧損也越來越嚴重。為此承擔主要責任的不是單位裏的領導，而是廣大無辜的職工。先是停發獎金，再就是拖欠工資，直至下崗拿生活費，最後乾脆倒閉、賣機器設備，一了百了。苦了工人，一無所有，成了真正的無產階級勞動者。

　　記得俄國在搞改革開放初期，將國營企業分成若干股份，每位職工可以拿到一定股份的股票。這股份對老職工沒用，他們要吃飯。那些頭頭就借用銀行的錢把職工手中的股票收攏過來。於是這樣，這個廠子名正言順地就是他個人的了。他再將這廠子抵押給另一家銀行，取得資金後再償還給前一家銀行。俄國的國有資產就這樣大量流失到個人腰包裏去了。那時我很擔心中國也會發生這樣的事。若干年之後，不幸言中了，現在國營企業的國有資產流到個人口袋裏的事遍地開花。國營工廠先宣布倒閉，然後以最低的價格賣給私人。大批工人回家了。

　　對此，郎咸平在清華大學的一次演講中比喻很到位說：「舉個例子，我想問問什麼是國企改革？我現在終於弄懂了，原來就是我家今天很髒，請一個保姆來清理，清理乾淨之後呢？家就變成保姆的了——這就是國企改革。我們發現中國國企的職業經理人是沒有信託責任的。他做不好是什麼理由呢？是因為體制不好，什麼是體制不好呢？就是這是國家和民族的錯，做得好呢？就把國有資產歸為己有。甚至，我們為了讓他掠奪國家的資產，還提出一些荒謬的理論，例如冰棍理論——國企就是體制不好，就像冰棍一樣會慢慢融化，與其讓它全部融化光，還不如在它融化之前全部送給這些沒有信託責任的職業經理人算了。」

　　憶往昔，鄧小平說改革能讓我們脫貧，改革能讓我們致富，奔上小康道路。可是改革了，為什麼很多家庭反而窮下去了？難道說，一

個人富起來了，千百個人一定窮下去？如果說改革是要花代價的，那麼這種違背大部分人利益的改革會深入人心嗎？這場自上而下的改革是否出現了什麼問題？

現在，改革出現了兩種反對呼聲，一種是既得利益者，他們已經在改革中得到了相當多的好處，再改下去對他們就不利了，弄不好有可能會把以前的得益部分交出來。另一種人是那些弱勢群體，他們在改革大潮中失去比得到的更多。在他們心目中，鄧小平就是「鄧笑貧」，他們強烈懷念老毛的時代，那個時代根本不用愁這四個問題，一切困難國家都會想辦法解決。

政府既然強調連帶責任制，那麼就應該將這場改革進行徹底。誰趁改革之際搞腐敗不法行為，決不留情開刀。光靠傳統美德以及工人們的再奉獻精神已不能再護駕這場改革了，只有大膽對這場已進行了近三十年的改革從路子上重新審視與把關，尋找改革的新思路，讓全國的普通百姓受益，真正「小康」起來，那麼，溫總理心頭上的這「四個痛心」自然就迎刃而解了。

在我們痛心哀歎並抨擊這四大頑症時，更應該關注生活形態的變遷。我想，當今國人喪失的不是「互相幫助」精神，而是一種叫「自主自律」的機制。政府如若不能全面創造這種機制，並且不從改革的本質與思維上下功夫，老百姓的生活若沒有得到根本的改善，家庭收入不明顯提高，那麼即使現在 GPT 指數上升翻一倍，還會有第五、第六個社會問題冒出來。到時不單是房地產老總會說：「我造的房子從來就是買給富人，不買給窮人的。」大學校長也會宣布說：「我的校門永遠只對貴族敞開，從不收窮學生的。」醫院裏的醫生恐怕也會宣布說：「讓沒錢看病的病人在家裏好好躺著，自好自壞、自生自滅吧！」

最後，我想說：我不反對改革，但我認為現在是反思改革的時候了，反思改革在中國這個特殊社會結構中所起的作用以及正反結果。因為在各行各業中，有很多悲劇是在改革的名義下發生的，我們無法迴避這個確鑿事實。這是溫總理的痛心，也是全國百姓的心痛。

新年到，富人們為何紛紛鬧變臉？

　　據新華社 1 月 18 日電：國家稅務總局 2006 年 11 月發布的個人所得稅自行納稅申報辦法規定：「個人年度所得在 12 萬元以上的納稅義務人，在年度終了後的三個月內，必須自行辦理納稅申報。」然而，截止到 1 月 15 日，北京市只有 4352 人進行自動申報。浙江寧波、重慶市、廣東省分別僅有 959 人、521 人、503 人申報，至於上海，統計數字為 172 人。還有不少地區更可憐，「零申報」。以年收入 12 萬為上稅起點，這是根據普通市民收入的十倍而得出。2005 年中國城鎮居民人均可支配收入是 10,493 元，12 萬元的標準由此而來。比普通市民收入高十倍的，這一階層的人群無疑就是「高收入者」，他們也可以算是普通市民眼裏的富人群體。中國 GDP 指數的抬升，有他們一半的貢獻。

　　可是，新年到來，這些有功的富人們為何要告別功勳，演繹勝利大逃亡，集體在國稅申報大廳失蹤了呢？對此，「新華社專電」強調指出：「年所得 12 萬以上自行納稅申報，是加強個人所得稅徵管的第一步。從長遠看，今後每個人都要申報，從高收入群體到低收入群體。」

　　我們知道，無論是哪個國家，納稅是這個公民對國家應盡的一種義務。既然是義務，那麼這些高收入者，也叫富人，在新年到來之際，紛紛藏而不露，莫不是他們思想覺悟不高，自覺性不夠純潔，法的意識太淡薄？或者說，莫不是富人們對政府統計出來的 2005 年中國城鎮居民人均可支配收入數持懷疑態度，由此認定年收入超過 12 萬就該上稅的標準太高？因為在 2005 年《福布斯》發布的「全球 2005 稅務負擔指數報告」中，中國被列為第二位。就是說，在中國，人均稅務負

擔率排名為全球第二。如此重稅壓制下，富人們各顯神通地鬧變臉，集體失蹤，就不難解說與理解了。

NO！這種解說與理解完全是停留於表面上的認識，是表面文章，華而不實，根本就沒有點到根子上。我認為：那些高收入的納稅人不願自覺申報個人所得稅，最重要的一點就是：我憑什麼多交稅給你？你作為一個收稅的政府，拿什麼公信給我看？證明收繳上來的稅收又用之於民。我們很清楚地明白，政府是為民辦事的一個機構。機構裏每一個辦事員，無論官位是大是小，都是拿著納稅人的錢而替民工作。既然是拿著納稅人的錢做事，就應該替民著想，「為人民服務」的指導思想放在第一位；並以廉潔奉公、兢兢業業的工作作風嚴格要求自己。這是取得市民信任的首要保證，有了這種保證才有市民自覺申報上稅的可能。

可事實卻偏偏不是這樣。我們的父母官不是這樣嚴以律己自己，反而是近水樓台先得月，先天下之樂而樂，後天下之憂而憂。在政府機構裏，貪污受賄、巨額財產來源不明之案此起彼伏，屢見不鮮、前腐後繼。「透明國際」（Transparency International，簡稱 TI）曾認定中國「清廉指數」排名全球第 71 位。「TI」是位於德國柏林的一個全球著名非營利性反腐敗組織。他們從 1995 年起開始發布一年一度《全球腐敗年度報告》，這份報告每年都會調查世界各地商界及公眾對當地貪污情況的觀感，總結出「清廉指數」。2004 年中國內地得分為 3.4 分，排名全球第 71 位。

政府機構出現失去良心制約的腐敗分子，由此喪失了應有的公信，市民拿什麼相信自己所交的每一分錢都用之於民身上。老百姓隱隱感到「稅痛」的是，交的稅不知道花到什麼地方去了。這邊，從媒體披露的一些官方統計資料看，全國一年公款吃喝在 2000 億元以上，相當於吃掉一個三峽工程；每年公車消費 3000 億人民幣，占財政收入的 13%，人年均負擔 230 多元；黨政幹部出國考察共花費了 2000 億元人民幣，相當於每位公民為出國幹部負擔 160 元費用（這些是 2004

年資料）。另外，據世界銀行估計，「七五」到「九五」期間，投資決策失誤率在 30%左右，資金浪費及經濟損失大約在 4000 億～5000 億元。那邊，政府對外宣布說：2006 年中國稅收增長 21.9%、創下了 37,636 億元的新紀錄。還是那邊，今年初，在上海註冊的所有公司先後收到了財稅局的一份通知，要求 07 年稅收比 06 年提高一成，否則年檢不予通過。就是說，假如你一個月做十萬元的生意，不管是否賺錢，都得上交三千元稅。

稅收要求如芝麻開花節節高，然而納稅人上交的巨額稅賦支出卻極其不透明，老百姓只有主動納稅義務而無過問之權利。就像上海市政府每月靠拍賣私車牌照就能得二點四億人民幣，一年下來二十幾億收入用在何處外人無權知道。這種種被動局面，不啻是納稅人的悲哀，也是納稅人權利保護意識淡薄的表現。

記得台灣作家龍應台在《中國青年報》發表過一篇文章，題目叫做「你可能不瞭解的台灣人」，內中有這樣一段描述：「（台灣）地方政府的每一個單位的年度預算，納稅人都可任意查詢。在政府公布的預算中，大至百億元的工程，小至電腦的台數，都一覽無遺。如果他堅持，他可以找到民意代表，請民意代表調查某一個機關某一筆錢每一毛錢的流動去向。如果發現錢的使用和預算所列不符合，官員會被處分……」龍應台在致大陸中央領導人一信上又說：「每一件貪腐弊案的被揭，都使政府的權力運作增加一分透明。每一篇對金融勾結的報導，都使人民對公共政策多一份警惕。」政府的宗旨就是為民辦實事，辦實事就要說實話，取信於民，還民於信。在西方，富人收入越高，賦稅就跟著明顯提升。政府將收到的稅收用之於民，對無收入來源的低收入者高額補助。

在此，我堅信：政府要使高收入者不變臉，每個市民自覺申報個人所得稅，首要前提是先完善自身的廉政建設，儘快加強運作的開明度；公開自己的財產收入，以提高政府的公信度。同時最大地縮小市民與政府日見對立的情緒；並縮小城鄉收入差別和城鎮家庭中的貧富

差別。作為納稅人，我們不希望看到政府高官用納稅人的錢購買新聞媒體，以炒作自己，為自己取得曝光率和知名度，把政績工程寫進小學課本書，或將國家公共資源積累演變成私人或政黨的政治成本。唯有這樣，高收入者的白領和低收入者的百姓才會自覺繳納個人所得稅，並以此為榮。

　　後補：一位律師寫給我的話：「在貪瀆公行、商業賄賂充斥及壟斷行業暴利上升之際，政府這時來講個人所得稅問題，這如同丟了西瓜找芝麻，放走老虎打蒼蠅，如此本末倒置，叫人如何心服口服。就個調稅本身來說，行政部門只圖自己工作方便，無論何種情況不論，不管納稅對象的年齡、職業成本支出、身體健康狀況如何，還有家庭負擔等等，都不加以區別對待。只要是年收入過十二萬元就得自行上稅，否則就是公民不守法的表現。顯然，這有失公平與合理性。這就好比讓一群人背著重物走路，只要是人，不管是大人還是小孩，也不管身體強弱如何，一律相同處理。

　　「前幾日，我讀史書，發現明朝崇禎皇帝所推行的政策，其主觀動機和目的後人幾乎無可責之，但行之效果卻適得其反，欲益反損，步步陷入絕境。由此可見，動機和目的並不能保證效果完美。這其中，推行政策的時代背景好壞、執行人員素質的高低、還有人心之向，等等，無一不決定著南轅北轍，或淮南為橘與淮北為枳之說。畢竟，法不責眾。」

2020 年，中國還是沒有中產階級

　　近日，《環球》雜誌發表了該報記者對中國社會科學院社會學所前所長陸 XX 教授的專訪。在這之前，由陸教授領銜編輯出版的《當代中國社會各階層研究報告》一書為讀者全面勾畫出「中產階級」的基本面貌。在書中，陸教授大膽預測：到 2020 年，中國將有超過三分之一的人步入「中產階級」領域。這是陸教授的美麗幻想，他的理論依據是：「根據我們 1999 年的統計，中國的中產階層占全國總人口的 15%，並以每年 1～1.2 個百分點的速度增長，所以現在中產階層的比例應該已達到 22%～23%左右。在北京、上海、廣州這些較發達的城市，中產階層的比重還要高很多。樂觀地估計，到 2020 年，中國中產階層占總人口的比重將達到 33%甚至更大。」

　　陸教授推出「中產階層」的定義是：年收入 6～50 萬人民幣就可以歸入其中。由此，中國一下子冒出 2 億多個中產者。2020 年離現在僅有 13 年時間，說短不短，說長也並不見得有多長。「中產階層」，或者說「中產階級」能夠讓中國三分之一人有幸加入，這確實是一個美麗誘人的景象。

　　「中產階級」，英文 Middle Class，這詞兒在國外報紙媒體上出現的頻率不是很高，原因是他們所依賴的這個制度催生了無數個百萬千萬億萬的富翁。有錢的人比比皆是，政府部門或民間組織沒有必要刻意去調查那些中高等收入人群的生活狀況。就說美國，中產者占全國總人口的 80%。北歐瑞典國家也不例外。那麼在中國有沒有讓老外刮目相看的「中產階級」，或者說「中產階級」勢力。據官方統計資料顯示：「2005 年 9 月，中國人民銀行發布統計報告，我國居民本外幣儲

蓄存款餘額已經達到 27.51 萬億元；另一組資料，也就是社會上傳說的，國內 51%的居民儲蓄存款集中於 20%的少數富裕個人和家庭手中。換句話說，這意味著 20%的富裕個人和家庭佔有了我國居民儲蓄存款中的一半還多。」「為計算方便，假若我們將每一個存款帳戶都看作是一個家庭，而每個家庭人數以標準的 3 口計算，中國 13 億人口，可分為 4.3 億個家庭；其中的 20%——也就是不到 9000 萬個家庭——擁有國內 27.51 萬億居民儲蓄存款中的 14 萬多億，戶均將近 15 萬元。若對比經濟發達地區和不發達地區的比例，其中約有 1/3～1/2 可歸入所謂的『中產階級』，則中國中產階級的人數到不了 1 億人，最多也就是 1 億。」由這些資料認定：當前中國中產階級人數超過 2 億人的這一說法站不住腳。人們不得不懷疑這是不是國內經濟學家為仰仗官僚階層臉色而鼓吹出來的一套精彩理論。我為何要這樣認為？道理只一個：因為我們這個社會需要一批像「中產階級」一樣的群體，他們是這個社會的穩定劑，去不安的粘合物，當其數量達到一定的比例時，整個社會的基本框架和秩序也就相應穩定下來。他們從根子上要求祥和、平安。社會主流價值與現存秩序就是他們傾情不變的認同感，他們就是這個社會秩序的既得利益者，繪製了一張和諧的臉譜。

然而我要說：這不可能！不是數量上的不可能，而是制度下的不可能。在中國，沒有「中產階級」的生存土壤和活動空間。這是由於中國的社會特性所決定。中國是個大國，一黨專政的大國。黨掌控經濟大脈，黨光芒萬丈、包羅萬象。那麼「中產階級」是指什麼？在國外，「中產階級」代表著在經濟上有著舉足輕重利益關係的集團。他們可以為某一政黨競選搞資助，但從不依附於政黨的領導。就是說，「中產階級」代表從來就是按市場規則辦事，不看任何黨派或任何政府領導人的臉色辦事。這不是勢力對抗！在中國，意識形態決定一切，任何小小的分歧都可能被視作為意識形態裏的一種對抗表現。既然能與執政黨相抗衡的階層至今不曾出現，那麼又何來「中產階級」一詞？假如一定要說在中國有「中產階級」存在，那麼這個「中產階級」的

絕大多數代表應該是集中體現在中上層和上層，也就是部分高層領導幹部、部分大企業的經理老總、部分大私營企業主⋯⋯他們的特徵是：或多或少地與當地權力機構或權力階層相掛鈎。他們除了擁有一定的經濟實力外，還有一個特徵就是：能有效地保護好自己的私有財產。這種社會結構與曾經延續幾千年的封建制度又有什麼區別呢？或許，用「權貴」和「附庸階層」這類名詞比用「中產階級」一詞表現更為恰當。

　　事實上，中國社會正處在一個傳統的農耕社會逐步解體、城市建設重新定位的歷史演變中。各階層的貧富分化還在加劇。當權力與利益結合一起，很多事就攪不清了。據中國改革基金會國民經濟研究所副所長王小魯的最近調查報告顯示：全國城鎮居民收入中沒有被統計到的灰色收入總計超過 4.4 萬億（王小魯將非法收入、違規違紀收入、按照社會公認的道德觀念其合理性值得質疑的收入，及其它來源不明的收入，統稱為灰色收入）。如此，很多人怕是不敢也沒這個膽量承認自己就是所謂的「中產階級」。他們最多只能說自己是一個「中產者」，而無「階級」可言。

　　「四海變秋氣，一室難為春。」在此，我想與陸教授商榷。到 2020 年，中國還是沒有中產階級。

「嫦娥」上天，土地稅死死緊跟

　　「嫦娥」上天，與我下面要說的「土地使用稅」徵收一事本沒有什麼關聯，風馬牛不相及。「嫦娥」上天關係到國人之形象，「土地使用稅」徵收同樣也關係到國民之生計。

　　11 月 30 日，《新聞晨報》在頭版登出一文：〈個人住房出租需繳土地使用稅〉。文章大意是說：根據〈上海市城鎮土地使用稅實施規定〉，自今年年初至年底，本市開始按照新的標準對使用土地的單位和個人徵收城鎮土地使用稅。如何徵收？文章舉例說，如果你在市區高郵路出租一套 120 平方米的公寓房，每月收到租金 5000 元，全年 6 萬元。那麼全年你得交營業稅、房產稅、個人所得稅計 8830 元。除此之外，你還得交新制定的 3600 元土地稅（稅負增加 40%）。但如果你是將次地段的涼城路上一套也是 120 平方米的商品房出租掉，每月收到 2500 元，年租金為 3 萬。那麼你得交營業稅、房產稅、個人所得稅共 4010 元。另外要交的就是這土地使用稅 1440 元（稅負增加 36%）。文章一再強調，此次徵收，目的明確。自住房免交，即使空置，也不予考慮。但空置房一經出租，必須主動納稅。凡有意逃稅者，輕者罰款，情節嚴重者刑事處置。

　　我們知道，納稅，是每一個公民應盡的光榮義務。這個「光榮」打我們小時候時就牢牢印刻在心裏。為這份「光榮」，我們曾經熱血沸騰、夜不成眠，我們付出了我們應該付出的那一切。在世人面前，中國人驕傲的資本又在哪裏呢？根據 2005 年《福布斯》發布的「全球2005 稅務負擔指數報告」資料披露，中國人很光榮地被列入全球第 2 位（這資料國內報紙都曾公開刊登過）。就是說，在中國，人均稅務負

擔率排名為全球第 2。瞧瞧！多麼神聖的資料，我們有什麼理由不光榮？就像前陣子報紙媒體所說：「『嫦娥』奔月，海外華僑抬起高昂的頭，神采飛揚。」

我們來探討一下這「土地稅」徵收是否合情合理。作為一個擁有不動產的業主，手中有房空置不上稅，一出租就變了性質。出租房屋者一旦有額外租金收入，就必須分一部分給政府（國家）。政府拿著你納上來的錢再為「光榮」的你或你的「光榮子孫」造福。所謂稅收「取之於民，用之於民」說的就是這個道理。也就是說，政府不會白拿你的錢，有關部門至少會關注你房子整體結構的安全性和法律上的合法性。對於手頭擁有幾套甚至是十幾套房屋可以用來出租的人來說，讓他們上營業稅、房產稅、個人所得稅、土地使用稅，等等名目繁多的稅，或許一點不過分。因為他們有著穩定的額內額外收入，根本不用擔心一朝醒來支付不起這點稅捐。但是，對於一般收入家庭來說，如果他們出於為籌集孩子上大學經費或為孩子讀書來回方便；抑或為了自己防病養老，甘願將自己居住的市中心大房出租掉，轉而暫時借宿於雙老家，或借租於更小面積、地段更差的房屋，他們所得可憐收入是否也要被政府部門剝去一層皮？

政府下條文規定：「凡有意逃稅者，輕者罰款，情節嚴重者刑事處置。」我們知道，憲政的起點有二個基本條件：拿英國來說，政府不能亂抓人，抓人判刑坐牢要有正當程序。法國也是一樣，政府徵稅必須得到納稅人認同（即「三級會議」）兩者不同分。英法國家同時包含兩者，重點不同。刑法與稅法都是政府剝奪人民自由與財產的負面法律，又是政府必要的惡之存在基礎。

在此，人們對政府有所授權（對政府授權也有限制，不能把所有的權力授權給政府）。所以，稅與法的產生都必須經國會同意才可施行。對有意不交稅者刑事起訴和判刑坐牢則由獨立的陪審團或獨立的司法機構作出裁決。

在我國，一個稅從醞釀到制定實施，能夠經過人大討論的很少，大多數是經過國家財政部以及稅務總局的口子出台的，是從他們利益角度出發，由他們說著算。百姓只有交稅權利而沒有探討此稅是否合理的許可權。權益分離，非一日之寒。再比如，昨天，國內各大報紙披露了一年強制執行下來的「交強險」財務報告。據稱：全國業務年度內已終止保單的保費收入數共 227 億，其間用於事故理賠數支出為 139 億，用於各種經營費用支出數為 141 億。經營費用支出數居然會比事故理賠數多出 2 個億。作為一個被強制買「交強險」的駕駛員不禁要問：我們出上千元，投保的就是這種被打折變形的、而且水分超過理賠成本一半的險？全國車主們一一被強收「交強險」卻沒有一丁兒的權利過問這 141 億是如何被有關人員瀟灑用掉的？每一分錢是不是用在合理之處？其中有沒有漏洞？還有，審計此帳冊的普華永道諮詢公司是不是可以假設讓全國納稅車主們選派的代表共同參與審計？

我想，作為一個公民，納稅，則是這個公民應盡的義務，我們願意一輩子遵守，做和諧社會的好公民。但是，瞭解每一分所交納的錢都用在哪裏，同樣也是這個公民應該享有的權利，並且這種權利應該受到法律的保護。缺少「權利」支撐的「義務」，早晚會被納稅人吐棄；也早晚會走上壽終正寢之路。

「神七」高升，民生赤腳難跟

　　航天部宣布，今年下半年「神舟七號」將升空。「神舟七號」如期升空將意味著中國人在宇航領域向前又邁了一大步。聞此消息，海外華人群情振奮，宇航領域終於有中國人一席說話之地了。

　　是的！我們圓宇航夢了！我們圓科技夢了！在「神舟七號」即將燦爛升空的當口，全世界華人會露出一把笑顏逐開之容。然而，在中國宇航科技事業以日新月異速度發展的今天，我卻發現政府在事關民生方面的關注與投入顯然力不從心、舉措失當。那邊，海外華人在亢奮，中國人在宇航領域可以揚眉吐氣了。這邊，城裏很多低收入的人群麻木，不關心「神舟七號」升空。他們之中很大一部分人，正在為一張床能放進屬於自己的住房；為尋找一份稱心如意而不是違心出賣勞動力的工作；為能無所顧慮地走進醫院看病；為種種叫著「生計」的日子，正在日夜奔波煩惱。他們是這個繁華社會下默不做聲的低收入人群，靠低保生活，他們的名字叫「4050」。

　　記得上世紀八十年代，美國總統雷根搞了一個《星球大戰》計畫。前蘇聯不甘示弱，也大量投入軍備費用。為此，兩國進行長達幾十年的軍備開支大拼比。最終，以前蘇聯體制瓦解而宣告冷戰結束。冷戰時期，人人都知道，蘇聯可以讓衛星上天，但超市貨架上的商品奇缺，連女人買衛生巾也要排隊，憑計畫供應。而美國就是有這個實力挑戰蘇聯，衛星一個個上天，阿波羅登月計畫圓滿完成，美國百姓的民生絕對沒受到軍備超支而影響，日子照樣過得有滋有味。

　　軍事大發展，民生不影響。民生是什麼？我認為：民生可分大民生與小民生。大民生是廣義的，比如安全生產、環境污染與保護、生

　　態資源合理利用，這些都是屬於大概念下的大民生問題。又比如，某些人下崗了；某些人看病沒錢被醫院一腳踢出大門；某些人的孩子上大學沒錢只能放棄，這些都是屬於狹義概念下小民生。小民生看似微不足道，不足掛齒，但問題不解決，大民生就難以真正到位。

　　「神舟七號」升空，與民生沒直接關聯，但它卻直接證明了目前中國經濟正在高速成長。這與現在的政府提倡唯經濟建設中心論的理念是相匹配的。然而，我要說：經濟越是超快發展，在其「中心論」下，那些被淡化和掩蓋的諸多社會矛盾，以及集團與個人之間的大小利益衝突，會相繼水落石出。前者，反映出政府部門在行使權力時表現出缺位或越位現象。後者，社會治安波動、法規難以落實到位、民眾不滿情緒難以調和，種種這些不協調的現象會一一呈現出來。照理，經濟繁榮上去了，民眾日子會好過了，為何還會有各種群發事件發生？

　　仁者見仁，智者見智。在中國經濟強勢增長的背後，卻孕育著五花八門的社會問題。這些問題的沉澱，逐漸導致社會成本抬高，並且居高不下。我們確實看到了經濟高速成長帶來的稅收和財政高倍遞增，但國家還是沒有更多的錢投入到民生上，也就是社會福利保障方面。政府新近推行的〈勞動法〉就是一例。本應由國家作為主要出資方來促成全民社會福利保障工作完善的事，現在卻不得不需要靠商業性的社會保險來取代。於是這樣，社會福利的負擔在無形中轉嫁給了企業和勞動者。其結果是：勞動者在福利方面並沒多少實際受益增加，倒使不少小企業老闆步履艱難、負重增加。這與西方國家先保障民生福利事業，再圖謀發展經濟，以人為本，不同的經濟理念。

　　說了「4050」群體，再說打工仔妹。中國經濟繁榮表現在沿海城市，內地城市建設還是相當落後。沿海地區的城市經濟繁榮又是建立在內地大量湧入到城市裏來的廉價勞動力上。這是一支龐大的、見首不見尾的盲流隊伍。這支隊伍走南闖北，在一次次犧牲自己福利保障的前提下，讓沿海地區一座座城市燈火輝煌、絢麗多姿。他們錯失向這座城市索取社會福利保障的法規，也沒分享到城裏某些人所津津樂

道的福利保障好處，便又轉戰下一座城市了。他們對生活所表現出來的欲望很低；他們租最簡陋的房，吃最沒營養的菜。男人們抽最便宜的煙，穿最土的衣服。女人們也是不要打扮；不要化妝品。他們騎著破舊的自行車，穿梭於車水馬龍的大街，卻還要擔心被交警攔下罰款；他們在燈紅酒綠的 K 房門口飄過，沒敢回頭張望一下，怕是被人誤為偷車賊。一個打工仔在城裏犯罪，一百個打工仔背黑鍋。一個打工妹賣淫，一百個打工妹被疑為髮廊妹面孔。世道的公平秤，指東指西，就是獨獨不指向他們。他們沒有性格；沒有脾氣，他們只有影子。這影子在每一個清晨或夜晚，游離於城市邊緣邊地帶。城市每一道亮麗風景線的誕生都與他們無關。沒人知道他們從哪裏來，明天又要去哪裏。

　　城裏人根本不注意這些，城裏人只注意到市容市政每天在變，GDP指數也在不斷被刷新。城裏人就是沒想到，這是以數以千萬計的打工者放棄自己福利保障換來的代價。城裏人的眼睛只注意到媒體報導說，中國又有一顆衛星將要燦爛升空，卻一丁點兒也沒聽到窗外，那個來自與社會福利保障脫鉤的列車上所發出的喃喃呻吟。城裏人精明、不傻，城裏人明哲保身，知道如果對此有疑義，想提出制衡的新看法，都將被視作不和諧的聲音，或被標上「惡意代碼」的駭客病毒標籤，無情格式化，落得一個破壞和諧名聲。

　　以勢壓人，以權為點石成金之法術。消除異聲，彷彿一言會危邦；一鳴會影響經濟計畫。在這樣的城裏經濟發展框架下，受益的必然是少數人。領導班子搞「一肩挑」更有響亮理由了。當權力的倒金字塔結構現象；當倒金字塔結構所產生的利益關係存在，社會最大的不穩定因素釀生了；黨民對立、民與政對立的情緒跟著被放大。權力交易、權色交易，應權而生。被世人厚望的輿論監督，於一夜之後變成了小娘養的胚胎。

　　君不見，當社會矛盾不斷上升，群發事件的衝突屢屢出現，地方政府領導想用 GDP 增長來沖淡社會危機，施予一些民生小投入，這可

是杯水車薪的努力呵！我想，在高危經濟運行的背後，社會代價勢必會埋伏得越多，而新的社會矛盾和新的衝突，又將會以另一張臉呈現。如此的如此，我們這個社會豈不是步入惡性循環之中？

「神舟七號」要升空，國人將高興。我們高興，我們宇航了！我們國際了！那個被溫總理牽掛的民生是否跟著上去了？人走了會留下一座墓，一個時代若是離去，肯建一座博物館嗎？四季更換，歲月流變，人生會變老。那麼民生呢？民生會變老嗎？但記得：「每年有多少書籍，剛一出版就被遺忘；多少電影，還沒公映就轉到電視的某個頻道去了；多少言語，還沒說出口就被遮罩；多少小攤小販，走著走著就不見了；多少夜市，燈一亮就成了聊齋；多少鄰居，還記不住名字，就被拆了；多少平民，還沒來得及喊一聲，就變成了窮人；多少人去了，錢還沒掙夠；多少人走了，錢還沒花完。」

文章到此，我想說：「升空吧！法國學者拉羅什福科說得好：『我們決非我們現在所以為的那樣不幸，也決非我們曾經希望的那樣幸福。』阿門！」

在「中國億萬富豪人數排名世界第二」背後

　　近日，《羊城晚報》援引了記者報導：2007「中國500富豪榜中榜」前日在香港發布，500名上榜富豪身家總數高達43426億元。富豪人數的驚人增長，被認為是中國股市和樓市高速增長的「功勞」。中國已經成為億萬富豪人數排名第二的國家，僅次於美國。哇！千萬富翁竟有44萬人之多，這是多麼大快人心的好事呵！雖然「中國500富豪榜中榜」涵蓋了兩岸四地的富豪，其中包括內地、台灣、香港、澳門，但不管怎麼說，內地還是占了相當大的比例數。

　　俗話說：山有多高，穀就有多深。富人越多，窮人所占的比例數也就越是呈直線上升的狀態。雖然窮人之窮與富人沒直接關係，但富人之財富快速凝聚，卻是與窮人利益一再喪失有關。大家知道，腦袋決定口袋，權益又影響和改變著一個人的腦袋。就是說：富人之所以能快速致富，往往與他身處的職業與工作環境分不開。中國社會無比堅強的壟斷資本和集團資本的精心運作，無疑讓一部分人很快發家致富起來。商人要的是利，政府部門要的是名。兩者聯姻，商人在致富大道上奔得更歡；同時有了更可靠的利潤保證。而政府部門的大人則在商人們頌誦的GDP高歌猛進下，也有了更廣闊的官運通道。

　　然而，富人再多，窮人無法脫貧還是不爭的事實。根據國家統計局統計，目前中國還有1億多的窮困人口，這些人口包括：農村中生活在年人均收入668元以下的貧困人口2610萬人；農村中生活

在 668 元以上到 924 元以下的低收入貧困人口近 5000 萬人；以及城市中 2000 多萬需要政府給予最低保障補貼的人口等。如果按照世界銀行以人均每日消費 1 美元的標準估計，中國的貧困人口為 1.6 億，該數字要高於官方公布的統計數字。(資料見《中國社會導刊》2006 年 3 月上)

幾十萬個的千萬富翁如雨後春筍般地勝出與有著 1.6 億的貧困人群共存於中國社會，這是一個很鮮明的落差對照。當然，對照的焦點不在於富人太富、太多，而在於窮人太窮。窮人太窮，生活必然得不到保障，而得不到保障的生活勢必會給這個社會埋下隱患。諸多可預見或不可預見的社會矛盾會在火山口出現。貧富快速分化的過程正是印證窮人們對「公正」的失望和富人們對「公正」譏笑的寫真過程。

窮人本不是天生的窮人。對於城市中那 2000 多萬需要政府給予最低保障補貼的人口來說，也許改革讓他們走上了另一條道。眾所周知，由於改革的不到位，以及改革中出現的種種腐敗現象，讓一部分人確實富了起來，但同時也有一部分人卻窮了下去，這是不可迴避的事實。「透明國際」組織曾推出《2005 年全球腐敗排行榜》，該榜顯示，冰島最廉潔，乍得最腐敗。美國排在第 17，日本 21，中國則排在 78 位元(資料來源同上)。腐敗，讓少數官員得到了源源不斷的「黑色收入」，平添了不少未被統計的千萬富翁。

現在，「2007 中國 500 富豪榜」出爐，我們可以看作是一個長鳴警鐘。因為我們在張揚富人暴富同時，卻把窮人如何淪落窮之路的問題給忽略了。綜觀中國近百年的經濟發展史，革命也好，改革也好，所有的革新理論都只是宣導「富國強民」，卻沒從制度上去思考那些屬於價值體系的根本問題。即：從來沒清算過那些已經過時陳舊的社會制度體系。這正是窮人數量不斷遞增而不是縮小的原因之一。一句話：社會 GDP 指數上去了，個人口袋裏的收益如果不見明顯好轉，那麼就不能說窮人的數量因此在減少，你還是一個窮人。

　　富人本不姓「富」，卻一天天地富了起來。窮人也本不姓「窮」，卻偏偏世襲了上一輩人的窮相。世道有點不公平，可命運就是這樣──喜歡捉弄沒錢的窮人。讓富人更富，窮人更窮。

　　「Oh my god!」

心平氣和說奧運之後中國時代

　　2008 年 8 月 8 日晚 8 時，第 29 屆奧運會開幕式典禮在北京「鳥巢」隆重進行。傾國力、耗鉅資，歷經七年春秋苦心打造的奧運會場館、及相關建築；還有開幕會上充滿濃烈東方文化韻味的藝術表演，以及爭奇鬥豔的煙火，讓全世界關注奧運的人們驚詫地看到一個絢麗多彩的北京之夜。此時，中國向全世界宣告：北京在崛起、中國在崛起。奧運會之後，中國經濟會邁出怎樣一個步伐呢？會不會如願以償出現輕歌曼舞、繁榮似錦的蒸蒸日上時代？對此，媒體記者和官人們的回答是肯定的，他們引以為榮地評價說：在亞洲，日本舉辦奧運會，日本經濟從此走上騰飛之路；韓國舉辦奧運會，韓國經濟出現非同尋常的大轉折，一躍成為亞洲四小龍；三星、現代、大宇公司更是幸運地擠進世界強企之列。中國舉辦奧運會，中國經濟也一定會突飛猛進、繁榮昌盛，人民過上好日子。

　　自 1984 年美國舉辦洛杉磯奧運會，扭轉乾坤地出現盈利，之後各屆奧運會主辦國都能成功地做到收入大於支出。中國舉辦這屆奧運會會盈利嗎？答案是模糊的：「不考慮！」中國是社會主義體制國家，光芒燦爛的社會主義體制國家注重的是形象、榮譽、完美。為追求形象的完美無缺，政府可以不惜一切代價來爭取（前蘇聯舉辦莫斯科奧運會就是典型一例）。社會主義國家領導人始終堅信：奧運就是政治昇華，支持奧運、參與奧運，就是愛國主義精神大體現。為何奧運火炬在國內如此巨大規模傳遞，成為奧運史上火炬傳遞的史無前例，就是一個明證。伴隨奧運而來的是愛國主義旗幟高高飄揚。全國各地，「中

國加油」的呼聲此起彼伏，民族情懷被淋漓盡致地放大，演繹成一曲歌頌祖國美麗的旋律。

在全國 8.42 億人同時通過 TV 收看奧運開幕式、普天同慶、歡聲雷動、共染愛國主義風采的當下，我想心平氣和地說：圓奧運之夢，確實是中國人百年來的最大渴求，但它不能改變這樣一個事實：改革近三十年來出現的舉步艱難現狀；不能控制富人與窮人、城市與農村、沿海與內地之間的懸殊差別；也不能根治特權部門衍生的腐敗，及由此引發的黨民對立、公信喪失、信任危機現象。再有，在 GDP 指數高增長背後，各集團為自家利益而高度壟斷行業、國有資產在企業轉制中嚴重流失、上市公司老總鑽證券制度不規範之空檔，辭職拋售股票套現，讓不知情的股民承擔風險，等等，諸如此類的問題決不是靠舉辦一場奧運會所能改變的。農村還是那個落後農村，中國還是置身於發達國家名單之外。

身為有著中國「最光榮」美譽的自覺納稅人，舉辦這場耗資巨大奧運會，中央財政到底撥了多少款，我們無權知道，政府也不會對外公布。我們只能從電視和報紙媒體上有限得知，為保奧運，部隊出動了 3.4 萬兵力，來自全國的「青年志願者」更是不計其數。外省市連接北京城的公路通道設置了三道防線，90 億人民幣買來的高精密防恐檢測儀 24 小時工作，架起一道真正的銅牆鐵壁。全國各地，例如上海，也毫不例外。地鐵、公車、娛樂場所等所有需要安裝監控攝像頭的地方都不遺餘力地安裝了（與草木皆兵無關）。監控，黑匣子儲存，需要配備專門的影像處理人員。為保證公車輛夜間停泊在停車場，其車上八千元一套的監控設備不被竊賊盜走，公交部門還需增設充足的值班人員。大量人力、物力、財力投入，只為「保奧運、促和諧。」

代價很大，大代價換來圓夢，圓夢之後我們還是要回到平靜的生活中去。我們的學術理論交流還是會有禁區；學術虛偽、造假、根據領導指示闡述學術觀點的現象還會存在；我們在網路平台上開博客撰寫文章還是做不到暢所欲言，網站編輯因把關不嚴引發整個網站被整

頓罰款的事例依然會出現；媒體記者在突發事件中想要表示自己觀點還是阻力重重。為保「和諧」；為統一思想；一切不同的聲音調子、不同的思想觀點、不同的文字理論，還是不被社會認可和接受。如同你可以對北京奧運會保持沉默，但你不可以說「NO！」奧運了，天還是那個天，地還是那地。你不要以為你有爭鳴的權利，「百花爭放、百家爭鳴」那是戰國春秋時代留下的美麗典故，今天這個社會注重大統一格局，要求做到：百花要講紀律性統一綻放；百家要在馬列理論指導下統一口徑。一個主義、一個政黨、一個領袖，這是所有社會主義國家自建立起就形成的特性，不會因為開了一場奧運會就會改變。

循名而責實。奧運過後，是中國人的轉折之年。人們既然分享了由奧運帶來的成就感，那麼明天就應該接受市場不景氣的考驗；還有新一輪通貨膨脹、失業率居高不下、小企業生存困難，步於倒閉邊緣考驗。如果說奧運之後，中國經濟會像當年的日本、韓國一樣日新月異，那是一種不負責任、自欺欺人的說法。畢竟我們砸下去那麼多的錢，需要幾年、十幾年時間慢慢待攤、消化；更需要十幾億中國人共同來擔當。

第八輯
民主之浪
——我的追求

1989 年，民主在此拐彎

晚，燈下讀閒書，讀「華東人民出版社」於 1953 年出版的《歐洲的人民民主國家》一書。該書「序言」寫道：「在歐洲，現在有七個人民民主國家：波蘭人民共和國、捷克斯洛伐克共和國、羅馬尼亞人民共和國、匈牙利人民共和國、保加利亞人民共和國、阿爾巴尼亞人民共和國、德意志民主共和國。這七個國家，是我們的兄弟國家。它們和中國有著牢不可破的友好關係。」

薄薄一冊小書，始終無法滿足我的好奇。我又找出一本由「世界知識出版社」於 1991 年出版的《東歐巨變與歐洲重建》一書。同樣是小冊子，這本冊子所講內容與上面那本書截然不同。此書「自序」寫道：「這本書寫的是 1989 年和 1990 年的歐洲；主要想說明兩點情況：第一，歐洲的東部地區發生了劇烈的變化，戰後雅爾達格局徹底瓦解，從此歐洲進入了一個新的歷史時期；第二，『歐洲統一』只是一個遙遠的、甚至是烏托邦式的理想；現實是本已存在的發展不平衡的四個『板塊』的格局取代以社會制度和意識形態劃分的『一分為二』格局。」關心國事的人都知道，1989 年和 1990 年，是東歐人民民主國家的民主拐彎年，也是戰後雅爾達體系徹底終結之年。在這裏我按上面順序說說這七個國家情況變化：

1、波蘭人民共和國，它由「波蘭統一工人黨」領導和執政，它的最大反對黨「波蘭獨立團結工會」一直被政府指認為是「非法組織」。1989 年五一勞動節，「波蘭獨立團結工會」組織 20 萬人大遊行。9 月 12 日，新政府成立，「波蘭獨立團結工會」代表占了多數席位。12 月 29 日，改國名為：「波蘭共和國」。1990 年 11 月，「波

蘭獨立團結工會」主席瓦文薩在選舉中獲勝，當選為總統。由黨
中央第一書記雅魯澤爾斯基領導的「波蘭統一工人黨」退出執政
幾十年的政治舞台，成為在野黨。波蘭新政府所做的第一件事就
是加入「歐共體」，實現了國家性質上的根本轉變。（這位波蘭共
產黨最後一位領導人因在 1981 年實行軍事管制而受到軍事犯罪
指控。指控他的是波蘭國家回憶研究所。）

2、捷克斯洛伐克共和國，一直由捷克共產黨執政。1989 年 11 月 17
日，布拉格大學生舉行集會，紀念德國法西斯殺害大學生 50 周
年。會後舉行 10 天遊行，要求現任總書記雅克什下台。一個星期
之後，捷共中央主席團和書記處全體辭職。12 月初，全國繼續爆
發大規模的遊行。新上任的捷共領導人應民意要求，同意取消憲
法中關於黨的領導地位和必須用馬列主義理論對每個公民進行政
治義務教育的條款。1990 年 3 月 29 日，原「捷克斯洛伐克社會
主義共和國」國名改為：「捷克斯洛伐克聯邦共和國」，翌月，又
改為：「捷克和斯洛伐克聯邦共和國」。原捷共最高領導人胡薩克、
雅克什因當年支持蘇軍入侵捷克斯洛伐克共和國而被開除出黨，
受到法律追究。

3、羅馬尼亞人民共和國，由羅馬尼亞共產黨執政。1989 年 12 月 16
日，羅西部城市爆發示威遊行。22 日，示威遊行遍及全國。軍隊
倒戈，當晚，羅共總書記齊奧塞斯庫夫婦被捕，數天後被處決。「救
國陣線委員會」成立，取消一黨專制建立多黨制。舉行「自由選
舉」，實行三權分立制度，將「羅馬尼亞社會主義共和國」改為「羅
馬尼亞」。1990 年 5 月，羅馬尼亞舉行大選，「救國陣線委員會」
主席當選為總統，羅共徹底退出政治舞台。

4、匈牙利人民共和國，由匈牙利勞動人民黨領導，後變為「匈牙利
社會主義工人黨」。1989 年 3 月，該黨領導人發表講話，宣稱政
治與經濟改革的到來，並實行自由選舉，建立多黨制。6 月，修
改憲法，增加一條：「匈牙利共和國是獨立、民主的法制國家，在

這個國家中，資產階級民主和民主社會主義的價值觀都可以實現。」10月，「匈牙利社會主義工人黨」改名為「匈牙利社會黨」（後又改名為「匈牙利社會民主黨」）。10月18日，改國名為「匈牙利共和國」，首次舉行全民投票，選舉新總統。反對黨「民主論壇」占多數席位，獲得勝利。原「匈牙利社會主義工人黨」雖然宣導改革，但因沒達到 4%的票數，未能進入國會，在政治舞台上揚威不起來，被它的人民拋棄。

5、保加利亞人民共和國，由於東歐國家巨變，影響保加利亞。保加利亞共產黨中央總書記日夫科夫於 1989 年 11 月辭職。翌月，保共召開會議，討論關於取消憲法中有關保共的絕對領導統治條款，建議舉行「自由選舉」。之後，「保加利亞人民共和國」改名為「保加利亞共和國」。當新成立的聯合政府內，民主力量佔優勢時，「保加利亞社會黨」（原「保加利亞共產黨」）漸漸失去了控制權和發言權。總書記日夫科夫後被開除黨籍，送上法庭，遭到逮捕和監禁。幾個月之後，他獲釋，長期軟禁在家。

6、阿爾巴尼亞人民共和國，這個曾經號稱是與中國人民有著牢不可破友誼的國家，在上世紀七十年代末與中國關係徹底惡化了。1978年 7 月 7 日，中國外交部照會阿爾巴尼亞駐華大使，說：自 1954年以來，中國政府向阿爾巴尼亞提供了大量的軍事和經濟援助，先後派出 6000 多名專家到場。然而，1976 年 11 月，阿爾巴尼亞勞動黨在召開第七次全國黨代表大會時，黨中央領導人居然在會上公開攻擊中國共產黨及其黨的領袖毛澤東主席，認為中國變修了，迫害中國專家團。為此中國政府決定停止對阿爾巴尼亞的一切經濟援助。

7、德意志民主共和國，由「德國統一社會黨」領導。1989 年 9 月，大量東德市民取道鄰國進入西德。10 月，多個城市爆發聲勢浩大的遊行，要求「自由選舉」。當月，總書記昂納克辭職。翌月，柏林牆被推倒，「德國統一社會黨」（後改為「德國民主社會主義黨」）

在選舉中落敗，輸給反對黨。1990 年 6 月 13 日，民德政府開始
拆除全部柏林牆。1990 年 10 月 3 日兩德實現統一，標誌著第二
次世界大戰後，歐洲以德國分裂為基礎、蘇美分治為特徵的「雅
爾達格局」徹底完結。「德國統一社會黨」終於結束了它最後的使
命。（東德政權結束後，總書記昂納克又重新開始四處漂泊生涯。
先是被拘禁，獲釋後輾轉各地，繼而逃亡莫斯科。接著又被以「屠
殺罪」遣送回國，再度拘禁，直至最後獲准亡命智利。）

比較上面這兩本跨越近四五十年歷史的東歐人民民主國家的介紹
書，我們不僅產生一個疑問。為什麼這些宣稱是最體現人民民主的國
家會在一夜之間改變社會性質，並迫不急待地去掉國名中「人民」這
兩個字眼？難道這些國家的掌權者不需要人民力量？不相信人民會愛
國了？還有，為什麼那些執政黨苦心執政幾十年，在翻天覆地巨變的
潮流下被它的人民徹底拋棄，不得不黯然退出政治舞台？而作為黨的
最高領導人甚至逃不脫法律的制裁？這又是為什麼？

要解開這個迷團，首先必須瞭解什麼叫「人民」？什麼叫「國家」？
什麼又叫「愛國」？歲月逝去四五十年，這些自稱是代表「人民民主」
的執政黨，最終掩藏不住統治的真相，露出它本質上代表專制的面目。
它的人民也終於理解「民主」的真正含義，果斷地發出自己的心聲。
人民民主國家，人民應該在前，國家在後。人民是主體，國家是客體。
代表政府的執政黨應該是主客體之間的工具，它為主體服務，又服務
於客體。人民像珠寶，國家應該是珠寶盒。有人民的民主與自由，才
會有國家的祥和與社會的和諧。政府應該是代表人民，傳遞民生民意
的一個可靠和真實的傳聲筒，而不是人民頭上放射光環的神。神聖不
可玷辱的應該是人民最基本的人權法則，而不是所謂代表國家利益的
黨的光芒思想。人民有行使代表國家的發言權和選擇權，而不是以（一
個）政黨的存亡來體現國家的存亡。

民主即民治，而不是黨治。然而，東歐這些國家，代表政府的執
政黨無一例外地參照前蘇聯的模式對它的人民進行統治。這種統治從

思想方式到生活方式，無所不包，無所不達。因為統治的需求，全國上下被灌輸一種理論：沒有國家的幸福，哪來人民的幸福？不要問國家給你帶來什麼，而要問你能給國家貢獻什麼？這種「國家至上，人民至下」的理念被冠以「愛國主義」之名加以精美包裝起來。無論是最幼小的和最年長的人都必須接受這種理念的神聖洗禮。這就是東歐國家個體與國家職能本末倒置的表現，這種表現恰恰是黑暗時代的淋漓寫真。它肆無忌憚地剝奪了作為人民一分子的人的尊嚴；也不折不扣地吞噬了人民對自由的嚮往；更是對「人民民主」最大的曲解。在這種狂熱理念的誤導下，「愛國主義」成為一面美麗而又激動人心的旗幟，它光彩奪目，鼓舞一代又一代年輕人前仆後繼地衝鋒陷陣，至死不悔。政府本是代表國家的工具和手段，應該是最大可能地保護它的人民；竭力維護人民的利益。現在可好，政府居然成了必須由人民保駕護航的主人；成了必須堅決捍衛的神。人民淪為聽話的工具，訓練有素的服務生。人民淪為服務生和信徒還不夠，還得交出發言權和選舉權，否則就是對國家最大的不忠。國家是否安定吉祥，在於人民接受了來自於執政黨的多少思想啟蒙和理論指導。黨的思想一旦枯竭，那就意味著人民失去了指南針，找不到通往小康之路的方向。

於是，對每個自由人而言，國家不成為自由人的聚合地了，而是成為超越自由人之上、不可褻瀆的寶劍（武器）。由工具上升為鎮壓武器，可想而知，執政黨是如何精心完成它的世紀傑作的。而國家，就像大海上航行的一條大船，執政黨成功地劫持了這條船，朝著黨的利益方向駛去。在強大的輿論工具操縱下，黨變得極其偉大，成為給全國人民帶來種種恩惠和幸福的大救星；也不自不覺地成為只受供奉和崇拜、不受監察和監督的神靈牌。這些東歐國家的青年人做夢也沒想到，四五十年之後，這最最神聖的「愛國」兩個字在光天化日下居然露出另一種面目，成為最最骯髒的字眼。是的！幾十年來，人們對「愛國」的想像和概念是多麼神聖。人生種種歡樂與痛苦的感覺都與這字眼分不開，攪和在一起。如今，當年這些東歐國家的青年人都成為老

年人了。坐在窗台下，他們不可避免地會陷入沉思中，反思「人民民主國家」為何沒有帶來信仰自由，反倒失去種種民主，人民不但成為執政黨制度試驗的犧牲品；還要飽受生活的種種磨難。無論是心靈上還是新的認知上，他們都無法接受這一事實。他們憤慨，一種被愚弄、被出賣的感覺油然而生。除了憤慨，他們還要求選舉產生的新政府對原執政黨領導人追究歷史之責，以清算執政黨違民意而孤行、並將人民賦予黨的權力私有化的種種罪行。

這就是歷史！這就是東歐國家舊民主制度倒塌，新民主社會誕生的轉折之年。

後語：

寫這種評論文章看似簡單，其實很累。老實說，要站在歷史高度分析東歐國家為何會出現巨變，這對於一個平時喜歡寫隨筆和雜感的我來說，確實是一件難事。曾有多人問我，你是作家嗎？NO！我是一個商人——一個在商海中曾面臨破產邊緣而又起死回生的商人。寫博，是我的業餘愛好；也是我的精神寄託。生意要做，文章也要寫，這是我的生活理念。我放棄休息、一心一意寫關於「人民民主國家」之類的文章，覺得很有必要。我不把它看作是一份工作，而是看作一個工程。畢竟民主思想建設需要幾代人的努力才能趨於完善。

如果你是一個中國人

　　如果你是一個小學生，就請拿出書包裏《學生手冊》，隨課堂老師一起高聲朗讀扉頁上那幾個大字：「熱愛黨、熱愛社會、熱愛國家。」黨就是國家，國家就是黨。幼小心靈，種子被無聲播下。在大廣播裏一遍又一遍語重心長作告誡的是校長，說：「珍惜呵！小同學們，你們進這個學校讀書權利是黨給的，長大後一定要報效祖國，不辜負黨的殷切期望。」

　　如果你是一個高中生，你要在政治課上專心領會老師對《中華人民共和國憲法》的釋義：「在我國，剝削階級作為階級已經消滅，但是階級鬥爭還將在一定範圍內長期存在，中國人民對敵視和破壞我國社會主義的國內外敵對勢力和敵對分子必須進行鬥爭。」如果你一時不解，問：「老師，什麼人叫國內敵對勢力和敵對分子？」那麼老師會慷慨陳詞回答你：「在我國現階段，作為專政對象的敵對分子，是指那些危害國家安全以及人民民主專政和社會主義制度的犯罪分子，破壞社會主義經濟制度的犯罪分子（包括破壞國有財產和勞動群眾集體所有的財產，以及破壞公民私人所有財產的犯罪分子），侵犯公民的人身權利、民主權利和其他權利的犯罪分子，以及妨害社會管理秩序的犯罪分子。」（見上海高中二年級《思想政治》課本書 P22。）如果你還是不解，又問：「那些在經濟領域出現的搞權色和權權交易的貪污腐化分子；那些占國家和集體財產為私有；那些以『政府用地』名義掠奪農民作為私有財產的土地行為；那些壓制平民上訪，言論不自由、公民應有的人身權利、民主權利和其他權利一一被無情剝奪時，這些人，這些行為是否構成犯罪？是否就是老師你所講的國內敵對分子？如果

為之之人是有權有勢者，也就是人們常說的父母官，且眾官人明知而為之，是否就是一群敵對勢力？它是否就是概括階級鬥爭範疇的一部分？」此時咋辦？

這「如果」說不通，因為高中生不會問出如此尖銳問題，大學生還差不多。如果你是一名畢業後剛找到工作的大學生，平時喜讀書思考，愛政治，擅寫時政評論文字，那麼我告訴你，做人當做俊傑。魯迅說過：「……願中國青年都擺脫冷氣，只是向上走，不必聽自暴自棄者的話。能做事的做事，能發聲的發聲。有一分熱，發一份光，就令螢光一般，也可以在黑暗裏發一點光，不必等候火炬。」(《魯迅全集》第一卷 P325。)現在火炬來了，你不能憤世嫉俗，奉旨拍馬還差不多。不然，螢光還沒發，卻被單位領導炒了魷魚。領導要的是聽話「機器」，不是網路曝光手。哪天你把單位裏事拿到互聯網上曬一曬，就死定了。縱然你有一針濺血寫博技能，愛政治或政治家有多深，那沒用。中華人民共和國成立後第一部《憲法》你去閱讀一下，上面清楚寫著：「難道不正是我們剝奪了賣國賊和反革命分子的自由，人民才有了真正的自由嗎？(見 1954 年版《憲法》P63。)」何謂「反革命分子」？翻閱歷史，你會發現：凡與領導不和；對組織有看法；對現行政府持有不同政見的人，均可成為「反革命分子」。你不想成被打倒的「反」人，你就得放棄尊嚴人格，必要時還得出賣良心。另外，思想上越單純越好，這樣准保你沒事。標準只一條：聽領導話就是革命，不聽領導話就是反革命。

如果你是一個精明的商人，最好做到兩耳不聞政治事，兩手不沾政治邊。關注民生，為民疾呼請願，那不是你商人該管的事。你的職責就是抓住身邊每一筆生意，不要讓它逃走。多為國家上交稅收，這是你光榮而又艱巨使命。你的稅上交越多說明你越愛國，至於這賦稅那賦稅是否賦重過頭，公司是否有能力承受，暫且不討論。老百姓討論溫飽與疾苦可以理解，商人談剷除腐敗，縮小貧富差別，有點狗拿耗子——瞎起哄。商人可以出錢讓娛樂媒體胡搞、惡搞，只要不指向

政治體制，什麼搞笑內容都可以使。即使把圓的說成方的，黑的說成白的，也沒關係，這叫幽默。阿商，如果你悶得慌，就去找三陪女，條件許可包個二奶，只要老婆不鬧翻，沒人會管。你可以隨心所欲摸妓女嫩白的大腿與乳房，但不可以隨心所欲碰硬邦邦的政治。即便你如玻璃一般堅硬，政治卻是你的金剛。政治不如妓女，政治是千年古墓上一朵盛開的罌粟花。

如果你是一個收入不高的窮人，有了毛病別想住院。雖然你手中有一張救命醫保卡，但沒用。醫院房位只對帶現金來看病的外地人開放。為什麼？你用醫保卡看病，醫院收不到錢。這錢原本是由行政單位在規定時間內及時劃給醫院的，但行政單位偏偏拖著就是不劃帳。醫院每天要開支，只能把持醫保卡老人拒病房門外，這就是醫院病房永遠緊張緣故。如果這不能解決問題，院長便會對每個開藥方的醫生下指標。把病人病情說得越危險越好，這樣可以名正言順多開藥、開貴藥。學問、醫德擱一邊。作為生病窮人，你指責，他們會回答：「這社會，各行各業都是這德性，憑什麼我們不可以為之？」因為沒良心，更容易賺大錢。少了紅包，寸刀難下。醫生醫生，叫你一生難忘，難忘沒錢看病是怎樣滋味。此時，你恨不得不吃五穀，吃五穀之人都要生病。

如果你是一個日子好過的富人，一年四季常能周遊世界，那麼在你回國之時請注意。國外超市門口的華文報紙可以隨便取閱，但就是不可以隨身帶回國內。海外報紙常會刊登一些中國軍事布置資料圖，這圖拿到中國來傳閱就是洩露國家機密。前幾天我們的媒體就曾報導說：主管部門將對「谷哥地球」動刀，因為「谷哥地球」洩露了中國軍事兵力布置和民事設置。有關部門視為高度機密的中國軍事資料，現在隨便什麼人通過「谷哥地球」就能輕易下載，一目了然，且解析度在 30 米以內。這還了得？一些別有用心者肯定會利用其搞破壞活動。

如果你是一個日子過得一般的市民，那就請你做個好市民，嚴守「國家機密」。這年頭屬於機密的事太多了，比如說某地發生重大傷亡

事故，或某縣發生民與官衝突「群發事件」，這些都是國家機密，不能外洩。上世紀八十年代初，北京環衛清掃工人魏京生就是沒守住口，把自己聽到的關於中國對越作戰部分情況向他人傳說而數罪並罰，獲十幾年刑。不說遠的，就說這次汶川大地震，有一四川網友問：「封鎖期間，凡持照相機者離開封鎖地時都要受到檢查。為什麼？」原因很簡單：保密。明白這就會明白為何馬英九就職演說詞在大陸屬保密，不能公開。要愛國，做有責任感的市民，就要學會體諒與理解。「理解萬歲」這口號有十幾年沒叫了。那年，不高喊「理解萬歲」就不是一個好市民。現在，我們要好好學習十七大精神，把首長的話當春風一樣入耳入腦入心。和諧社會之本就是包容一切，即便有看不慣事物，也要有一顆大肚之心。不發異聲，不讓舌頭超越你的思想，這就是中國式好市民。

如果你是一個無業人員，請不要在乎一有「群發事件」你就是「社會閒雜人員」。你要明白：文革，我們把領袖變成神是錯誤的；現在我們把來自奧林匹克的火比作是聖火是正確的。你今天沒機會工作，明天會有很多機會工作。政府給了你不少補助，要知足，知足才能常樂。中國自古就有「江海不與坎井爭其清，雷霆不與蛙蚓鬥其聲」美德。人與人之間沒有陰謀只有伎倆；只有針尖沒有麥芒。雖然性質一樣，但叫法不一。電信、煙草、石油、鐵路、航空、銀行、軍事等象徵國家命脈的行業雖然有些腐敗，壟斷還在；雖然房地產、醫療、教育等三座大山依然存在，隨時能掏空一個平民家庭一生積蓄，但是我們畢竟升空了！我們也奧運了！一個美麗大中國向全世界綻放。

想想這些，如果你是一個中國人，該是多麼幸福呵！

未來中國會是怎樣的一張臉？

1933 年元月，《東方雜誌》主編胡愈之以「新年的夢想」為專題，發起了一次「未來的中國」徵文活動。前後共有 160 個知名或不知名的人士參加。那麼 2007 年到來之際，我對未來中國有哪些暢想，它應該有怎樣一張臉呢？我淋漓地想：

1、未來中國應該是一個民主盛行、政治開明、信仰自由、富強有餘的國家。我們知道，國家要富強，必須先開民主之河。世界上凡是富強的國家，無一不是以民主建設為先。只有先民主建設，才能建設強國，民主釋放了整個民族的政治智慧和群體力量。文革中民主一次次被否定，還有對國家共識的患難及全民意志的被踐踏，進而社會淪入歷史的倒退，便是一個很好的例子。我們不能再走回頭路。談「民主」不應成為「談民色變」，畢竟「民主」不是「洪水猛獸」的代名詞。毛澤東在 1944 年與謝偉思談話中，曾經這樣說過：「我們不害怕民主的美國影響，我們歡迎它。」「我們的經驗證明，中國人民是瞭解民主和需要民主的，並不需要什麼長期體驗、教育或『訓政』。中國農民不是傻瓜，他們是聰明的，像別人一樣關心自己的權力的利益。」（見《南方都市報》2005 年 10 月 20 日。《東方早報》也在同日載文道：「推進民主政治是建設社會和諧的內在要求」。）

2、早日大舉消滅公開或不公開腐敗現象。腐敗是任何一個執政制度頹變的溫床和信號；腐敗又滋生買官賣官等許多可恨的潛規則；使百姓失去對政府的信任。消滅腐敗要從根子上著手。只有找源頭，才能化濁為清。那種頭痛治頭，腳痛醫腳的方法不管用。如

果我們的政府職能部門領導不痛改前非，讓一個領導班子，一個行政之圈、一個管理基層，繼續沾「腐」抗「腐」，以對黨的忠心耿耿及個人良心約束自己，而不是以法為戒。那就會變成：誰搞腐敗誰光榮，誰不搞腐敗誰可恥。2006 年 2 月 16 日的《中國青年報》就曾報導，安徽靈璧交警大隊就叫出這種口號，集體搞腐敗的斂財活動。2006 年 2 月 18 日的《燕趙都市報》也曾曝光廣東江門市新會區人民醫院，200 名醫護人員中有 140 人行腐敗之風。新華社北京 12 月 27 日電，中央紀委和監察部向外公布說：從 2005 年 8 月至 2006 年 10 月，全國共查處商業賄賂案件 13,376 件，占案件總數 23.4%；涉案金額為 9.68 億元，占總金額的 25.7%。其中涉及廳局級幹部 71 人，縣（處）幹部 543 人。可以這樣說，在中國大地，各行各業，腐敗顯得正常，不腐敗反而有問題了。

3、消除行業中的壟斷和特權。壟斷阻礙了中國改革的步子，壟斷使新生的以及弱勢的群體利益得不到保障。特權又加深了改革的危機。中國改革之路就差沒走進死胡同。今年 12 月 4 日的《市場報》就曾報導濟南鐵路局利用鐵路資源大搞壟斷經營，以「延伸服務」為名，一年中強收企業或個人數億元人民幣。其部分領導從中受賄案值高達數千萬元。這是「壟斷」和「特權」雙種造孽產出的結果。

4、人人講道德。百姓講道德，為官者也講道德。光講道德生活還不夠；還要講道德政治。一個沒有道德的政治是一種犯罪。一個大權在握的為官者或者一個享有巨人威望的政治家在其活動中首先應該遵循人類道德的起碼原則，因為沒有原則的法律，不道德的號召和口號對國家及其百姓來說，可能又會演繹出下一場空前未有的巨大悲難。

5、那時，每個人都有房子住，不管是大房還是小房，只要是屬於自己的窩。「窩」字看似不起眼，卻大大降低了社會犯罪率。「窩」讓一個男人從此安分守己；也讓一個女人有著做不完的美夢。美

夢成真，氣死那個曾經一鳴驚人地叫囔「我造的房子從來就是買給富人，不買給窮人」的房地產開發商老總。

6、那時，看病不用自己出錢，只要掏出一張證明自己身份的磁卡就「OK！」一切費用由政府來埋單，你只管安心養好身子。不過，醜話要說在前：你有病，與醫生預約了而不去看病，那是要扣你銀行存摺上錢的。現在的瑞典就是採用這種辦法。說到「瑞典」這個北歐小國上學讀書不但不要錢，相反政府還要補貼給你錢。你讀書到老政府就為你埋單到老。在加拿大等國家也是如此，只要讀書，政府就補貼你生活費用。我想，中國到那時，教育之路也會這樣走。山區裏那些窮娃娃都能上大學，大學校長也不再堅持說：「我的校門從來就是對貴族子弟敞開，不收窮人孩子的。」

7、那時，中國 GDP 一路直上，股市跟著萬牛齊鼎。上海股指輕鬆躍過二萬七千點，把今天的 2700 點遠遠踩在腳下。全中國的股民從此不知什麼是「被套」的滋味。揚眉吐氣，喜笑顏開。那些上市公司的老總想要做假帳，虛報業績，昧著良心再融資，狂圈股民之錢。還有證券指南之類的股評報，收取黑錢，製造並發布假消息，誘騙股民買單，這種不是人幹的壞事不會再發生。若有，那就說明上市公司老總在白日做夢。

8、那時，報紙媒體上不再出現「偷竊搶劫」、「殺人放火」、「強姦拐賣婦女」、「販毒吸毒」等字眼，所有犯罪活動與醜陋現象一一被消滅。社會治安好上加好，如同錦上添花。就是那些耐不住性欲的單身成年男人也會有「工作室」可去，這種「放鬆」行為不再與「犯罪活動」掛上鉤；也絕對不會像現在深圳領導新發明，把嫖娼與賣娼者一同拉到大街上遊行示眾。

9、那時，人們看不到「礦難」，天然氣和石油大範圍地取代了煤礦能源。空氣品質絕對提高。環境保護意識人人有之。松花江水不再受污染侵害，黃河潼關以下河段也不會被莫明其妙地漂白，河北白洋淀更是看不到成群死魚肚皮朝天叫申冤。水籠頭出來的水

碧清碧清的，不加煮沸便可直接飲用。水質好壞與國人的健康長壽非常有關。到那時，人人都能活到一百歲以上。加上醫療技術發達，沒有看不好的疾病。中國人的長壽秘訣急煞喜歡講養生哲學的日本人，他們紛紛西渡到中國來取經。

10、那時，中國的交通道路非常暢通，不像現在的北京和上海馬路，一遇上堵車，駕駛員開車一小時走了百米還不到。那時，家家有車，私家車牌照不用像現在的上海要拍賣到四萬元朝上，只要四元錢就能搞定，因為這張鐵皮的成本無論如何最多只值四元。再有，馬路上處處有泊車位，駕駛員停車不用擔心被貼「黃單」（罰單）。不像現在銀行、郵局、學校門前沒車位，人人泊車人人叫頭痛，一定要帶上一個人。警察也不用躲在暗處看見私家車停下，連忙上前照相貼單，如守株待兔。

11、那時，工人有機床可操縱，農民有田可耕，商人有做不完的生意，只有士兵最空閒。世界處於和平潮流中，人類社會突飛猛進，經濟一盤棋。國家不再成為一個統治階級鎮壓另一個統治階級工具。不像現在，工人時刻要擔心下崗、企業倒閉。農民老是擔心世世代代以耕種為生的土地被房產商與政府領導人員相勾結，廉價徵用，從此失去所有權。

12、那時，人人可以在互聯網上或公共場所暢所欲言。開言權、知情權、瀏覽權不再成為執政黨枕下的私物和心頭上壓著的石子。互聯網精彩無比，暢通無阻，不再姓「共」。「公共場所」四個字雖然有一個「共」字，但不再與其相提並論。那時，職能部門不會再動用納稅人的錢，聘請大量高手開發新一級「防火牆」，以阻擋「洪水猛獸」般的怪物到來。在互聯網上，「該網頁找不到或無法訪問」幾個黑體醒目大字不會再動不動地跳出來，老是跳出來多叫人失望和掃興呵！

13、那時，人們不會再去閱讀《社會改造原理》（英國哲學家羅素著）之類的書；不再肯定羅素在其書中說「戰爭作為一種制度」的觀

點；就連他在序言上所說「我的目的是要建立一種政治學說，它的基礎在於一種信仰」，此話一樣不再被後人追捧。後人不太熱衷於關心這種「政治學說」，因為政治與愛國是兩碼事；祖國與政府同樣也不是一碼事。如同林語堂在《中國人》一書序言所說：「他們的上帝不是我的上帝，他們的愛國主義也不是我的愛國主義。」

14、那時，生產力超乎尋常地發展，起作用的知識分子人數也超乎尋常地增長，這一切從根本上改變了社會環境。工人們擁有了專業的知識，不再是機器的附屬物。那時，沒有了階級的對抗。黨的作用已顯得不再重要，特別是意識形態不再是決定個人命運及政治立場的風向杆。整個國家成為福利下的大家庭，它只有大富人與小富人以及一般富人之分。(黑星人低估了馬克思苦心創立的學說理論，馬克思使階級鬥爭始終成為一場自覺的政治鬥爭，馬克思的名字還將更長時間地刻寫在革命者的旗幟上。)

記得方志敏在〈可愛的中國〉一文中這樣寫道：「到那時，中國的面貌將會被我們改造一新。所有貧窮和災荒，混亂和仇殺，飢餓和寒冷，疾病和瘟疫，迷信和愚昧，以及那慢性的殺滅中國民族的鴉片毒物，這些等等都是帝國主義帶給我們的可憎的贈品，將來也要隨著帝國主義的趕走而離去中國了。朋友，我相信，到那時，到處都是活躍躍的創造，到處都是日新月異的進步，歡歌將代替了悲歎，笑臉將代替了哭臉，富裕將代替了貧窮，康健將代替了疾苦，智慧將代替了愚昧，友愛將代替了仇殺，生之快樂將代替了死之悲哀，明媚的花園，將代替了淒涼的荒地！這時，我們民族就可以無愧色地立在人類的面前，而生育我們的母親，也會最美麗地裝飾起來，與世界上各位母親平等地攜手了。」

我們為何無緣知道
馬英九就職時說了什麼？

5月20日上午9時，馬英九帶著「戒慎恐懼臨深履薄」之心進入總統府，宣誓就任總統。二小時後，馬英九發表真誠的就職演說。作為海峽對岸的大陸，所有媒體都對此不作深度報導。我們無緣知道馬英九就職時說了一些什麼？對於「九二共識」和「亞洲博鼇論壇」中提出的「四個繼續」以及「建立互信、擱置爭議、求同存異、共創雙贏」這些觀點，馬英九是怎樣評價的？另外，對於四川地震，他在演說中是如何提及的，我們一無所知。

我們之所以不能知道，那是因為馬英九是以中華民國總統身分發表演說，大陸這裏只認為他是中國台灣地區新任領導人。我們自始至終不承認中華民國在國際舞台的合法地位，那麼有關馬英九就任中華民國總統發表的演說自然不合法。凡「不合法」的東西在大陸不允許有市場，均要被遮罩，限制傳播。

然而，互聯網時代到來，有種聲音單靠技術手段都是遮罩不了的。而且越是遮罩，這聲音越是傳播得快，物極必反。如此，馬英九就職時究竟說了一些什麼呢？

馬英九說：「兩岸問題最終解決的關鍵不在主權爭議，而在生活方式與核心價值。我們真誠關心大陸十三億同胞的福祉，由衷盼望中國大陸能繼續走向自由、民主與均富的大道，為兩岸關係的長遠和平發展，創造雙贏的歷史條件。……最近四川發生大地震，災情十分的慘重，台灣人民不分黨派，都表達由衷的關切，並願意提

供即時的援助，希望救災工作順利，災民安置與災區重建早日完成。」

這裏，馬英九提及的兩岸問題關鍵不在主權爭議而在於「生活方式與核心價值」根本不同。「生活方式」是指什麼我們能理解，不用解釋。那麼「核心價值」是指什麼呢？馬英九認為：「在憲政主義的原則下，人權獲得保障、法治得到貫徹、司法獨立而公正、公民社會得以蓬勃發展。台灣的民主將不會再有非法監聽、選擇性辦案、以及政治干預媒體或選務機關的現象。我們將共同努力創造一個尊重人性、崇尚理性、保障多元、和解共生的環境。我們將促進族群以及新舊移民間的和諧，宣導政黨良性競爭，並充分尊重媒體的監督與新聞自由。」

「政黨良性競爭」就是指多黨制。我們是奉行「一個政黨，一個領袖，一個主義」原則，多黨競爭，在大陸不可能實現。說白了，「核心價值」就是指意識形態的不同。比例說：就在前幾天，全國處於緊急抗震救災之時，中共中央也緊急發文，要求全國各地，各級組織，儘快加強黨員馬克思主義理論教育，使其理論系統再上一新台階。這條新聞，於當晚電視抗震救災節目之前被播放。在中國，馬克思主義理論一直是黨員們信奉的崇高信仰，也是戰勝困難險阻的有力法寶。什麼叫「核心」不同？就是由信仰與價值觀念組成「核心」根本不同。

「馬克思主義理論」核心內容就是堅持一黨領導，堅持無產階級對一切非無產階級進行全面專政。正如毛澤東主席在「中華人民共和國第一屆全國人民代表大會第一次會議開幕詞」上說：「領導我們事業的核心力量是中國共產黨，指導我們思想的理論基礎是馬克思列寧主義。」而最早提出改革開放的鄧小平，於 1979 年 3 月 30 日黨務會上發表講話，改革必須在「堅持四項基本原則」前提下進行。這「四項基本原則」就是：「必須堅持社會主義道路；必須堅持無產階級專政；必須堅持共產黨的領導；必須堅持馬列主義、毛澤東思想。」

舉以上事例，說明一個道理。我們曾經放言，只要贊同「九二共識」，一切好談。現在馬英九回應了，說：「九二共識」、「博鰲論壇」

中關於「四個繼續」，還有「建立互信、擱置爭議、求同存異、共創雙贏」這些觀點都與我方的理念相當的一致。馬英九還說：「英九願意在此誠懇的呼籲：兩岸不論在台灣海峽或國際社會，都應該和解休兵，並在國際組織及活動中相互協助、彼此尊重。兩岸人民同屬中華民族，本應各盡所能，齊頭並進，共同貢獻國際社會，而非惡性競爭、虛耗資源。」

顯然，馬英九這番話超越了大陸所言的「九二共識」範疇，或者說所提出的問題比「九二共識」更進了一步；更旗幟鮮明地指出當前兩岸應該共同關注話題焦點是什麼。顯然，一針見血。言武解決不了問題，只有「和解休兵」，力避「惡性競爭、虛耗資源」才是上策。陳水扁在當政時力挺搞台獨，對大陸施展以攻為守政策。我們的反應是：輿論傾巢而出，揚言軍事要緊跟。現在馬英九說這番話，採取以守為攻策略，我們該如何回應？台灣民眾的人心已被馬英九一手撐起，眼見眾望所歸，我們這邊，下一步棋又該如何走？

我忽然想起赫魯曉夫此人，冷戰時期，前蘇聯在經濟與軍事上與美國有差距，為力避兩敗俱傷，便提出開展「和平競賽」，看誰統治的制度更得本國民眾人心，誰的領袖（總統）更受人民愛戴。目的一個，就是避免毀滅性的戰爭打擊。這是赫魯曉夫作為前蘇聯領袖以本國人民利益考慮的用心所在。中國，自古就有大統一的愛國主義觀念與資源存在。但是，我們總是忽略了重要一點，任何崇高的愛國主義觀念與資源都必須以人為本，人本主義是生命價值的保障。國家的建立不管是叫「民主制」還是叫「總統制」或「君憲制」，都應該是圍繞著以為人民服務為宗旨而進行。「大統一」就是以天下民眾的幸福為其政權者最高服務宗旨。秦始皇統一了中國，但到了秦二世，其政權便土崩瓦解。什麼原因？專制與暴政。以後歷代帝王，大概除了晉武、隋煬，都對秦亡作了反思與汲取，有反省與總結，才會有盛世時代到來（所謂「盛世」，就是國泰民安）。像張藝謀，在其導演的電影中公開為象徵專制的秦始皇塗脂抹粉，以為自古有之，其實當時就有義不帝秦之

人（「義不帝秦」是一句成語，出自看不慣暴政，專為他人排憂解難的魯仲連）。得人心方得中原大地。

往者不可諫，來者猶可追。馬英九明白了這個道理，痛定思痛地說：「過去這一段波折的歲月裏，人民對政府的信賴跌到谷底，政治操作扭曲了社會的核心價值，人民失去了經濟安全感，台灣的國際支持也受到空前的折損。……我們一定要做到：政府全面依法行政，行政院依法對立法院負責，司法機關落實法治人權，考試院健全文官體制，監察院糾彈違法失職。……權力使人腐化，絕對的權力使人絕對的腐化。……新政府所有的施政都要從全民福祉的高度出發，超越黨派利益，貫徹行政中立。我們要讓政府不再是拖累社會進步的絆腳石，而是領導台灣進步的發動機。」（言之有理，如果黨的利益與國家政府利益合二為一時，「行政中立」就無從談起了。）

我們沒有永遠的敵人，只有永遠的血脈相連。寫此文，我衷心希望：請將聲音傳播器的開關打開，那怕慚愧也跟著進來，那有什麼要緊？人以慚愧為生，不以慚愧而死。馬英九因為有了深深慚愧，才有了這感人肺腑的演說和施政決心。背對太陽，看到的只是自己的影子；面向太陽，能夠看到一個嶄新的光明世界。

台獨組織在台合法，我們這邊如何看？

　　今日，《環球時報》報導說：近日，法官們裁定，在台灣，共產主義活動小組、台灣獨立活動小組，或其他類似小組，只要具備合法登記手續，均給予法律保護。對這決定，新執政的「國民黨」表示尊重，在野的「民進黨」也表示肯定。既然如此，那麼我們大陸這邊如何看待這事呢？前者，信奉與傳播馬列主義毛澤東思想理論的「共產主義」組織能夠在台灣取得合法地位，對於相信「星星之火，可以燎原」的大陸共產黨來說，不啻是一個大快人心事。後者，對於旨在台灣獨立的活動由地下轉為公開，並且民眾可以自由加入該組織，不受歧視和限制，法律保護，大陸領導人肯定沒有料到。

　　民眾有信仰追求的自由，憲法保障公民這種自由選擇的權力。在中國，人人知道，「馬克思思想理論教育」始終是一種紅色工程，每個學生必須無條件接受這種普法教育，從小學生開始抓起。對於一個中學生來說，如果不能很好領會這一理論，那麼「政治」這門學科考試就會不及格。「不及格」意味著這個學生進大學會受到影響。尤其是對於想考研究生的本科畢業大學生來說，如果「政治」不及格，政審則肯定通不過。政審通不過的學生，永遠別想再深造，因為國家從來就不培養對國家沒用的人才。

　　在台灣，參加「共產主義組織」活動叫「信仰自由」，參加「台灣獨立組織」也叫「信仰自由」，這是不是台灣大法官們思想解放？如此，兩岸關係會是更加格格不入還是越來越近？還有，台灣大法官們解禁《人民團體法》第二條，是救了台灣還是毀了台灣？抑或，「信仰自由」原本就是世界潮流，民主之求，浩浩蕩蕩、不可阻擋？

　　我在想一個問題，隨著兩岸民間團體走動頻繁，雙方的共產主義活動小組肯定會加強聯繫，開展學術交流，這可以嗎？當然可以。但是，如果台獨小組分子到大陸來客串，或者與「藏獨」分子公開往來，我們怎麼辦？還有，台灣黨禁報禁開放，想要成立一個氣功或其他什麼功夫協會，很容易，沒那麼多的審批手續。如此，被中國政府掃出國門的法輪功將以另一個協會名義再到大陸來搞聯合怎麼辦？

　　口子開大了，當台灣大法官們宣布，組織共產主義活動和組織台灣獨立活動將被視為合法行為時，那些曾經因為參加過這些組織而打入監獄、失去過人身自由和身體健康的人，是否會提出「國家賠償」？這是小問題。當未來某一天，「台灣獨立組織」萬一勢力高漲、「入聯」到了不可抵擋之時，大陸這邊將出什麼牌？會不會說台灣人是「叔寶全無心肝」？會否像過去高官那樣揚言：中國將不惜犧牲三十萬大軍來捍衛祖國統一？

　　是台灣立法委員及政界官員步子跨得太快？還是我們大陸這邊與政治相關的觀念沒有及時更新？是我們急於重民生，忘了還有「政治」這個術語存在？還有，隨著兩岸經濟交流的不斷加深，工業上的商機保密（又稱工業情報）如何界定？浙江大佬向江蘇大佬傳遞商機是正常的。江蘇大佬向台灣大佬傳遞商機可能會觸犯國家相關法律。雖然台灣是中國領土的一部分，台灣人也是中國人。十幾年前，我們的媒體就曾大肆報導說，抓獲一批受台灣指派前來收集大陸工農業、金融業等行業的情報人員，這些人都被重判。現在，台灣與大陸都是世界一盤棋中的棋子，我們該怎樣配合出手？比如近日關於中日東海合作事宜，在台灣民眾目前就釣魚島事件抵日情緒高昂之時，我們該如何走好這步棋？

「黨的利益」在司法之上荒謬乎？

　　去年今日，最高人民法院王勝俊院長上任後，即與時俱進地將胡的「三個之上（黨的事業至上、人民利益至上、憲法法律至上）」理論作為指導思想，並提出「六個堅持」、「六個確保」的法院工作思路。西南政法大學高一飛教授對此認為，這充分體現了中國特色社會主義司法制度政治性、人民性、法律性的統一。高教授還不失時機地主動寫了〈司法的時代性和民主性〉一文，在文中這樣闡述道：「從形式邏輯來看，三種利益同為一個位階是完全可能的，空氣、陽光與水對生命，就不一定要有一個誰為第一的排序。通過司法程序中法官對『人民群眾感受』的把握，正確理解抽象的憲法法律，這正是『良法之治』所需要的，只有這樣才能既維護黨的利益和人民利益，遵照憲法法律，又不至於讓法官成為法律面前的機器。」

　　時過一年，任教於中國華東政法大學的張雪忠教授對此寫了表示自己不同看法的文章（今年三月寫），標題為：〈「三個至上」及其對司法的影響〉。張教授從司法角度評析了「三個至上」。文章雖短，但精闢、到位，其據理力爭的說服力遠勝於西南法大高教授之文。不過，我個人認為，張教授在文中始終沒能提及什麼是「黨的事業」？「黨的事業」何以會被無條件地置於司法之上，並被刻意塑造成每個司法工作者必須具有的靈魂？

　　在這裏我想提問：「黨的事業」可以不在司法部門「至上」嗎？即：司法人員所做的每一件事可以不圍繞「黨的事業至上」這個中心點嗎？記得上世紀八十年代，全國開展「五講四美三熱愛活動」，有關部門表示說：這是我國社會主義精神文明建設的一種具體形式。五講：

講文明、講禮貌、講衛生、講秩序、講道德。四美：心靈美（就是要注重思想、品德和情操的修養，維護黨的領導和社會主義制度）、語言美、行為美、環境美。三熱愛：就是熱愛祖國、熱愛社會主義、熱愛共產黨。中央更是下達紅頭文件，要求全國上下做到經常化、制度化。什麼叫「制度化」？「制度化」就是你不接受也得接受；不同意也得同意。即便是你對社會主義制度，或對共產黨組織有異議，也必須無限熱愛，而且這種熱愛狀態必須通過「經常化」方式濃烈地表現出來。試問：在一個不接受也得強迫接受的制度裏，這樣的「熱愛」方式其合理性、自覺性與真實性又在哪裏呢？

同理，司法工作，一切圍繞「黨的事業至上」原則開展，其合理性與公平性又在哪裏體現呢？相反，給人的感覺是：「黨的事業」就是「黨的利益」。有「黨的事業」之皮，才有司法部門之毛。請問司法總長，當司法的公正性與「黨的利益」發生衝突時，司法是選擇為人民服務還是為「黨的事業」服務？是站在人民這邊還是站在「黨的事業」那邊？

可能，有人會說，我這種提法有問題，見解出誤。將「人民」與「黨的事業」對立起來不應該。「黨」本來就是為著保障人民利益而存在的；「黨的事業」就是全心全意為人民謀幸福的「事業組織」。也因為「黨」是英明、正確、有遠見性的，所以，它有一百個理由要領導、或者說指導司法工作，並且成為每個司法工作者的指路明燈。如果這種說法成立，那麼我們不妨來分析一下「至上」的「黨的事業」包含那些內容呢？其實也不用分析，「黨的事業」無非就是規定每一個黨員都必須堅決捍衛黨的組織原則性和紀律性。也就是說：在司法具體操作過程中，如果遇有與「黨的事業」不合拍；相衝突之事，必須首先考慮到不能讓「黨的事業」受到絲毫損傷，這樣做才是一個好黨員。對司法部門任職的黨員幹部來說，做個好黨員比做個好司法幹部更重要。

如此，我們不禁要問：如果這「至上」的「黨的事業」正確也罷，假如不正確，作為黨員的司法幹部，你還會在本職崗位上堅決捍衛嗎？

對於我這個提問有人會說：黨是一個組織，不是一個人。黨的事業就
是在組織上開展的事業，是組織就會集體討論，產生決策。大凡經組
織提煉的事業，永遠充滿智慧與光芒、科學與真理。

　　想法錯了！黨是一個非人格的集合體，這個集合體是由一個個單
獨的、具有人格的人構成。是人總會犯錯誤，在所難免。黨自己也承
認，歷史上曾走過不少彎路。然而，現在問題是，黨走了彎路，買單
的卻是人民。顯然，這是一個不公平的遊戲規則。原因就在於「黨」
是「至上」的，「至上」者就像皇帝，犯過不叫過；有錯可以免究。「至
上」者的事業是神聖的，高於其他一切利益。

　　最後，我想說，如果我們一定要堅持「黨的事業」必須處於司法
「至上」，那麼我只能說：這幾十年來，世界面貌日新月異，我們這邊，
《黨章》領導《憲法》前行的時代不曾改變。若是這樣，我們這個有
特色的社會主義公有制國家，乾脆就公然地、名正言順地改為「黨有
制」國家。一切歸黨所有，多幸福呵！就象讓全世界為之露出羨慕眼
光的朝鮮人民。

第九輯

社會萬象

——我的心痛

在《懲治漢奸言論法》背後

　　數月前，中國社科院學術委員喻大人在接受《文匯報》記者採訪時表示，那些為 1840 年鴉片戰爭以來列強侵華史翻案，特別是為日本侵華戰爭翻案的言論者，將視為漢奸而論，追究其法律責任，並嚴懲法辦。喻委員的提法是針對 2006 年 1 月 11 日《中國青年報冰點週刊》上刊登的一篇〈現代化與歷史教科書〉文章而來。該文作者袁偉時在其文中論述說，經歷了反右派、大躍進和文化大革命三大災難之後，人們沉痛地發覺，這些災難的根源之一是：「我們是吃狼奶長大的。」20 多年過去了，偶然翻閱我們的中學歷史教科書，大吃一驚的是：我們的青少年還在繼續吃狼奶！袁偉時認為侵華史在教課中被有意誇大了，不夠實事求是。為此，袁在文章中敘述了幾件具體的歷史事件：比如火燒圓明園是不是可以避免？還有教科書中所迴避的「義和團亂殺無辜和燒殺搶掠野蠻暴行」如何解釋？

　　喻委員對此義憤填膺，出此言論者動機不良，目的就是想為列強侵華史美言、甚至想翻案。其行為不是一般人民內部矛盾可以理解和解決的，而是站在人民的對立面，性質嚴重，實屬口誅筆伐的「漢奸」行為。看得出來，喻委員結論下得堅決，絕不優柔寡斷。

　　漢奸是什麼人？不用解釋，我們在電影、電視或書本中經常看到，那些出賣自己靈魂替非本民族的，稱之為強寇的敵人賣命，低三下四、沒有骨氣，這樣的人就叫著「漢奸」。「漢奸」行為即賣國行為，可憎！可惡！但什麼時候，我們的學者說與中學生教課書上觀點不相同的聲音就會演繹成一名漢奸了？這是否是一件十分滑稽搞笑的事？

　　喻委員認為：言論即行為。不管此人有沒有通敵賣國行為，凡損害國家形象與利益，皆為賣國行為，賣國行為等同於通敵行為，不可饒恕和原諒。也就是說：因為「漢奸」通敵，便成賣國賊夫，人民的公敵。

　　在這裏，我們要弄清一個概念。「人民」是指什麼？從政治學說，「人民」可以理解為一個階級的概念。階級通常由它的政黨來掌控的，而政黨又是由政府的實力派所掌控的。於是，問題變得清晰起來，人民的公敵也就是政府的公敵。大家知道，教課書是政府下指導意見編寫的。那些學者言論與教課書不合拍，發表一些奇談怪論，無疑就是與政府唱反調、不同心，製造一種不和諧的氣氛。這樣的學者觀點不肅清、不校正，更待何時？於是，喻委員把與教課書上觀點不同者一律視為「反愛國主義」的行為，「反愛國主義」行為與「漢奸」性質毫無區別。相信這種論調不只是喻委員一家所言，市面上共鳴不少，喻委員只是把噎在嘴裏話給說出來罷了！喻委員的觀點讓我想起早年看過的一部宣傳愛國主義教育的小說《雪落黃河靜無聲》。小說寫一對打成「右派」的青年男女，他們倆在「大牆」內產生了愛情火花。當他們倆被釋放出來時，卻沒能走到一起。為什麼？因為男的追問那女的為何被勞改時？女的回答說：「如果是殺人罪呢？」男的說只要改了可以不計較。女的又問：「如果是流氓罪或盜竊罪呢？」男的說也可以原諒。女的突然掩面痛哭起來，說：「我……我曾經是有罪於祖國的人！在我被打成『右派』時，我曾經企圖越境潛逃。」男的聽到這話如五雷轟頂，堅決與她斷絕來往。分手時，男的丟下這樣一句話：「別的錯誤犯了可以改，唯有對於祖國的感情不能褻瀆，這是至高無上的感情，我們對她不能有一次的不忠。」天哪！企圖越境，不管在什麼條件下，出於什麼樣的動機，一概被認定為叛國行為。這條原則是不能修改的，改了也不算數。一次等於永遠，萬劫不復。喻委員觀點等同於如此，把不同的學術觀點皆視為漢奸言論；也視為叛國行為，不可原諒。

　　平心而論，如果袁偉時以及袁偉時之類的學者所提言論與當下理論教育相悖，那它可不可以作為一種學術探討交流存在呢？如果不許，那麼我認為，我們的社會發展了幾十年，雖然經濟上有那麼一點興旺，但政治上毫無改進。記得 1945 年〈雙十協定〉簽訂，「中國民主同盟」不失時機地提出十項政治主張，其中第 10 項主張是：「廢除黨化教育，保障學術研究的絕對自由。」「九三學社」也在其後一年發表針對國民黨政府的 8 項聲明。聲明中第 6 條是：「學術思想絕對自由，根絕黨化教育及思想統治。」既然學者的學術探討交流是正常的，那麼喻委員此言就是小題大做了。

　　曾經擔任中國社會科學研究院新聞所所長的喻委員不妨可以改制定《懲治漢奸言論法》為向上遞交一份社會調查報告。調查一下學者們為何要翻歷史老帳？難道這是時尚？袁偉時只是其中一個代表，還有摩羅、余傑、王怡等人的疊出。如一石激起千層漣漪；也如長江向東流，浩浩蕩蕩。

　　我想，翻歷史老帳不只是渴求一個多元化的寬容氣氛早早到來；也不只是為各種可能產生的思想與言論自由並存的時代閃亮登場而鳴鑼敲鼓。翻歷史老帳暫且談不上是清算行為，但可以認定是一種比較行為。比較什麼？比較民生；比較現時期與那個時期有哪些相同和不同之處，更是比較中外文化、經濟、軍事、政治制度、生活品質的種種差異。西方發達國家有翻歷史老帳的現象嗎？沒有！也不需要。為何我國學者卻熱衷於此研究？而且底層是一呼百應。這應該是與「民生」有關。今年是政府提出的「民生年」，「民生」這個問題已經是非談不可了。「民生」問題一天不解決，舊帳沒完。若長此以往，不再是翻老帳漢奸言論不漢奸言論的問題了，而是事關國民生存之大計，這不是聳人聽聞的言論。

　　袁偉時是學者，學者的任務是什麼？德國哲學家費希特說：「學者的使命主要是為社會服務，因為他是學者，所以他比任何一個階層都更能真正通過社會而存在，為社會而存在。……所有的人都有真理感，

當然，僅僅有真理感還不夠，它還必須予以闡明、核對總和澄清，而這正是學者的任務⋯⋯學者就是人類的教師。」（見費希特《論學者的使命／人的使命》一書，P42。）退一步來說，即使袁偉時等人言論嚴重出格，有損國家利益，政府可以開動輿論機器，用事實例證來反駁。可是，我們的輿論陣地為何總是只有一家之言，一面之詞昭示天下？這叫人如何心服口服？一面之詞導致的結果是：任何一種與政府教課書觀點不同的言論者都有可能被扣上「漢奸言論」的大帽子。在無法明確定義「漢奸」的情況下來，倉卒擬定一部《懲治漢奸言論法》，無疑將會形成一場空前的言論災難。

最後，我想說：我們從骨子裏憎恨漢奸，但我們更從心底裏憎恨以「愛國」名義給人扣上莫須有的「漢奸」帽子。因為有很多的悲劇就是在「愛國」的名義下發生的，我們且記憶猶新。如此，還人以人，還歷史以歷史，這並不過分。我們需要一個真實的、廉潔的國家；一個言論自由、經濟繁榮的《清明上河圖》。這樣，我們可以響噹噹、驕傲地去愛，不會再被人於背後罵「traitor」。

在擬定「博客實名制」背後

　　最近，廣播電台裏有一檔節目在談「博客實名制」。個別專家對此發表評論說，「博客實名制」是一種趨勢。圍繞博客所引發的侵權、隱私、責任等現在出現很多問題，而「博客實名制」則是目前一個解決手段。不管它負面如何，有一點至少可以肯定，它能夠純清互聯網上那些不乾淨、不文明的語言；也能大大減少無事生非、以及無中生有的現象。

　　這裏，我且不談「博客實名制」在技術上可行或不可行，「BBS分註冊用戶」以及「BSP／BCSP」推薦的博客和不推薦的博客會有哪些區別？這些技術術語不是我所關心的，我也不想問：博客的真實資料究竟應該交給誰來管？如果資訊洩露，責任方又在誰一邊？這些我都不想問，我只想談談「博客實名制」與社會及個人的影響力究竟如何？這是國家在互聯網資訊管理上稱得上是一種進步的還是後退保守的模式？「博客實名制」說穿了就是針對那些寫博者或不寫博、但天天瀏覽博客的跟帖者可以擁有多少言論的自由度。當今社會，言論不通暢，個人辦出版社或個人辦報紙，這些都是絕對不可能的事。雖然憲法明文規定：個人有言論、結社、出版的自由，但這種個人可以自由支配的權利還是被官方權力者所牢牢壟斷。

　　博客，在這種大背景下產生的思想與言論交相作用的舞台，無疑起到了一些彌補與緩解的作用。它能揭示政府或上層的高官者不想看到、而百姓卻十分感興趣的另一面。這一面雖然有些腐味，伴著一些敗退之痕，但至少是真實的反應。百姓不喜歡假大空的 GDP 指數，那沒意思。在互聯網上，這種「揭示」越是深刻淋漓，各種版本的流傳

也就越是廣泛、家喻戶曉。而辱罵及各種不文明的語言自然也會應運
而生、迂迴出現，這是很正常的現象。辱罵者，因為找不到可以宣洩
的地方，或者說因為自身的孱弱，不敢抗衡公眾的勢力，只能在家或
不起眼的網吧角落，借互聯網平面發洩自己不滿情緒。他們不能像美
國反戰人士組織群眾到街上大遊行，共同抵抗政府「出兵伊拉克」。更
不會像西歐發達國家的青年人，一旦心裏鬱悶就到世界各地周遊散心
去了。中國那些鬱悶的、弱勢的青年人，待在不起眼的角落罵人，雖
然有時語言十分粗劣，可惡，但這實在是他們一種言不由衷的無奈和
無法自滅的宣洩。如果我們的政府一定要搞一刀切，勢必會造成互聯
網上萬馬齊喑的局面，這是很可悲的現象。政府曾經大力提倡「輿論
監督」，「監督」，原本是自下監督上面，防止權力者濫用職權，生活腐
化、以權謀私，現在卻演繹成自上監督下面，不准言論者亂說亂動、
指手劃腳。退一步來說，就是搞「博客實名制」，但在今日言論極其不
暢的社會裏，你就是一百次地用真名實姓，政論性的感冒文章照樣一
次也不讓你上互聯網。本人曾瀏覽「百度」，看到我曾寫下的一篇〈是
互聯網造就了王怡還是王怡精彩了互聯網〉文章被某家網站轉帖。帖
中凡出現「王怡」字眼，均被「遮罩詞語」四個字所代替。我想，這
與我是否用真姓寫文章無關，實在是文中用了「王怡」真名。再有，
浦志強律師開博客，用真名實姓。每天在博客中寫下自己的工作心得，
僅僅因為這，他的博客開一個被關一個。與浦律師相同境遇的還有安
替等人，他們的博客屢開屢（被）封。這些被封的博客沒有一個不是
公開暴露自己身份的，這是實名寫博的後果。不過，他們不後悔這樣
做，心底光明磊落，封者才怕見陽光。

由「博客實名制」讓我想起前陣子鬧得紛紛揚揚的關於喻委員要
求人大制定〈懲治漢奸言論法〉一事。綜觀歷史，岳飛的後代岳鐘琪
曾向清朝皇帝報告說，有人要他（指岳鐘琪）狀復明朝。由此發生了
歷史上著名的呂留良、曾靜冤案。在這裏，岳鐘琪算不算出賣漢人、
倒向滿人的漢奸呢？吳三桂帶兵入關，幫清軍消滅了李自成軍隊，使

清政府如願統一中原；統治了漢人，那麼吳三桂行為是否屬於漢奸行為呢？後來吳三桂舉兵反清，那他還可不可以稱作為「民族英雄」？再有，孫中山為推翻清朝政府不惜運用各種手段聯合日本政府，借日本軍人之手來推翻滿清政府，他的行為是愛國還是叛國？上世紀二十年代，蘇聯為建緩衝地帶，極力策動外蒙獨立，共產黨給予同意，而北京軍閥和南京國民政府卻不予承認，這段歷史怎麼說？上世紀三十年代發生「七七蘆溝橋事變」，國難當頭，共產黨卻說要先保衛蘇聯，打敗蔣家軍。歷史又怎麼評說？再看看屈原作品，有人說屈原很愛國，為楚國就士禮讚做了很多工作，使楚國從一個彈丸之地的小國發展到後來問鼎中原，擴張成為一個大國。那些被楚國所消滅的小國皇帝是否就該死？既然歷史很難道明，那麼隨意制定〈懲治漢奸言論法〉就是不合時宜的事了。這種種的一切，與〈博客實名制〉無關，政府管理官員無須傷風感冒。

一問工信部：
力推「手機實名制」居心何在？

　　據傳，工信部已應廣東部分人大代表於今年「兩會」期間提出的「手機實名制」提案，已向國務院轉交，正等待審批。拿廣東部分人大代表之意，有了手機卡號匿名銷售，便有了騷擾與詐騙現象出現，實行了「實名制」，至少能減少「騷擾」與「詐騙」行為發生。雖然實行「手機實名制」會有部分公民自由權受到損害，但對於「詐騙」等久禁不絕的違法行為能起到一定震懾作用；同時，對中國社會堅定邁入「和諧時代」也能起到推波助瀾的保障作用。既然人大代表是人民的喉舌，那麼工信部有一百個理由要響應「喉舌」號召，向國務院遞交這提案。

　　這裏，我不想談普及「手機實名制」需要投入多少相關的人力與物力成本？且不想問「實名制」實行後是否真的能治手機短信「騷擾」與「詐騙」現象；更不想提「實名制」後最終由哪個部門來裁定「騷擾」與「詐騙」劃分標準。我只是想說：「在工信部提議『手機實名制』背後，存在著要不要實行監管以及如何實行監管的重大原則問題。」

　　我是一個商人，我對每天總有幾十個騷擾電話和幾十封垃圾短信對我輪番追剿已深惡痛絕。從情感上來說，我希望工信部通過技術手段，將那些垃圾製造者統統從陰暗角落裏拉出來，把他們的真名公布於互聯網上。但從理智上來說，這樣做得不償失。即便工信部有眾多上策，但垃圾製造者難道就不會有相應下策？何況，為方便自身管理或執法而去限制公民自由權，這是輕率表現。誠如，社會上有人利用

剪刀傷人，那麼我們的有關部門就急忙制定規則，不允許剪刀上架公開銷售，且必須對購買剪刀者進行實名登記。這樣做合理嗎？

　　我想，「手機實名制」行與不行，應該聽聽廣大手機使用者的意見，而不是單方面聽人大代表說一句後即聞風而動。就像當初市面上手機有照相拍攝功能時，也曾引起一場關於如何在公共場合保護隱私的大爭論。說白了，這個制度涉及到了公民個體自由與社會整體安全的係數與選擇。《中華人民共和國憲法》基本原則是：對公民的限制與社會安全之間比例要恰當。任何選擇都會有利有弊，長短互見。從目前我國已在施行法律來看，對「實名制」一詞並沒有明確表示同意或不同意之說。然，它卻恰恰體現了一個憲政問題。憲政原則是：凡是涉及公民個人自由與財產使用的，最好從規範化的程序出發，以一定方式讓公民自己做出選擇。即：承擔利弊相見的責任。這是明智之舉。

　　由政府單獨做出決定，會存在兩點遺患：一是不符合我們一直高喊的「依法行政」理念；二是如果政府有此任意的裁量決定權，今天可能作出這個不壞的決定，但誰能保證明天也會有如此不壞的決定。就是說：假如政府有不受限制的任意作為權力，那麼即使是做好事，仍是很可怕的，這樣的後果必然是公民權利保護成為紙上談兵、徒有虛名，受損的面大於利益的點。（舉一例：前陣子，上海徐匯區領導拿出幾百萬元給地處鬧市的十幾家有名氣的商家搞實物促銷獎勵，而地區內其他一些沒資格參加促銷獎勵活動的商家只能睜著大眼歎氣。區領導出發點是好的，上繳稅多的單位這次重點獎勵。可是，拿納稅人的錢回贈給少部分有知名度的商家，難道沒知名度的商店就不是店？）既然我們的法律規定：凡是法律沒明文規定非法界線之事，那麼在這個界線內所做的一切事便都是合法可以做的，不能有意繞開法律，有意給予設限。我們不能因為有個別不合法的行為在合法層面裏出現而否定被我們一直認定為合法的事實存在。

　　「小惡不容於鄉，大惡不容於國。」如此，可想而知，工信部充其量只是一個守門神了。

二問工信部：
建「綠壩」，何謂「不良信息」？

　　最近，工信部突然向全國發文，7 月 1 日後，在我國境內生產銷售的電腦於出廠前必須預裝一款名為「綠壩——花季護航」綠色上網過濾軟體，進口電腦在我國大陸銷售前也必須預裝該軟體。這款軟體具備攔截色情內容、過濾不良網站、控制上網時間、查看上網記錄等多方面功能。這是工信部化 4179 萬鉅資向軟體發展商——「北京大正語言知識處理科技有限公司」買下的一年產品使用權。其目的是免費提供給全國用戶使用。如果廠商不預裝這套軟體，其產品將不得在中國市場上銷售。

　　抵制網路低俗，保護未成年人的上網安全，這當然十分重要。我舉雙手贊同，因為我家也有未成年的孩子，孩子平時喜歡上網，如果哪天她瀏覽了某個不健康的黃色網站，那麼對她身心影響肯定是十分重大的。作為家長，肯定不希望這種事發生。然，對於「過濾不良網站」，我有不同看法？依工信部之見，「不良網站」顧名思義就是以傳播不良資訊為主的網站，這些網站對青少年的毒害很大，必須使用技術手段，即用最先進的軟體予以遮罩過濾，以保證青少年思想不受潛移默化般的腐蝕。

　　在這裏，我不想討論，工信部化大手筆，用納稅人的錢來實施這項制度是不是要經人大討論？我只是覺得，工信部這樣做是拿傳統下舊思維模式加以粉飾包裝一下，作為一項新條規向全國青少年推薦。其主觀動機有不明確之處，理由兩點：其一、沒解釋什麼叫「不良網

站」？比如說哪些網站屬於「不良」範疇？據我所知，海外一些網站，若與國內官方網站有不同想法之處，均會被我政府視為「反華敵對勢力網站」而加以嚴格遮罩，國內上網者縱然有三頭六臂功夫，也無法瀏覽這些網站。其二、人人皆知，工信部可以拿自己制定的潛規則一次性「解決」被視作「不良網站」的網站。組合拳下，國內互聯網的天空還會有「不良網站」公然存在？

既然在中國大陸沒有「不良網站」存在的空間（如發現國內有「不良網站」出現，見一家遮罩一家），那麼工信部如此草木皆兵地提防目的是為什麼呢？不用多說，所謂「不良資訊」顯然就是指某些網站時不時散布出來的與官方網站言論不一致的資訊。青少年們雖然從小就接受馬克思主義教育與共產主義信仰洗禮，但對資產階級那一套人文制度的理論還相當陌生。他們辨別是非能力很差，很容易被那些別有用心的人所利用。全面建立過濾「不良網站」功能，就是極大地確保青少年在思想品德上不被異化、不受腐蝕。

然而，我要問工信部：知道現在是什麼時代嗎？互聯網時代，沒有國門疆線。企望通過最新過濾軟體來修築和達到昨日對意識形態牢牢控制的那種手段，就如同隔絕大氣層空氣──徒勞；或如同堂吉柯德與風車大戰──不可理喻。這個社會，機制越是不透明，越是會有「不良資訊」奔相走告，一傳十、十傳百。

唐朝劉禹錫有詩云：「繩以柔而有立，金以剛而無固。」我想，制定一部「綠壩－花季護航」土規，關鍵之處還在於如何正確看待互聯網。是看作是洪水猛獸的到來？還是視為提高自身修養、擴大閱讀面、提高認識覺悟的視窗？如果定位不準，那麼最得益的莫過於那些國內外軟體公司，他們今天隆重出售各類阻截軟體，明天又換個手法，向線民大肆兜售廉價解阻抗截軟體；後天再改個面孔，高價推銷新一代阻截軟體。如此周而復始，大賺一把；這正是國內外網路公司賺錢的秘訣。

三問工信部：
「ICP 備案」，好一個雙面手掌

　　數月前，上海乃至全國各伺服器代理商均收到工信部發文通知，要求代理商對旗下用戶購買各類虛擬主機服務及功能變數名稱解析服務都要採用先備案後接入原則。如果不進行 ICP 備案登記，其網站不容許對外開放使用。《通知》重申：「根據中華人民共和國資訊產業部自 2005 年 3 月 20 日起公布施行的第 33 號令〈非經營性互聯網資訊服務備案管理辦法〉，若網站（功能變數名稱）未進行備案成功一律不能接入互聯網。」以「國務院令第 292 號《互聯網資訊服務管理辦法》」檔和「工信部令第 33 號《非經營性互聯網資訊服務備案管理辦法》」，工信部定於 2009 年 2 月 24 日前，對沒進行 ICP 備案登記的網站一律採取關閉政策。

　　既然工信部核發 ICP 備案號如同一個企業或個人的身份證，沒身份證不能辦大事（這無可非議），那麼這些網站之主為何不主動、不即時去辦理呢？我想，原因在於工信部的門檻太高、附加條件過於苛刻，讓人摸不著入門方向。據已辦過備案登記的人員透露，如果你創建的是一家以傳播資訊及圖片為主的網站，那麼這備案登記號取得絕對有一定的困難；而能最快取得身份證的是以技術性為專長的、比如屬自然科學的、偏重純理論交流與探討的網站，這些網站取得身份證不費吹灰之力。以工信部之言，「33 號令」是具有高濃縮法律性的條規。如此，我們不妨來看看其第五條規中的第一、第八、第九條款：「第五條、任何單位和個人不得利用國際聯網製作、複製、查閱和傳播下列

資訊：（一）煽動抗拒、破壞憲法和法律、行政法規實施的；……（八）損害國家機關信譽的；（九）其他違反憲法和法律、行政法規的。」

　　這裏，我們可以看到有爭議的二點：

一、在互聯網上查閱違法資訊即屬違法行為。比如，你瀏覽了法輪功網站你就是喜歡法輪功的人；你瀏覽了黃色網站，你就是一個不健康的人；你瀏覽了海外持不同政見的網站，你就是站在支持海外敵對勢力一邊，企圖煽動、顛覆國家政權、並推翻社會主義制度這樣一個立場上的壞人。……這種荒誕無稽的假設推理被作為神聖「法律」文書向全體公民予以強烈推廣和貫徹，其合法性和公正性又表現在哪裏呢？

二、什麼叫「損害國家機關信譽的」和「其他違反憲法和法律、行政法規的」資訊？「國家行政機關」不是神壇，而是一個為民服務的行政機關。既然是為民服務的行政機關，總會有做得不夠完善的地方。如果誰不客氣地對其提出各種意見，是不是屬於「損害國家機關信譽的」行為呢？持不同政見，提出與現行行政法規有所不同的看法，是不是要將其行為歸屬於「其他違反憲法和法律、行政法規的」範疇裏呢？

　　這是無限上綱上線，是封建社會制度裏最愚昧的做法。現在是二十一世紀了，科技的力量已呈日新月異風貌。當世人們置身於資訊爆炸的時代，誰要是還動不動拿第一條「煽動抗拒、破壞憲法和法律、行政法規實施的」舊條規來糊弄、壓制、樊籬它的線民於互聯網上建網和發帖，那是最可笑的荒謬行徑，並且早晚會被它的民眾唾棄。

　　我們反對企業壟斷行為，但對政府在某些領域的壟斷卻奈何不得。2008 年 1 月 31 日，政府實行《互聯網視聽節目服務管理規定》規定，「凡申請從事互聯網視聽節目服務的，應當具備法人資格，為國有獨資或國有控股單位，且在申請之日前三年內無違法違規記錄。亦即互聯網視聽服務的企業必須為國有，非國有獨資或者國有控股企業不能再經營互聯網視聽服務。」

　　此時，我忽然想起微軟公司回應美國政府對古巴制裁而將 MSN功能在其國切斷一事（被切斷的還有其他四個國家：朝鮮、伊朗、敘利亞、蘇丹）。古巴《起義青年報》對此評論說：「這是美國對古巴實施的又一次技術封鎖，是對古巴享用互聯網技術權利的嚴重冒犯。」評論員的話意思很明確，互聯網資源是全球共用的，不是由一個國家或受一個團體組織控制而單獨存在的。對互聯網資源享有這與革命或不革命無關。意識形態的正與反，開放與保守，不應交給互聯網來甄別。確實！互聯網只是一個平台，在這視窗裏所披露出來的資訊好與壞、健康與不健康、革命性與反革命性，不應由政府部門某些領導大人來圈定，而應交由它的線民來打分、裁定。

　　「一時之強弱在力，千古之勝負在理。」既然工信部對容許或不容許存在的網站都是在網上定奪的，那麼何不建立一個公開透明機制，把審批流程與結果向全社會公開，讓線民們明察秋毫；也讓沒 ICP備案的網站有機可乘、逍遙網外。如此人們不會再說：「ICP 備案，是工信部的雙面手掌。」

河南網警為何千里來滬
拘捕互聯網發帖人？

　　前幾日，《中國青年報》刊發一條題為「一篇帖子換來被囚八日」的新聞報導。事件經過是：2008 年 5 月，河南省靈寶市政府以建設工業聚集區為名，以租代徵「租」用大王鎮 28 平方公里農地，其中大部分是基本農田，約 3 萬餘農民由此失去土地，但村民所得補償卻只有地上附著物和青苗補償費，法律規定的土地補償費和安置補助費根本沒有涉及。在上海工作的當地青年王帥多次舉報無果，逐於網上以「河南靈寶老農的抗旱絕招」為題發帖，披露這一事件，不料卻遭到靈寶市網警跨省抓捕，以涉嫌「誹謗罪」將其拘留八日。靈寶政府官員對拘留一事解釋為：「至少有點教訓，下次不會再犯錯。」（見 4 月 8 日《中國青年報》或 4 月 9 日《揚子晚報》A14 版。）

　　從量法角度看：王帥被抓一事，無論是立案偵查，異地抓捕，還是實施拘留，甚或取保候審，似乎都在法律框架內進行，但卻難掩權凌駕於法之上一面。我們知道，在刑法上，構成誹謗罪必須要有故意捏造和散布虛構事實的行為，並且要有足以貶損他人人格、破壞他人名譽的情節嚴重行為。而靈寶市政府違法「租」地一事並非空穴來風、無中生有。構成「誹謗罪」必須是針對特定的人所進行的，說王帥誹謗了靈寶市政府，理由顯然不能成立。我們的刑法還規定，誹謗罪的客體必須是他人的人格尊嚴或名譽權，它的侵犯對象只能是自然人。這自然人並不包括任何社會團體和國家機關。

　　那麼靈寶市網警以「誹謗罪」來濫抓捕王帥說明什麼呢？說明民主之路離我們還很遙遠，現在還是很嚴厲的黨治天下時代。黨權唯大（偉大），法律為小。法律之所以受到權力踐踏，除了在制度上對權力者行為缺乏相配套的司法監督之外，司法自身存在的缺陷也有一定關係。自上世紀「四人幫」被推翻，鄧公取代華主席位子上台。將文革一切罪過統統算到「四人幫」身上，僅此為止，以避免政治運動無底無限（對文革形成原因不再從理論上和思想上來一次深惡痛絕的了結）。此效果雖好，但卻惡化了掌權者的官德信用。一句話：做官只講目的，不管手段三七二十一。社會異己青年魏京生於鄧公時代被以「反革命罪」從重判刑就是一案例，其理由是：西方那套民主理念不適應在中國生存。此舉使法在一定程度上失去了它的普遍性。加上中國法律在制訂中存在著很多的不確實性，留下許多可容不同解釋的缺口，以致全國各地握權柄者紛紛上行下效、乘虛而入，以致發展到今天，權力一直在擴張，擴張到無法再擴展的地步才甘休。於是，我們時聞有地區級政法書記因權力所限不能致眼中釘的對方於死地之時（造罪名大小與權力成正比），不惜雇凶殺人案件發生。如果說毛澤東時代，人們因中毒太深，一直想通過「階級鬥爭」來改造看不順眼的異己者，那麼現在情況卻不對了，往往明知對方無罪，或者說只是一異己者，卻偏要往死裏整。此種為私利不惜動用公權；動用政府財力（納稅人的錢）和人力資源行為，民眾對此僅靠批評是根本不能解決問題的。

　　我說的「黨權唯大（偉大）」時代，就是指黨的威望與權力高於並偉大於一切。靈寶市政府官員認為王帥在互聯網上亂發帖，既有損於靈寶地區政府形象，造成不和諧氛圍出現；同時又玷污了作為神聖組織代言人的靈寶地委書記臉面。對此，靈寶政府官員有一百個理由要「教訓」一下發帖人王帥。在他們心目中，有著一個根深蒂固觀念，即：民眾是被「馴服」於公權力下的一個群體。他們才不理睬世人責問：「吃百姓之飯，穿百姓之衣，公僕豈有『教訓』主人道理？」即便法律具有相當的嚴密性，但它的完整性不等於權威性。我覺得美國法

學家、政治哲學家德沃金在《認真用權》一書中寫得好。他提出三條原理：1、法理的最終表現是權力，在權力基礎上建立原則，任何法律不能違反原則，而只是制定政策。2、對任何法律上的爭端，總會有一個正確的答案。3、法律應該有回訴的規則。他認為：權力是個人所擁有的反對政府的政治手段，法律是為了監督政府而不是為了束縛個人的東西。

　　這裏，我們還要弄清一個道理：「警察到底是什麼角色？公安局又是起什麼作用？公安局是代表國家專政工具的機關還是為人民服務的行政機關？如果公安局是為人民服務的工具，那它就是弱勢權力象徵；反之，如果它是代表國家專政強有力的工具，那它就是不折不扣的強勢權力象徵。根據我們以往被反覆灌輸的理念，公安局就是國家專政機關的象徵，有著強大無比、不可撼動的威懾力。有這種弊病存在，公安局成了強勢代表，它是好人，它所做的一切都是合法與正確的；而它所面對的一切專政對象可能都是壞人。人民成了弱勢代言人。」（此段話摘自於我的文章〈躲貓貓事件換來全國公安愛崗敬業活動是遠不夠的〉一文。）

　　韓愈有詩：「排雲叫閶闔，披腹呈琅玕。」（意思說雲能沖天門，誠見給朝廷）。明白這道理就會同意我的觀點：靈寶網警來滬抓捕誹謗者王帥，說明現在依舊是黨權唯大（偉大）時代。

北大教授為何要向學生薦讀《毛選》？

今天是五一勞動節，今天的《揚子晚報》A14版「中國－視野」專欄有一篇題為：「156名北大教授集體薦書」的新聞報導。文章說：「156名北大教授，每人推薦『對我最有影響的幾本書』，其中《毛澤東選集》有20名教授推薦，排在選讀書目第一位，第二位是《鋼鐵是怎樣煉成的》。對此，北大圖書館館長朱強表示說，北大計畫將這些推薦書目公開出版，為青少年讀書、選書提供參考。」

如果北大出版社不食此言，那麼北大在校學生將會帶著怎樣的目光去閱讀《毛選》等書呢？是將毛澤東看作是一位世紀偉人，中國人民的大救星，以無限崇拜的心懷去閱讀？還是看作是一個一邊說「中國人民從此站立起來了」一邊又將中國人民收攏在由他精心繪製的烏托邦式藍圖下，由此整個國民經濟處於崩潰邊緣、中華民族陷入史無前例浩劫之中的人格變態領袖來看？

為何要首推《毛選》？眾教授的理由是：「增加憂國憂民意識」。確實，如果不讀《毛選》，那麼對毛澤東其人、其思想，以及毛澤東親手締造的新中國革命體制，將會停留在一知半解的認知層面上。只有讀了《毛選》，才會知道：中國社會的昨天是怎樣一頁號稱「在馬列、毛澤東思想如火如荼的教育下，全民思想呈現大覺悟、大飛躍、大進步」，而其實質卻是全民意識被徹底禁錮、開封建專制主義倒車的民族苦難史。讀《毛選》會知道：什麼叫極權主義、專制主義、教條主義、機會主義；讀《毛選》，你更會明白，毛澤東為何要熱衷迷信於個人崇拜、獨斷專行、目空一切的獨裁之術。

　　我在讀初中時（大約是 75 年），學校應市教育局號召也開展過一次每天上課前在教室裏讀半小時《毛選》活動。人手一套《毛選》，每天輪流一個同學上台朗讀。很多年之後，我才明白，自己被愚弄了。全民再讀《毛選》是江青一夥人為圖謀篡黨奪權而施放的陰謀彈。通過批林批孔、批《水滸》，借此批周恩來、抵制鄧小平復出。其險惡用心就是要借毛的力量來清除異己，並在毛死後最終坐上毛的皇位。被愚弄何止又是我們這一代人？根據 1976 年 5 月 22 日《人民日報》報導：「文革十年，全國各新華書店共發行馬、恩、列、斯、毛著作共計 48 億冊。」可想而知，在讀《毛選》熱潮中，全體公民心甘情願地交出自己思想，成為不折不扣的毛奴、黨奴，烏托邦事業的犧牲品。

　　然而，面對歷史劫難，我們的史學家卻說：「毛澤東於 1966 年錯誤地發動和開展了文化大革命運動，這一錯誤被林彪、江青反革命集團利用，使黨、國家和人民遭到建國以來最嚴重的挫折和損失。」（見夏征農主編《社會主義辭典》P109。）考！這種解釋太牽強附會了吧？沒有毛澤東鼎力支持，林彪、江青反革命集團豈敢如此氣焰囂張、喪心病狂？把禍國殃民的罪孽全都巧妙地記在林彪、江青反革命集團身上，而將毛澤東依舊作為一尊神印在紙幣上，仰臥在龍床上，讓全國人民繼續「滿懷深情」目光瞻仰和緬懷，這是不是想要讓全國人民在記憶中淡化文革往事？讓我們的下一代對文革這段歷史陌生再陌生？作家巴金說得好：「十年中間為了宣傳騙局，推銷謊言，動員了那麼多的人，使用了那麼大的力量，難道今天只要輕輕地一揮手就可以將十年『浩劫』一筆勾銷？『浩劫』不是文字遊戲。」

　　我曾讀過《陳獨秀文選》，陳對史達林評介說：「如果說史達林的罪惡與無產階級獨裁無關，即是說史達林的罪惡非由於十月以來蘇聯制度之違反了民主制之基本內容，而是由於史達林的個人心術特別壞，這完全是唯心派的見解。史達林的一切罪惡，是無產階級獨裁制之邏輯的發達，」「是憑藉著蘇聯自十月以來秘密的政治警察大權。黨外無黨，黨內無派，不容許思想、出版、罷工、選舉之自由，這一大

串反民主的獨裁制而發生的。」「是獨裁制產生了史達林，而不是有了史達林才產生獨裁制。」「我們若不從制度上尋出缺點，得到教訓，只是閉著眼睛反對史達林，將永遠沒有覺悟。一個史達林倒了，會有無數史達林在俄國及別國產生出來。」引此為據，毛的獨裁也非毛氏專利發明，而是這個革命體制鑄就了他的所作所為，他以「秦朝政」配列寧「無產階級專政」理論，全黨全軍就是他最堅強後盾和最有力的喉舌。

今天，世事流變，滄海桑田，北大教授在他的學生面前力推讀《毛選》其寓意不在我上面所言，而是相反，捧毛。懷舊的情愫讓他們不由自主地想到老毛時代。比如說，其中一位教授推薦宣揚階級鬥爭論的長篇小說《豔陽天》（農村體材，作者浩然）。這些老毛時代出來的人現在成了教授，在改革三十年潮流中不是最大受益者。在他們當中一些人，日子可能過得並不如意。老毛時代，按職稱大小還能享受福利分房，現在這一切都沒了，要靠自己努力去打拼。教書一輩子，可能還是窮書生一個。道理很簡單，不是所有的教授能在這個你爭我奪的市場經濟中左右逢源、八面玲瓏；能夠頻頻在電視中亮相、穿梭於各種社交秀和娛樂場合評分的教授畢竟是少數，更多的是心有一片愁雲的懷舊者。這真是黑色幽默呵！

「萬山秋葉下，獨坐一燈深。」最後我想說：學生需要多讀書固然沒錯，然學校的任務不僅僅是提供書目推薦，更需要提供一個能夠讓學生思想自由交流、不受「黨化教育」干擾與包圍的言論平台。如果說上世紀「五四」時期，北大是全國言論最自由、思想爭鳴最活躍的地方，那麼今天的北大卻不是！這是北大人的無奈，更是五星旗下全民的一種無奈，這種無奈不是多讀幾本《毛選》能改觀的。

第十輯
縱覽之窗
——我看世界

2012 年朝鮮能成為世界經濟強國嗎？

　　前幾天，上海電視台「眼界」專欄（每晚八點播出）連續播放了由本台攝製組拍攝的《直擊朝鮮》紀錄片。該片從一個側面反應出有著二千多萬人口的朝鮮人工作、學習、生活情況。其中，有真實的一面；也有不真實的一面。比如說，攝製組到朝鮮某一個家庭去訪問，女主人準備了滿滿一桌好菜，並回答攝製組人員說：「這些魚肉天天吃，吃厭了。」攝製組人員回住處時，看到一家熟食店，櫃檯上放著十幾個電烤雞。攝製組人員趁朝方陪同人員不注意，前去問價格。天哪！一隻雞價格竟是一個工人平均三個月的工資。

　　記錄片說，在朝鮮，看病不要錢。但醫院醫療設備很差，患白內障者只能失去光明。在平壤之外的醫院，消毒水看不到，只看到啤酒代用的消毒劑。醫生診斷好病人後要開自來水龍頭洗手，竟然沒有水流出來。醫院還動不動就停電，即使有手術也無法保證進行。再有，在朝鮮，手機擁有者極少。市民要上網，根本不可能，只有部隊官兵偶爾可以上網，但只能登陸由監管部門嚴格控制的「紅星網」。收音機也只有幾個政府指定的頻道可收聽，其他頻道都被遮罩了。理由是：防止資產階級思想的侵蝕和以美國為首的敵對勢力顛覆。

　　片中，不管是大人還是小孩，均表態，假如受到美國攻擊，就用核武器回擊。他們沒有一個不認為自己的國家是軍事大國、思想大國；在二十一世紀的人類金太陽照耀下，他們沒有一個會懷疑自己不是生活在世界上最幸福的國家裏。片中還交代說：當下，朝鮮全國上下正掀起一場名為「奮戰 150 天」的活動，以解決眼前出現的嚴重經濟困難。

　　這二天，金太陽又發指示，號召全國人民拿出「發憤圖強」精神，爭取在 2012 年，使朝鮮全面步入世界經濟強國之列。

　　這裏，人們不禁要問：連吃一個雞蛋都要花三個月工資的朝鮮工人，以目前這種經濟水準，能夠在三年內，也就是在 2012 年，成為世界經濟強國嗎？是不是癡人說夢話？到了畫餅充飢的地步？

　　金太陽的響亮口號讓我想起中國的華國鋒。1976 年「四人幫」粉碎後，以華國鋒為首的黨中央不失時機地提出「要迅速地把國民經濟搞上去」和「抓綱治國，一年初見成效，三年大見成效」的號召。華說：「我們要奮戰幾年，按照原定規劃，按照大慶式企業和大寨縣的標準，在第五個五年計劃期內，把全國三分之一的企業建成大慶式企業，三分之一的縣建成大寨縣。做到這一步，我國社會主義制度就將大為鞏固，社會主義經濟也將大為繁榮。」

　　五年內，把全國三分之一的企業建成大慶式企業，三分之一的縣建成大寨縣。這是華國鋒的最高指示。華國鋒在會上說：「原來認為距離 2000 年只剩下 23 年了，很快就過去了，一考察，日本搞現代化只有 13 年，德國、丹麥也是十幾年，我們可以趕上去。」後來的歷史事實證明：華國鋒眼裏的所謂現代化，無非就是在現有體制框架不變的前提下，把國外比較先進的設備引進來，就算是一個國家實現現代化了。至於西方的意識形態、生活方式，文化習俗，統統排斥在國門之外。這樣的改革之路註定是走不通的；也註定是走不長的，早晚會進入死胡同。

　　說華國鋒是為引經據典。現在的金太陽，以其領袖魅力能否一揮而就，在三年內，如願以償實現強國之夢？答案是否定的。理由是：口號畢竟是口號，它只是精神的，而不是物質的。物質與精神的區別在於：前者能滿足人的最低需求，後者是在人的最低需求下潛行。當一個人連溫飽都成問題，無法得到保障，在此條件下，精神即使再偉大，也是曇花一現。

　　我們知道，一個經濟大國，它的之強不僅僅是體現在「經濟」這個單一概念上，還包含其他諸如政治與文化、科技與教育、商業與人

文等方面。這些方面沒有進步表現，經濟會單獨繁榮、一枝獨秀、獨領亞洲風騷嗎？

綜觀近期朝鮮，金太陽為了讓新的小金太陽上台，破天荒地走出一些新路子。比如說，在一些旅遊景點豎起看板，撤下之前的革命口號宣傳牌；在電視媒體上第一次推出「大同江啤酒」廣告。這種跡象表明，金太陽也想學中國，搞改革開放，把外資引進來。可因為核問題沒解決，世界各國不會同意撤除「封鎖」。「封鎖」下，金太陽只能寄期望於全國人民自力更生、艱苦奮鬥、發憤圖強了。

金太陽這套思路與中國當時的華國鋒一樣，只想把國外的先進設備引進來，但僅限於先進技術，而不包括先進的思想以及代表所有文明進步的理念。就是說：國外的硬體需要；本國的軟體一件也不能少。試想，在資訊時代，科技進步每天都在日新月異。如此堅守絕對的封閉道路，這樣的經濟強國會在亞洲誕生嗎？我看騙騙沒讀過書的小孩還差不多。

「發憤圖強」不可能讓朝鮮在 2012 年成為世界經濟強國的理由還在於朝鮮這個特殊國體，它是以「主體思想」理論武裝全國人民大腦的一個神秘社會主義國家。這個號稱最民主和幸福的社會主義國家，有著以下四個鮮明特性：

一、在經濟上，對人民實行最簡單的「配給制」糊口政策；二、在政治上，對人民實行最「極權制」的意識形態監控手段；比如，市民在城市與城市之間；農民在縣與縣之間，不能隨便走動；三、在思想上，神化領袖為 21 世紀人類拯救的最偉大的金太陽；四、在文化上，對人民實行閉關鎖國、愚昧落後的教化，從童孩時代就開始實施這種愚化教育。

「窮秋立日觀，矯首望八荒。」記得奧地利經濟學家哈耶克在其著作中說過這樣一句話：「社會主義一旦由理論而變成一種制度時，便是《奴役的開始》。」朝鮮，便是這最好的印證例子。由此，我想說：「在一個人民被奴役的國家，企望通過『發憤圖強』，讓朝鮮在 2012 年成為世界經濟強國，這是金太陽在萬壽台前的南柯一夢、單相思。」

我看社會主義古巴
怎麼像中國皇帝制國家

　　古巴（Cuba），全名為古巴共和國（República de Cuba）。根據現行憲法規定，古巴是主權獨立的社會主義國家，是一個民主、統一的共和國。古巴共產黨是國內唯一合法的政黨，也是美洲唯一由共產黨執政的國家。08 年 2 月 24 日，古巴全國人民政權代表大會（議會）代表通過神聖而又莊嚴投票，選出勞爾‧卡斯楚（即：菲德爾‧卡斯楚的胞弟）擔任古巴國務委員會主席和部長會議的主席，以接替長達半個世紀執政的菲德爾‧卡斯楚之職。當大會宣讀這一決定時，全體代表起立，長時間熱烈鼓掌。

　　勞爾‧卡斯楚成為國家最高領導人之後，即刻發表演講，說：「菲德爾不可替代，如果他不和我們一起，人民也會要求他繼續工作，因為他的思想總是和我們在一起。我接受他交給我的任務。古巴革命只有唯一的總司令，那就是菲德爾。請允許全國人民政權代表大會准許我在關係國家未來發展的重大問題上與菲德爾‧卡斯楚磋商。」代表們再一次以鼓掌方式一致通過這一提議。古巴媒體對此稱：這是新老政權順利過渡的標誌。年已高達 82 歲的菲德爾‧卡斯楚為不讓政權落入別人之手，在選舉前竟以「人民需要安定」名義，呼籲議會代表選他的弟弟接班。把政權傳給同樣是 76 歲高齡的弟弟勞爾‧卡斯楚（放棄武裝部隊總司令一職，保留共產黨第一書記之職），這還叫「新老政權順利過渡」？

　　根據古巴憲法：古巴政體由全國人民政權代表大會、國務委員會和部長會議三個重要部分組成。全國人民政權代表大會即議會，是國

家最高權力機關，享有修憲和立法權，每屆任期 5 年，每年舉行兩次例會。國務委員會是常設機構，由全國人民政權代表大會選舉產生，在全國人民政權代表大會休會期間代表其行使國家權力。當選的國務委員會主席即為國家元首。國務委員會主席統領第一副主席、五名副主席、秘書和 23 名委員。此外，古巴法律規定，國務委員會主席兼任政府首腦和武裝部隊總司令。部長會議即政府，是國家最高行政機關。部長會議主席即為政府首腦，由國務委員會主席兼任。部長會議成員經主席建議由全國人民政權代表大會任命，包括第一副主席、若干名副主席、執行秘書、各部部長和法律確定的其他人員。

　　菲德爾‧卡斯楚從自 1959 年革命起家成功後，便成為古巴國家最高領導人。其間幾十年，雖然國際時局風雲變幻、動盪不安，但他始終一人牢牢掌控黨軍政大權。現在，菲德爾‧卡斯楚以「國家需要」把政權傳給弟弟，哪天弟弟下台前若是再把政權傳給自己的後代。如此，上面所言的古巴憲法豈不是廢紙一張？所謂的「人民意願」也豈不是成了當權者眼裏的欺世意願？菲德爾‧卡斯楚自稱自己一生追求反美的民主革命運動，對國家經濟獨立的嚮往，對政治穩定的渴望，對社會和諧的期待，對社會腐敗現象的痛恨（古巴也是世界上腐敗出名的國家之一），以及努力想要讓全國人民早日進入共產主義社會，這些思維貫穿了他的一生。可是，作為一國之黨的領袖，其思維言行與中國古代皇帝把皇位只傳給自己後代的皇帝制度又有什麼區別呢？不妨將中國古代皇帝制度與古巴共產黨制度作一番比較，看兩者相同點與不同點。相同點是：

1、在對國家領導權力的壟斷上，兩者完全一致。
2、在反人民意願方面，即奴役人民這一方面，兩者出拳也是驚人一致。
3、不管是中國古代皇帝制度還是古巴共產黨制度，它們都是開倒車的專制制度，也是反民主的野蠻的統治制度。尤其是古巴共產黨制度，可以說是當今現代化政治制度的死敵。

4、兩者都是惡的政治制度代表，不得人心。而民主制度則是善的政
治制度代表，順應時代潮流。它是以人民性為主體，以真正意義
上「為人民服務」的制度。民主政治制度就是對以上兩種制度的
徹底否定。

中國古代皇帝制度與古巴共產黨制度區別在於：

1、中國古代皇帝制度中的皇帝是一個人格皇帝，而古巴共產黨制度
包括菲德爾‧卡斯楚本人是非人格皇帝。即：是一個由被集團利
益壟斷的組織意義上的君主。

2、中國古代皇帝制度是「家天下」，古巴共產黨制度則是「黨天下」。

3、中國古代皇帝因「家天下」而小私，古巴共產黨制度因「黨天下」
而大私。

4、中國古代皇帝制度下的皇帝歷來求太平吉祥、莫多事。而古巴共
產黨制度則是別出心裁，一邊捍衛真理，一邊拿它的本國人民作
政治試驗品。

對古巴人民而言，古巴共產黨制度毫無公有可言。古巴共產黨制
度對它本國人民實行最大的「私有化」。即：「黨有制」。所謂「黨有制」，
古巴社會主義社會國家中的一切財富，包括古巴人民的生命個體都歸
為黨所有。黨對人民的要求只兩個字：「依附」。人民要是不服從這種
精神依附，後果自負。精神與意志長期被佔有，名曰：統一思想，正
是古巴共產黨制度派生的殺手鐧。這點，在朝鮮格外明顯，在其他「社
國」裏也時時顯現。

現在我再談什麼叫「古巴共產黨制度」？古巴國家面積不大，但
古巴在菲德爾‧卡斯楚幾十年強有力的影響和領導下，「古巴共產黨制
度」的理論體系表現出驚人的完整性，抗擊了外國勢力種種干預。從
他們的國情可以看出：古巴共產黨制度就是以民主集中制為核心，實
行領袖，也就是菲德爾‧卡斯楚對黨的絕對領導，並以「古巴共產黨」
這個工具來施行國家極權主義專政制度。這種國家極權主義政治制度

與中國古典皇帝制度一樣，是對現代政治文明的一場倒退性復辟；也是死灰復燃的、變形的、冷酷的專制代名詞。

菲德爾‧卡斯楚在掌握政權之後，開始輕飄起來，目無法紀。紀是自己定給人民的，法制約人民但不可以制約他。與他一起風雨同舟鬧革命的最好戰友阿馬斯，因看不慣他的所作所為，選擇離開他。他卻不容，動用權力把對方關進監獄三十年，阿馬斯82歲時死於美國。菲德爾‧卡斯楚對此一點不內疚，他認為革命是殘酷的，革命就必須有人犧牲，否則革命難以取得決定性勝利。不寧為是。菲德爾‧卡斯楚還借革命需要之理由，以「古巴共產黨制度必須牢牢鞏固」之名義對本國人民實行全面無產階級專政。這還不夠，同時搞起紅色革命輸出，名曰：多拿些外匯回來，支援國內革命事業建設。在經濟上，古巴一直遭受美國經濟封鎖。但老卡不怕，富與窮，來個全面「共產」。即：全面剝奪富人和窮人的權益，統吃，讓絕對貧窮主義理念壓倒一切。在意識形態上，老卡更有一招，對人民實行鉗制政策。文化上，愚化再愚化。控制或實名制上互聯網，旨在監督互聯網上所有的思想或沒思想的個體。這點與友國朝鮮的金正日手段如出一轍。金正日認為海外網站皆有病毒，是魔鬼的化身。本國人民防患能力和準備意識不夠充分，必須徹底杜絕群眾上互聯網。

菲德爾‧卡斯楚一生通讀過不少馬列著作。他始終認為：一個人可以口袋貧乏，但絕不可以覺悟貧乏。覺悟貧乏意味著這個人將失去愛國情操，而失去愛國情操的人往往會同時喪失對真理和信仰的追求。這無疑就像是一個木偶人，比什麼都可怕。要窮人還是木偶人，菲德爾‧卡斯楚當然選擇前者。窮人雖窮，愛國之心一刻不停地跳動。就像文革中張春橋所言：寧要社會主義的草，不要資本主義的苗。只有這樣，千秋江山可以萬保長青。然而古巴經濟在菲德爾‧卡斯楚理念浪漫試驗下，一直沒上去過。現在他的弟弟上台接班，提出腦袋與口袋，兩者皆重要。大哥的理論要貫徹，百姓的生活也要上去。就像中國古人所說：熊掌與魚翅，兩者欲兼得。但這是不可能的事。再說，

一個有著 76 輪腦圈的老人，智慧再怎麼閃光，在我眼裏也只是風燭殘年的寫真。古巴風華正茂的人到哪裏去了？大約被閹割了吧？

綜觀古巴共產黨制度有以下三個方面特徵：

1、政治鬥爭。政治鬥爭一抓就靈，這是古巴共產黨一貫的暴力主張。一種暴力革命取代另一種暴力革命，以「解放」之名恩賜於古巴人民，手法漂亮。

2、無產階級專政。這是古巴共產黨制度的暴力記號。據此，菲德爾·卡斯楚及其他的政黨，名正言順地對本國人民實行非人性管理，也叫：全面專政。

3、民主集中制。這是菲德爾·卡斯楚凌駕於古巴共產黨之上，對國家和人民集權化控制。大權一人在握。數風流人物，還看我老卡。

由三大特徵體現出來的古巴共產黨制度在其理論上代表著古巴共產黨價值取向，那是一種偏執的意識形態病態之求。它暴露出古巴共產黨理論與所謂「為人民謀幸福」行動是背道而馳的，也是格格不入的。其結果只能是：加深黨民對立局面。

悲！當國家利益與菲德爾·卡斯楚個人利益捆綁在一起時，在這片土地上生存的人民，他們的苦難只是冰山一角，序幕剛剛拉開。古巴共產黨制度與黑社會幫規沒二樣了，甚至是青出於藍勝於藍。

致前蘇聯詩人馬雅可夫斯基一信

　　前言：週末在家，閑讀《外國名詩鑒賞辭典》，其中一首由前蘇聯詩人馬雅可夫斯基寫的「蘇聯護照」詩引起我的注意。詩的結尾這樣寫道：「……因為／我手裏拿的是／蘇聯護照。／我要撕碎／官僚主義，／像狼一樣狠。／對各種證書／毫不尊敬。／無論什麼證件／見你媽的鬼去，／給我滾。／唯一的例外是／這一份……／我從／寬大的褲兜兒裏／掏出／無價之寶的／身份證。／看吧，／羨慕吧。／我是一個／蘇聯／公民。」（見《辭典》P608，《辭典》由河北人民出版社 1989 年 12 月出版）。

馬雅可夫斯基，你好！

　　讀了你於 1929 年寫的「蘇聯護照」一詩，有感要發。當時列寧領導的十月革命成功後，你作為新政府「詩的全權代表」9 次出國訪問，在出訪中的邊境檢查時，你來了此詩靈感。你為自己是一個蘇聯公民、蘇聯社會主義制度的代表、人民思想願望的直接體現者而驕傲。你堅信，全世界人都在羨慕你手中這本封面印有「刺目的鐮刀、扎眼的鐵錘」紅皮「蘇聯護照」。

　　讀史而知，在上世紀二十年代蘇聯文壇，有兩種詩歌流派輪番唱主角，一種是以葉賽甯為代表的現代派；另一種就是以你為代表的無產階級革命詩歌。前者注重抒情意念表達，後者追求政治韻味突出，強調所有詩歌必須要有革命的思想性體現。兩派有過激烈爭論，而由政府掌控的輿論媒體全力支持無產階級革命詩歌，將葉賽甯為代表的象徵派、阿克梅派和未來派等組成的現代詩歌流派籠統地稱之為「頹

廢派」。參閱前蘇聯著名文藝評論家、列寧格勒大學教授葉爾紹夫《蘇聯文學史》（此書作為前蘇聯高等學校語文專業教學參考書，北京師範大學出版社 1987 年出版），該書在「第二章——二十年代的文學」中，只介紹你和葉賽甯及小說家革拉特科夫作品。選擇革拉特科夫那是因為他創作了兩部小說：《水泥》和《動力》，作品旨在表現無產階級於牢牢掌握（意識形態）世界時那種肯定生活的處世態度。可見在二十年代蘇聯文壇唱主角的還是詩歌，詩歌中又以主唱無產階級革命詩歌的你為擂主。

兩派之爭的焦點在於，詩歌到底是著眼於藝術魅力與品味的欣賞讀物，還是為政治者鳴鑼開道服務的語言武器？蘇聯文壇之爭讓我想起胡風與毛澤東就文學屬性的那場爭辯。1938 年 10 月，毛澤東在中共中央全會報告中提到一個「民族形式」問題，延安文化界隨即組織學習討論。而遠在重慶的胡風卻另起爐灶寫了〈民族形式問題〉一文，指責毛澤東把「民族形式」還原為大眾化和通俗化，反對「文化上文藝上的農民主義」。其後，毛澤東在延安文藝座談會上發表講話，提出文藝服務對象必須是無產階級勞動大眾。又是胡風不認帳，在其後主編的《希望》創刊號上發表舒蕪〈論主觀〉文章，提倡「主觀戰鬥精神」，反對客觀主義和機械論，其觀點是不同意毛澤東在「講話中」關於反對主觀主義理論。當時事關重大，中共南方局急令組織筆手展開對〈論主觀〉反擊。

因為政治包裝需要，你每創作出一部革命長詩，就像是一顆炸彈在社會爆炸。比如 1924 年，列寧逝世，你創作了長詩〈列寧〉，詩中將列寧比作成黨，黨化身成列寧；又如，為紀念十月社會主義革命十周年，你精心創作長詩〈好！〉。一首長詩就是一首關於革命、關於人民和關於社會主義祖國的頌歌。

馬雅可夫斯基，其實在你同年代，蘇聯詩壇崛起三位女詩人，她們是：阿赫瑪托娃、茨維塔耶娃、英蓓爾。她們年齡相近，在十月革命前就嶄露頭角。其中阿赫瑪托娃的詩可與普希金相提並論。評論家

說：如果普希金是俄羅斯詩歌的「太陽」，那麼阿赫瑪托娃就是俄羅斯詩歌的「月亮」。這樣一個才華橫溢的女詩人，卻被無產階級革命詩歌的浪濤聲給壓抑沉默了。到了衛國戰爭結束，蘇共（布）中央認定阿赫瑪托娃的詩是與蘇聯人民「背道而馳的空洞的無思想的詩歌的典型代表……唯美主義和頹廢主義。」她受到人民嚴厲批判，並被開除作協（後又恢復名譽）。阿赫瑪托娃與茨維塔耶娃死後名氣大增，最終獲得由權威機構授予的「大詩人」與「語言大師」桂冠榮譽。

今天，八十多年煙雨飄逝的今天，被你在〈好！〉一詩中頌誦：「我讚美祖國的現在，但三倍地讚美——祖國的未來」的蘇聯，已不復存在。列寧領導的所謂「偉大的十月革命」也已被俄羅斯史學家改為：「十月政變」（政變之意就是不靠正當的選舉上台，而是靠非程式的暴力手段上台）。

去書店瀏覽「外國詩歌集」已看不到你的詩集，而阿赫瑪托娃、葉賽寧的詩集倒是成為市場暢銷書。出版商很實際，無銷路的書即使再具革命性意義也不會去再版。出書需要有買主，買主如上帝，上帝是新生代，新生代討厭政治，政治包容「革命」，「革命」成了被拋棄的憐憫對象。只有沒被「革命」薰染的藝術作品，還在流芳百世、絢麗綻放，讓世人百讀不厭。

馬雅可夫斯基，我要對你說「再見！」儘管蘇聯政府奉你為文壇泰斗，每一首詩就是一顆重磅炸彈，直指資本主義社會。中國那些喜歡阿諛奉承的評論家也曾不失時機地跟在蘇聯老大哥屁股後面歡呼雀躍，以為無產階級解放全人類的一天快要來到了。但歷史畢竟不是泥捏的少婦塑像，想要胸豐臀肥就多加一把泥。歷史能欺騙人一陣子，但不可能讓謊言掩蓋一世。

我以為，詩歌應該是文學創作者情感昇華中凝練出來的文字符號，而不是為「革命」服務，或被「革命」凌駕而行於天下的工具。詩歌如果被「革命」或者說某個革命黨派綁架與操縱，那麼文學創作

者很容易成為某個黨派「工具」，並由「工具」淪為奴僕：詩歌的奴僕；也即黨派的奴僕。詩歌與「革命」結緣，這既是對繆斯女神目光的一種背離，也是對藝術純潔的一種玷污。

馬雅可夫斯基，假如你不自殺，假如你能活一百多歲，那麼你可能做夢也想不到，你詩中所說的世界勞動人民「羨慕不已」的蘇維埃社會主義國家，卻會在一朝間土崩瓦解。這個曾經是最驕傲的國名永遠被埋進歷史檔案室，國旗也從克里姆林宮上空降落，而升起的是解體後的十幾個擁有領土主權的國家國旗。

馬雅可夫斯基，這不是你的錯，這是列寧給所有想要進入人類最理想社會的一顆糖丸；這也是蘇維埃社會主義國家從成立的第一天起就埋下弊病了。這弊病像一顆腫瘤，伴著制度慢慢長大、吸著制度的血，抽著制度的骨髓。終於有一天，發作、惡化、無可救藥。誠如俄國著名哲學家和馬克思主義宣傳家、俄國社會民主工黨主要創始人之一的普列漢諾夫，在 1918 年口述的〈政治遺囑〉中就精闢地預料到蘇維埃政權會全面崩潰（這份〈政治遺囑〉後於 1999 年底在俄羅斯《獨立報》上與讀者見面）。

為什麼？因為秉承馬克思理論學說的列寧試圖建立一個自由的、平等的、公平的社會，讓人人能過上富裕生活的日子。然在蘇聯實踐過程中，這種理念卻被強行貼上「無產階級革命」和「無產階級專政」標籤。政府不斷向民眾灌輸、鼓動，說資本主義和帝國主義是腐朽的、沒落的、垂死的社會制度。列寧完全沒想到那些危機四伏的資本主義國家卻總能表現出頑強的自我替換、更新和生命的能力；他更沒想到，死後幾十年，蘇聯政治體制始終不是在法律範疇內運行，而是靠上級向下級強制發布執行命令和指示。政府口頭上宣揚民主觀念，實際上卻離不開獨斷專行。搞笑的是，一邊向人民宣揚，人民政權歸人民管；一邊卻在大搞唯意志論和主觀主義、宗教主義。所謂「民主制度」根本就是曇花一現，實質就是踐踏人權、民權。執政黨根本就無接受批評改正的誠意度和公開透明性。

　　馬雅可夫斯基，在你自殺後不久，也就是 20 年代末 30 年代初，你最尊敬的勞動人民領袖史達林，英明地把原本屬於學術問題的討論與政治原則混淆起來，親自發動和組織一系列大批判運動。在政治經濟學領域開展「政治經濟學批判」，在哲學領域開展對德波林學派的批判，在生物學領域開展對魏斯曼學派的批判等等。大批判同時，又對「舊專家」和「資產階級知識分子」進行大清查與大整肅。由此，在 1928 年到 1931 年間，政府破獲了所謂的「沙赫特」案件、「拯救烏克蘭聯盟」案、「勞動農民黨」案，「工業黨」案以及「孟什維克聯盟局」案，等等。每一個案件都牽涉了大批知識分子，學者、教授和技術專家屢遭清洗、關押。

　　不甯唯是，史達林還以思想文化的單一性來取代多樣性，以欽定風格流派的壟斷來取代各種風格的自由競爭。比如，1948 年，蘇聯生物學界擁護米丘林學說和主張摩爾根學說的科研人員就遺傳學問題展開爭論。結果摩爾根學派被宣布為「唯心主義的反動科學」遭到封殺，遺傳學被當作偽科學遭到禁止。進而，蘇聯官方規定解剖學、微生物學、心理學等學科都必須以米丘林學說為基礎。如此，在蘇聯生物學界就形成只有米丘林學說一花獨放的局面。又如，從 1932 年 4 月蘇共中央開會強行通過〈關於改組文學團體的決議〉到 30 年代末，95.5% 的人文社會科學團體，92.9% 的文藝創作團體，69% 的普通文化教育團體，48% 的自然科學和技術學會不得不停止正常活動。至於官方建立起來的文化與學術團體則走向統一化、行政化和國家化道路。之前的各種風格和流派自由競爭的局面蕩然無存。

　　在蘇聯，史達林代表黨，是黨的化身。黨有理由認為，除社會主義文化以外的其他一切文化都是毒草，必須予以隔離、消滅；必須大力培養具有無產階級專政意識的文化形態。於是在蘇維埃政權建立不久，政府就把 200 多名學術界著名人士強行移送出國，將他們的作品列為「禁書」全面封殺。可是偏偏這種在「純社會主義」環境中培養出來的社會主義意識形態行為使社會主義意識與封建主義意識摻雜在

一起，同時遭到扭曲；資產階級思想沒有杜絕，反而加深了民眾對國外資本主義文化的盲目崇拜。

馬雅可夫斯基，你有所不知，史達林死後，蘇共各屆領導人對一些國策雖有不同程度的變革和調整，並剔除其中已過時的、明顯處於極端的成分，但都未能擺脫史達林時期所形成的那套體制模式。「黨的組織行政化」和「黨政幹部官僚化」，必然使黨成為國家機構一部分，並成為凌駕於社會之上一種抹不去的力量；而「國家權力個人化」和「監督機制無效化」使政府權力失去監督。失去監督的權力必然走向腐敗。「幹部制度委任化」，幹部由上而下層層任命，幹部可以只對上負責而可以不對下負責，造成黨群、幹群之間的隔閡，嚴重損害了黨的領導的代表性。「個人崇拜普遍化」，使黨和國家政治生活毫無生機可言；使社會喪失制約性與批評機制。個人崇拜還培養了一批品德不良、權迷心竅、阿諛奉承的害群之馬。「法律制度虛無化」使民主和法制遭到史無前例的破壞。「大清洗」又幾乎禍及到每一個家庭。馬雅可夫斯基，這就是你一生中最愛戴的悲劇蘇聯；這也是列寧生前念念不忘無產階級專政的使然。

馬雅可夫斯基，或許你沒想到，在蘇聯，不！在俄羅斯，現在最富的不是泰斗詩人；也不是黑市倒爺，更不是從前那些對政府持不同政見的異己分子，而是那些新生的階級群體。在國有化轉私有化過程中，國有資產大量流失，它既沒落到最有權利獲得財產的人手中，也沒有落到有能力利用這些財產造福於社會的人手中，而是落到了早就準備竊取這些財產的人手中。這些人過去是黨和政府的各級領導成員，現在搖身一變，成了俄羅斯一代新顯貴。難怪美國一個專門研究俄羅斯問題小組的人說：「蘇聯共產黨是唯一一個在自己的葬禮上致富的政黨」。

馬雅可夫斯基，我想說：「你生前沒到過中國來，卻寫過〈不准干涉中國〉、〈致中國的照會〉等關心中國的詩。如果你在天堂能訂閱到中國報刊，並且你能掌握一些中國漢字，那麼請你去『老馬圖書館』

閱讀一下 2009 年第 1 期的《讀書》，上面有一篇關於你們蘇聯的文章，題目叫〈邂逅口述史，發掘口述史：蘇聯的人民記憶〉，說的是一位叫『費格斯』的研究生，在二十年間，多次去莫斯科，做關於蘇聯革命和內戰的歷史研究，終於寫就一部《耳語者》。下面摘錄幾段評論給你看看。」

「成千上萬的普通蘇聯人過著一種『雙重生活』。他們一方面覺得受到不公正的對待，對蘇聯制度有離異感，一方面又努力自我調節，在這個制度中找一個安身立命之地。許多個人儘管家庭成員中有的飽受迫害，但自己仍然努力進步，爭取入黨、入團。在對待家庭中的『人民敵人』時，普通的蘇聯人在信任他們所愛的人和相信他們所怕的政府之間經受了各種內心掙扎和道德煎熬。他們有的痛苦，有的麻木。

「經歷了史達林恐怖統治的蘇聯，幾乎沒有家庭不留下它的印痕。據保守估計，從史達林獲得黨領導權的一九二八年到他去世的一九五三年，大約有兩千五百萬人受到過政治迫害。這兩千五百萬人中，有的被槍決，有的成為古拉格的囚犯、特殊圈禁處的『富農』罪犯，有的成為無數勞改營地的奴工。他們占了蘇聯人口的八分之一（一九四一年的蘇聯人口大約是兩億），平均每一點五個家庭就有一個『人民的敵人』。這還不包括在大饑荒和戰爭中喪生的人們。這些直接受害者的家屬數以千萬計，他們的生活充滿了恐懼、偽裝和絕望，他們不顧一切地向史達林表現忠誠，爭取按他的意志做蘇聯的『好公民』。

「史達林去世的時候，『留下了延綿不斷沉默而順從的人民』。史達林時期的恐怖和暴力統治成功地建立了一個以絕大多數人的沉默、謊言、順從、道德妥協、曲意奉承為特色的生活秩序。赫魯曉夫時期的『解凍』改變了史達林的個人崇拜，但並沒有改變史達林的制度。蘇聯社會的上空依然徘徊著史達林的幽靈。人與人之間的信任匱乏、冷漠被動、恐懼隔閡、背叛、出賣、孤獨無助、專制制度下的唯命是從、個人責任不清，在後史達林時代的蘇聯依然如故。這樣的人民，

他們的個人遭遇無法形成文字記錄，更無法相互交流，只能掩埋在孤寂的心靈深處。

「生活在極權恐懼中的人們，為了活下去，他們必須對所有人，包括他們自己保持沉默。這種沉默不只是『不做聲』，而且更是加入謊言世界，『誠心誠意』地拒絕真實。由於這種『誠心誠意』，當一個人一夜之間變成『人民的敵人』時，一家人，包括他自己，都會說服他去接受這個判決。一旦苦難失去了『犧牲』的意義和價值，受難者便不再可能獨自承擔苦難而不陷於絕望和瘋狂。這時候，他們自救的唯一方法就是在感情和理解上全身心地投向加害者一方。」

馬雅可夫斯基，中國有句成語：「不敢暴虎，不敢馮河。」（暴虎：空手打虎；馮河：徒步過河。見《詩經‧小雅‧小旻》）。一個迴避歷史；不敢正視與總結曾給整個民族帶來巨大災難的政府，如何在它的民眾面前描繪俄羅斯明天的燦爛藍圖？馬雅可夫斯基，你說呢？

第十一輯
國慶 60
——我的反思

政協也要慶 60，
是慶祝民主監督發揮 60 年嗎？

　　中華人民共和國宣告成立是上世紀 49 年，中國人民政治協商會議（簡稱政協）也是成立於 49 年。成立之時宣告：在中國共產黨領導下，由中國共產黨、八個民主黨派、無黨派民主人士、人民團體、各少數民族和各界的代表，台灣同胞、港澳同胞和歸國僑胞的代表，以及特別邀請的人士組成。它的主要職能是政治協商和民主監督、參政議政。60 年來，由八大民主黨派為主組成的政協機構對執政的共產黨是否起到真正民主監督作用？

　　我要提問：先問民革中央主席周鐵農。周主席，中國國民黨革命委員會（簡稱民革）於 1948 年 1 月在香港宣布成立。當時李濟深因看不慣國民黨政府腐敗與專制而從國民黨脫離出來，自立新黨。新黨宣言是：「推翻反對民主、破壞和平、媚外賣國的蔣介石之反動獨裁統治，聯合中共及其它民主黨派，建設獨立、民主、幸福之新中國。」民革任務是反對國民黨一黨專制，提出聯合中共，團結其他政黨，推翻舊政府，建立新政府。……1988 年，民革又一次修改黨章，首要任務是：「領導全體黨員，團結國內外擁護祖國統一的愛國者，為統一祖國、振興中華而奮鬥。」如今，60 年過去了，周主席，我想問兩個問題。一是：你在（去年）年會上說：「民革是自覺接受中國共產黨領導的一個參政黨。」由建會之初的「聯合參政」到現在的「自覺接受參政」，黨的綱領如此演變不知全黨成員如何想著。二是：如果說當初因國民黨腐敗和專制，李濟深看不慣，毅然決然脫離國民黨，自立新黨。

那麼今天，共產黨內同樣有腐敗現象，作為一黨主席的你，是否敢學當年李濟深主席精神，另立新黨嗎？你左手舉木牌，上寫：「全黨『自覺接受』共產黨領導」，右手舉另一張木牌，上寫：「統一祖國，台灣回歸。」莫非是想讓台灣早日回歸大陸，以便能早日自覺接受共產黨血與火的洗禮？

再來問問民盟中央主席蔣樹聲。民盟於 1941 年 3 月 19 日在重慶秘密成立，當時名稱叫「中國民主政團同盟」，1944 年 9 月正式改稱「中國民主同盟」。〈成立宣言〉對「民盟」定義是：「為國內在政治上一向抱民主思想各黨派初步合作。」同一天，發表〈對時局主張綱領〉，強調：「本團體的成立是為『督促並協助中國國民黨執行抗戰建國綱領』而努力。」在國共重慶談判時，民盟全代會在重慶閉幕，通過〈政治報告〉等文件，並擬定 10 項政治主張：1、迅速召開政治協商會議。2、成立民主聯合政府。3、舉行國民大會，制頒憲法，產生政府。4、保障人民享受一切自由權利。5、立即無條件釋放漢奸以外的一切政治犯，廢止特務制度。6、軍隊國家化，軍人不得干政。7、積極振興經濟。8、外交上獨立自主，與各國平等相處。9、內政上肅清貪污，提高效能。10、廢除黨化教育，保障學術研究的絕對自由。

蔣主席，我想問二個問題。其一：你在去年年會上說：「67 年的時間裏，民盟和中國共產黨團結合作、風雨同舟。」這話不對呀！實際上民盟與共產黨合作最多只有 61 年（至 2008 年），還有幾年是「協助」國民黨執行抗戰建國綱。更何況，1947 年 10 月 27 日，國民政府宣告民盟為非法團體，立即解散之時，民盟主席張瀾於次月 16 日發表〈解散公告〉，公開要求全體會員停止一切政治活動。其二：民盟建社起點很高，10 項主張也能打動當時民眾之心。然，任重而道遠。所謂「保障人民享受一切自由權利」；「無條件釋放一切政治犯，廢止特務制度」；「軍隊國家化，軍人不得干政」；「內政上肅清貪污，提高效能」；「廢除黨化教育，保障學術研究的絕對自由。」諸多要求，想要實現卻難乎其難，不是更換一個執政黨所能解決的。

　　三問民建中央主席陳昌智。陳主席，你說：「中國民主建國會，是中國共產黨領導的多黨合作和政治協商制度中的一個參政黨。」這我知道，我還知道，中國民主建國會（簡稱民建）於 1945 年 12 月 16 日在重慶成立，其宗旨是：「積極興（與）聞國家大事」。民建成員大都來自工商界和知識界，他們最怕內戰，摧毀一切，希望國民政府通過改良或改組方式來拯救中國。故，在〈成立宣言〉中，隻字不提推翻誰，或誰與誰精誠攜手合作。如此，陳主席，你說：「60 多年來，我們和中國共產黨風雨同舟、共創偉業。」這話有點誇大事實了吧？歷史畢竟是歷史，幾句話就能改變歷史事實，這歷史肯定不叫「歷史」。

　　四問民進中央主席嚴雋琪女士，你在去年年會上說：「中國民主促進會是以教育文化高中級知識分子組成的政治聯盟。62 年前，在創建人馬敘倫、王紹鰲等民進前輩，以發揚民主精神，推進中國民主政治實踐為宗旨，在上海發起成立的。在反獨裁、反內戰的愛國民主運動中，民進的前輩英勇鬥爭，響應中國共產黨的號召，為建立新政協、建立新中國譜寫了一段光榮的歷史。」此話不假，可是，民進會當初還提過一個響亮的、贏得民眾之心的口號：「結束國民黨一黨專制統治！」在此，嚴主席，我希望你能再接再厲，把你們老會長未能了卻的心願高高舉起，發揚光大。

　　五問農工黨中央主席桑國衛先生，桑主席，你在去年年會上說：「農工民主黨建立於 1930 年，具有光榮的歷史和優良的傳統，經受了血與火的考驗，應該說為新中國的建立、社會主義建設和改革發展都作出了重要貢獻。」農工黨「具有光榮的歷史和優良的傳統」。此話不假，農工民主黨成立之初名叫「中國國民黨臨時行動委員會」，由國民黨左派領導人鄧演達組織成立的一個政黨。黨的宗旨如黨的機關刊物《革命行動》（半月刊）和《革命行動日報》中聲明所言：在國共兩黨之外，獨立領導工農，「實現中國平民革命」。當時，平民對你們這個黨抱有很大希望，稱之為「第三政黨」。（1947 年 2 月，改黨名為：中國農工民主黨。）但是，你們黨的元老為何在當時沒將這建黨宗旨堅持下來

呢？這是否有負天下農工之期望？如果能得天下農工之心，一躍成為中國「第三政黨」，那麼歷史又會怎樣寫呢？

與時俱進。桑主席，我看了你們黨現在黨章，卻沒有與時俱進氣味。黨的「基本任務」中第一條是：「高舉愛國主義和社會主義旗幟，鞏固和發展愛國統一戰線；堅持四項基本原則，貫徹『依法治國』的方略，為發展社會主義民主，建設社會主義政治文明而努力。」

這口號太老套了吧？當今時代，「愛國統一戰線」中的「愛國」詞語如何理解呢？「依法治國」，這個「法」又具體表現在哪裏呢？「愛國」字眼是不是應該由「愛黨」字眼來代替？「依法治國」可否讓「依黨治國」來挑明？在這裏，「法」應該是指國家憲法，即：用憲法來治理國家。可是我們現在，卻是由黨章來規範國家憲法。比如，我們看上世紀 1982 年 9 月 6 日通過的中共十二大黨章，在「總綱」中有這樣一句話：「黨必須在憲法和法律的範圍內活動。」不是通過國家憲法來對黨的活動作出種種行為規範，而是由黨站在憲法之上來自我擬定黨章條款和黨的活動規定。難道這就是「社會主義民主」和「社會主義政治文明」的美好表現？憲法本是一個國家的根本大法，一個國家大法居然要由黨章來對它保駕護航，可見其憲法從屬地位了。

六問致公黨主席萬鋼先生。萬主席，你好！你說：「致公黨始於1925 年，誕生在美國，當初主要是華僑，在海外過程當中，特別是在反法西斯的戰爭當中，在支持我們國家的抗日戰爭當中，致公黨作出了貢獻。抗戰勝利以後，班師回國，1947 年在香港舉行了第 3 次代表大會。就在這次大會上，確定了與中國共產黨真誠合作，共同奮鬥為新民主主義革命作出了它的貢獻。」主席，你這話很中肯，沒把本黨與共產黨於 1947 年的香港「真誠合作」日期向前推進若干年。否則，那些歸國僑眷的中上層人士和海外代表性人士所組成的成員會對此會不明白，不明白自家黨史可以隨便篡改。但是，話語中肯，不等於我沒問題要提問。萬主席，在與共產黨「真誠合作」之前，也就是 1925年至 1947 年之間，致公黨與中國大陸那方代表合作呢？這問題你沒說

清，不說清，我可以說你們黨曾與汪精衛的南京偽政府始終保持接觸。當然，這是我的瞎說，以你們在海外享有名望的致公黨來說不可能這樣做。但是有一點是事實。你們曾呼籲：儘快停止內戰，不管是哪個政黨上台，只要能讓它的人民過上無憂無慮好日子，就是一個好政黨；這也是你們海外華僑最大心願。

七問九三學社中央主席韓啟德先生。韓主席，你說：「我們九三學社具有愛國、民主和科學的光榮傳統。因為我們前身就是民主與科學座談會。為什麼叫學社？一個政黨為什麼叫學社呢？因為我們九三學社在抗日戰爭勝利以後，特別到 1947 年以後，我們領導的總部，還是在北京，當時還是在『國統區』。所以為了更好的保存自己，爭取民主政治裏面發揮更大的作用，所以保留了原來學社這樣一個名稱。但是實際上我們是一個政黨。」

韓主席，記得元老們在「學社」成立之時就發表了針對國民黨政府的 8 項聲明：1、促進民主政治的實現，爭取人民的基本權力。2、反對屬於黨派或私人的武力，根絕內戰。3、肅清貪污，反對官僚政治。4、從速完成國家工業化、農業現代化。5、發展民生經濟，反對官僚買辦資本和私人資本。6、學術思想絕對自由，根絕黨化教育及思想統治。7、普及國民教育。8、加強同盟國家團結與合作，促進世界和平。韓主席啊，韓主席，這些建議在今天看來不啻還是一個精美蛋糕。你說國民黨統治黑暗專制，可你是否想過？在那個文化與思想專制的「國統區」，居然還可以借「學社」之名成立一個政黨，並公開進行活動，歷史給你們政黨提供一個了不起的發展舞台，讓你們政黨由此可以幸運地寫下一頁精彩黨史。若放在 49 年之後，以建「社」立「黨」，提出「改頭換面搞活動」口號，殺你十次頭都不過分。可見，專制後面還有更專制的。

八問台盟中央主席林文漪女士。林主席，你說：「台灣民主自治同盟是由生活在祖國大陸的台灣省人士組成的致力於中國特色社會主義事業的參政黨。1947 年 11 月 12 號，台灣民主自治同盟在香港正式成

立。」你還說：「我們真誠地呼籲，島內的各個政黨團體和組織，和我們一起，為了兩岸同胞的共同利益，我們一起促進台海地區的和平，促進兩岸經濟建設和發展，為中華民族的偉大復興之業貢獻力量。」林主席，你想過這樣一個問題嗎？在祖國大陸人士努力致力於中國特色社會主義事業之時，台灣那邊民眾卻一點也不瞭解什麼叫「中國特色社會主義事業」？當兩種意識形態及兩個政黨政見不同相衝撞時，林主席，你是維護哪一方利益呢？還有，台灣現在建社自由，成立「共產主義活動會」或成立「台灣獨立活動會」，法院將不再視為「非法組織」而給予判坐大牢。當建社自由的台灣團體學派代表與大陸這邊建社不自由的團體學派代表坐在一張桌上交流兩岸文化和兩岸法律時，這話從何開始談？說他們那邊法律條款太超前還是說我們這邊法律條款太保守？當意識形態上的認知差異成為兩岸交流最大障礙之時，談如何「促進兩岸經濟文化的建設和發展」理念為時過早也！

「江聲不盡英雄恨，天意無私草木秋。」60 年歲月於中國五千年歷史長河中算不了什麼，但在民生大如天的當下，60 年歲月演繹就是漫長一頁滄桑。既然滄桑難抵，那麼我有理由要問，政協搞 60 慶，是慶祝對共產黨民主監督發揮 60 年嗎？如果不是那又是慶祝什麼呢？

60 華誕之際,回首毛澤東獨裁體制時代

最近,媒體最搶眼球的是「新中國輝煌 60 華誕」一詞。「輝煌 60 華誕」,這話如何解釋?我們永遠不會忘記,在毛澤東統治前 30 年中國,苦難無比、專制無比、獨裁無比。為銘記這段血色歷史,我特寫下此文。

(一)毛澤東獨裁的革命體制時代建立

中國革命體制時代從開創到建立只化了 28 年時間。即:從 1921 年 7 月至 1949 年 10 月。在這短暫 28 年裏,高舉革命大旗的共產黨當時儘管還是一顆幼芽,但在以建立共產主義理念為號召的理想驅使下,在革命裏生;革命裏長;革命中遭受挫折;又在革命中頑強挺拔。終於,毛澤東在 1949 年 10 月 1 日天安門上發出一聲響徹雲霄宣告:「中華人民共和國中央政府成立了!」這既是作為一個革命領袖毛澤東內心所抑制不住對革命成功喜悅心情的自然流露;又是對最終由他來領導的這場共產主義革命運動的一個總結。

如同人是自我異化的產物一樣。革命體制時代一經建立便迅速開始朝它的反面異化發展,這是人的本質宿命,也是革命體制時代的必然命運。當然,要在革命體制時代剛剛建立的那一刻起就說它會完結,那是讓人難以信服的。因為那時的群眾正沉浸在革命體制成功的激情裏。群眾,被冠以「革命」的群眾正處於高漲熱情之中。有了這些革命群眾鼎力支持,革命體制時代在建立之初確實是有號召力的;也是

生氣勃勃的。革命體制時代從 1949 年 10 月至 1956 年底，完成了下列體現體制意志與作用事件：

一、抗美援朝；二、土改；三、鎮壓反革命；四、對電影《武訓傳》的激情批判；五、開展「三反」「五反」運動；六、確立工人階級與資產階級的矛盾是國內主要矛盾；七、改造資本主義工商業；八、農業合作化，以「人民公社」形式完成對農民土地權的收回，這些土地是土改時分給農民的；九、加快手工業的社會主義改造，剝奪小資產階級權利。

在革命體制時代剛剛建立之際就快速完成以上這些任務。革命體制時代的真實面目就這樣被特製出來了：「鬥爭！」革命的特徵就是鬥爭。革命體制時代就是一種人際關係處於相互鬥爭的模式時代。

「革命不是請客吃飯，不是做文章，不是繪畫繡花，不能那樣雅致，那樣從容不迫，文質彬彬，那樣溫良恭儉。革命是暴動，是一個階級推翻一個階級的暴烈的行動。」在所有革命者、革命家、革命領袖對革命論述中，再沒有如毛澤東那般精闢、有力、一針見血，血氣方剛，氣勢如虹、不可戰勝。革命，如同宗教信仰一般，義無反顧。共產黨內部，在爭誰能成為革命領袖時，毛澤東後來居上，牢牢佔據了革命領袖至高無上的權力位置。這也是符合革命邏輯的：誰最強，誰才能在由革命帶來的腥風血雨中站穩腳跟，領導革命走向勝利，建立革命體制。革命體制時代，即是鬥爭體制時代。這是符合革命領袖性格的，尤其是符合像毛澤東這樣的革命領袖性格的。鬥爭，對他來說，完全是一種嗜好。

「必須學會在城市中向帝國主義者、國民黨、資產階級作政治鬥爭、經濟鬥爭和文化鬥爭，並向帝國主義者作外交鬥爭。既要學會同他們作公開的鬥爭，又要學會同他們作陰暗的鬥爭。如果我們不去注意這些問題，不去學會同這些人作這些鬥爭，並在鬥爭中取得勝利，我們就不能維持政權，我們就會站不住腳，我們就會失敗。」在毛澤東的革命邏輯裏，合乎邏輯的推論是：要鞏固革命體制就必須實行後革命策略：階級鬥爭。為此毛澤東發明了「階級敵人」這個政治術語，它成為革命體制時代下的特有產物。

「在拿槍的敵人被消滅以後，不拿槍的敵人依然存在，他們必然地要和我們作拚死的鬥爭，我們決不可以輕視這些敵人。」顯然，毛澤東以他特有的一分為二手法給向他的革命體制內部裏的同志劃出兩部分敵人：拿槍的敵人，這是一部分人，是建立革命體制時代之前存在的敵人，也就是前革命對象。不拿槍的敵人也是一部分，是在革命體制時代建立之後必須時時加以警惕和鎮壓打擊的對象。對革命體制時代而言，這第二部分的「階級敵人」比第一部分的敵人更兇狠。因為鞏固政權比奪取政權更艱難。所以「發明」這種「敵人」的毛澤東賽過史達林。他不僅有定性的劃分，還有定量的分析：百分之五。就是說：毛澤東把在革命體制時代下生活的人民定量分析成兩個組成部分：前一部分是百分之九十五，後一部分是百分之五。然後毛澤東又以其獨特的策略性將百分之九十五的人稱為：人民。即使其中有衝突也是人民內部的矛盾；而將後面的百分之五的人稱為：敵人。與他們之間的分歧就是敵我矛盾。這樣毛澤東就可以名正言順來一個對「人民」實行「民主」，對「敵人」實行「專政」。

如此人們不難發現，這種革命體制時代的病態性具有頑強性的一面。整個社會組織被人為地投入到一個始終處於緊張狀態的生活中。人民在日常工作中沒法進行合作，而只能處於準戰爭或完全戰爭狀態。可以這樣說：革命體制時代是一種制度性的全體社會人格患精神分裂症的反應。當然這種「分裂症」對於毛澤東這樣的職業革命家來說並不是「糟得很」，而是恰恰相反，「好得很」。這是否能讓人接受呢？明確地說：問題不在於能不能接受，而在於可不可理解。因為這涉及到另一個問題。即：在革命勝利之後，一定要建立革命體制時代嗎？對此毛澤東的回答是：「當然要的。」

「從一九二七年到現在，我們的工作重點是在農村，在鄉村聚集力量，用鄉村包圍城市，然後取得城市。採取這樣一種工作方式的時期現在已經完結。從現在起，開始了由城市到鄉村並由城市領導鄉村的時期。黨的工作重心由鄉村轉移到了城市。」

　　毛澤東雖然這樣說，但心中還是沒底。建設城市，管理城市。推而廣之，就是建設國家，管理國家。儘管擺在毛澤東面前的那個「國家」還是一個不完整的國家，但對他來說，確實是一個不小的國家了。怎麼辦？熟知封建帝國鄉村制度的毛澤東此時只能活學活用，一套百套。由此，我們可以大膽做出結論：新的革命體制時代其實就是一種舊鄉村體制的翻新版。有了這種立論，歷史也就豁然明白：鄉村依然還是鄉村，而城市已隨之變成了新鄉村。

　　各位請看下面的資料：

　　「毛澤東和中共中央其他領導人開七屆二中全會。1949 年 5 月 23 日離開西柏坡，下一步將進駐北平。在進行出發的準備工作時，毛澤東對周圍的人說：『同志們，我們就要進北平了。我們進北平，可不是李自成進北平，他們進了北平就變了。我們共產黨人進北平，是要繼續革命，建設社會主義，直到實現共產主義。』出發前，毛澤東只睡了四五個小時。他興奮地對周恩來說：今天是進京的日子，不睡覺也高興啊！今天是進京趕考嘛！進京『趕考』去，精神不好怎麼行呀？』周恩來笑著說：『我們應當都考試及格，不要退回來。』毛澤東說：『退回去就失敗了。我們決不當李自成，我們都希望考個好成績。』」

　　對於一個鄉下人──農民來說，進城，是他一生中所夢寐以求的、最值得榮耀的崇高理想。現在，對毛澤東這樣一個鄉下人──農民式的小知識分子來說，夢想已成真。他能不高興地睡不著覺嗎？他確實難以抑制心中喜悅。然而毛澤東在喜悅心情下卻掩蓋不住一絲陰影。他想到李自成，歷史真實告訴他，李自成是一個進京後又從城裏倉惶而逃的失敗者。毛澤東這番話可以理解為在這場革命快要勝利之際，關於如何提升自己對革命的某種自信力也不太明瞭。只能先摸著石子過河，拿著槍進城再說。

　　既然如此，那麼毛澤東不進城可以嗎？或進城之後他不去建立革命體制時代可以嗎？答案是否定的：「不行！」因此，毛澤東只能進

城，也因此，毛澤東只能建立這樣的革命體制時代。這或許是一場悲劇，一種革命宿命。悲劇在於：不熟悉的城市，毛澤東非要進去不可；宿命在於：放棄自己所熟悉的革命體制時代，對他來說不行。進城，對毛澤東來說，意味著他終於可以將他曾經崇敬的這些城市踏在腳下了。而進城之後，建立起革命體制時代，則又意味著那城市最後將毛澤東融化掉了。

確實，進城之後，毛澤東迷失了方向，被淹沒在自己完全不熟悉的城市裏。此時，權欲、權威、權力，對任何一個不受制約的權力者來說，始終充滿了誘惑；而對一國之主毛澤東來說也不例外。

革命體制時代一旦建立，接下來的步驟就是實行專政。世界上的一切革命都是為奪取政權和鞏固政權。現在革命勝利了，革命體制時代建立起來了，對於站在這個革命體制時代寶塔頂尖的革命領袖毛澤東來說該行使他的革命權了。大家切記：由革命領袖一個人來行使革命權力，這是革命體制時代的本質特徵。這種特徵可以用「專政」這一政治術語來概括。顯然，就毛澤東這樣一個中華式的革命領袖而言，他行使的權力比他以前所熟悉的歷史上一切中華帝國朝代的皇帝權力都要大。毫無疑問，由於毛澤東對中華歷史深有研究，使得他作為一國之主非常明悟中華權術。即：「四權」：政權、神權、族權、夫權。據此斷言，革命體制時代下的毛澤東也只能稱得上是一個由傳統歷史沿襲而立的中華皇帝而已。當然用此話來「套」毛澤東的話是「套」不住的。因為在他身上所集中的權力構成還有西方權力系統理論，那就是馬克思列寧主義式的權力組成部分：黨權、軍權、輿論控制權和思想權。這後兩個權還可以用另一種術語來表達。即：意識形態領導權。所以這樣的專政含義是混合性的。用毛澤東的兩句話來概括，即為兩句話：「領導我們事業的核心力量是中國共產黨，指導我們思想的理論基礎是馬克思列寧主義。」

這裏，前一句代表了中華權力系統：政權、神權、族權、夫權；後一句則概括了西方權力系統中的極權主義：黨權、軍權、意識形態

領導權。這種混合性的專政矛頭指向三個方面：第一方面，是專「階級敵人」之政；第二方面，是專人民之政（毛澤東說，在人民內部實行民主，可後來發生的大量事實證明，確實如此）；第三方面，是專黨內異己分子之政。所以，儘管毛澤東實行專政時代時，講階級鬥爭，要年年講，月月講，天天講，但這其中還是有講究的。因為在處於權力頂峰上的革命領袖心目中，毛此刻顯然製造了一個「階級敵人」。可對他來說，這是遠距離的敵人，而真正的敵人則是近距離的敵人，並且恰恰就在他的周圍，盯住他的權位。毛澤東有一句話就是這樣不打自招：「要警惕像赫魯曉夫這樣的野心家、陰謀家睡在我們的身邊。」這裏，「我們」是一個無意義的名詞，而真正有意義的是：「我」。

對此，我倒覺得林彪說過的一句話很具通俗性：「筆桿子，槍桿子，奪取政權非這兩杆子不可，所以值得我們注意……」林彪的話確實通俗了，但他犯忌了。此話觸動了領袖毛澤東的神經，他覺得林彪有野心，想要奪權。林彪講這番話的時候是在 1966 年 5 月 18 日，這個時候正是革命體制實行革命領袖毛澤東專政達到頂峰的時刻。敏感的毛澤東在這年 7 月 8 日寫給江青的一封私信上寫道：「我的朋友（指林彪——本人注）的講話，中央催著要發，我準備同意發下去，他是專講政變問題的。這個問題，像他這樣講法過去還沒有過。他的一些提法，我總感不安。」果然，五年之後，即到了 1971 年，林彪發動了上層僅有的一次叛變，幾乎要了毛澤東的命，這是後話。

（二）被清算的高崗、饒漱石

話從 1955 年說起。這一年對革命體制時代來說是不同尋常的。這年 3 月 21 日，全國黨代會在京召開。黨代會上，毛澤東作開幕詞。會議有三個議題，其中之一就是關於「高崗、饒漱石反黨聯盟」的出現。

在革命體制內部，發生了一件不同尋常的事，令毛澤東坐立不安的一個由別人組成的司令部──「高崗、饒漱石聯盟」出現了。對毛澤東來說，這是不能容忍的反叛。毛澤東因此毫不猶豫地以革命領袖的最高和全部權力對其實行無情專政──打擊。並稱之為：「高、饒反黨聯盟」。

還在 1954 年 2 月 6 日，由劉少奇主持的中共七屆四中全會上，大會已批判高崗、饒漱石，說他們分裂黨。高崗原任東北人民政府主席，49 年後，任中央人民政府副主席，53 年任中央計畫委員會主席。饒漱石原為中共華東局書記，53 年任中共中央組織部部長。毛澤東這次打擊策略是：首先從精神上摧毀高、饒對黨內高層領導同志的影響力。這是第一步，也是最要緊的一步。毛澤東很清楚，只能首先將專政對象扣上「反黨」帽子，那就等於是給對方判了死刑，接下來的事就好辦了。儘管當時在革命體制內部有分歧，但這已經是不重要了，甚至已經是無濟於事了。一旦革命領袖要對革命體制內部的下屬實行殘酷無情的革命專政時，那是任何人也無法阻擋的。

針對下屬的不理解，毛澤東在開幕詞上是這樣說的：「有的同志說，沒有看到文件，他們是聯盟總得有一個協定，協定要有文字。文字協定那的確是沒有，找不到。我們說，高崗、饒漱石是有一個聯盟的。」不妨來分析一下這段話。第一句話，毛澤東對下屬的「微詞」還是表示認可的。不過，這僅僅是虛晃一槍。第二句話便是十分蠻橫的：「我們說：高崗、饒漱石是有一個聯盟的。」需要修正的是：「我們」，這個複數是一個「強姦」行為。明明是「我」，毛澤東一個人，他卻硬要說成是「我們」。這是毛澤東政治手腕恰到好處的發揮。由此也表明革命、革命體制時代具有某種虛弱症。

毛澤東先是蠻橫認定這一點，接著又煞有介事地推測說：「這是從什麼地方看出來的呢？一、是從財經會議期間高崗、饒漱石的共同活動看出來的。二、是從組織會議期間饒漱石同張秀山配合進行反黨活動看出來的。三、是從饒漱石的話裏看出來的……四、……五、……

我說北京有兩個司令部，一個是以我為首的司令部；就是刮陽風，燒陽火。一個是以別人為司令的司令部，叫做刮陰風，燒陰火。一股地下水。究竟是政出一門，還是政出多門？從上面這許多事來看，他們是有一個反黨聯盟的，不是兩個互不相關的獨立國的單幹戶。」

革命體制時代是一個編制「敵人」神話、產生「魔術師」的時代。毛澤東是一個「革命神」，他能看出在他身邊一起共事的同志哪些是「敵人」，哪些是「朋友」。就像「誰是我們的敵人？誰是我們的朋友？這是革命的首要問題一樣。」對這些敵人實行專政，對那些朋友實行民主，這是革命體制時代建立後首要解決的問題。

華國鋒，這位毛澤東欽定的「接班人」，他在評價毛澤東時是這樣說的：「毛主席針對國際國內的錯誤思想，以徹底唯物主義的大無畏精神，運用馬克思主義辯證法，總結了國際國內正反兩方面的經驗，在國際共產主義運動的歷史上，第一次科學地回答了這個關係到無產階級專政的歷史命運的重大問題，創立了在無產階級專政下繼續革命的偉大理論。毛主席根據這個理論，在一九六二年制定了黨在整個社會主義歷史階段的基本路線。通過一九六六年發起的無產階級文化大革命的實踐。這個理論更加充實和豐富起來。」

那時刻，毛澤東真的如華國鋒所言那樣「大無畏」嗎？不是！當時的毛澤東非常恐懼。證據何在？毛澤東說：「在我國，鞏固社會主義制度的鬥爭，社會主義和資本主義誰戰勝誰的鬥爭，還要經過一個很長的歷史時期。」「資本主義」就在海峽對面——台灣島上。國民黨正「盤踞」在上面搞「資本主義」。蔣介石還活著！這就讓毛澤東無限擔心：蔣介石會不會來北京？蔣介石從沒「坐過」北京，蔣的首都在南京。而毛澤東擔心如蔣介石若來北京，他就成了李自成第二了。難怪在延安時期，毛澤東要求郭沫若趕寫那篇〈甲申三百年祭〉，研究李自成失敗原因。李自成在陝北商洛山經營十三年，以「闖」字一舉攻下北京城，稱王後又倉皇出逃，淪為寇。毛澤東在延安也經營十三年，所以有理由說他難抹李自成的陰影。更何況老天沒讓他的對手蔣介石

立即死於台灣。蔣的復仇之心不死，這就更讓毛澤東擔驚受怕了（1957年 10 月 10 日，國民黨第八次全國代表大會在台北召開，會議主題就是反共復國）。

毛澤東這一怕，讓他的黨內同事受罪了。高崗成了第一個被專政對象，另加一個饒漱石。當然後者是前者的陪襯角色，毛澤東真正要搞死的是高崗。也許大家會問：毛澤東為何要在革命體制時代只建立第六個年頭，即一九五五年就對高崗實行革命領袖式的專政呢？讓我再次引用華國鋒的話：「在社會主義時期，無產階級革命的敵人不但在黨外，而且也在黨內。一九五五年，毛主席領導我們黨粉碎了高、饒反黨聯盟。這是暗藏在黨內的一個資產階級司令部。當時毛主席總結這次鬥爭說：高崗、饒漱石反黨聯盟的出現，不是偶然的現象，它是我國現階段激烈階級鬥爭的一種尖銳的表現。這個反黨聯盟的罪惡目的，是要分裂我們的黨，用陰謀方法奪取黨和國家的最高權力，為反革命的復辟開闢道路。」

華國鋒的話是令人發笑的。高、饒反黨聯盟是暗藏在黨內的一個資產階級司令部。共產黨代表無產階級利益，而一個代表資產階級利益的司令部就「暗藏」在黨的心臟裏，並且如此漫長，這可能嗎？顯然這是在擺「革命噱頭」。有種出種，首推毛澤東。毛澤東對他的下屬也是這樣講的：「中央也是到了一九五三年才發現他們的反黨陰謀。經過財經會議、組織會議、以及財經會議以前的種種問題，看到他們的不正常。財經會議期間，發現了他們的不正常活動，每一次都給他們頂了回去。所以，以後他們就完全轉入秘密了。對這個陰謀、陰謀家、陰謀集團，我們是到一九五三年秋冬才發現的。對於高崗、饒漱石，長期沒有看出他們是壞人。這種事情過去也有過。井岡山時期有幾個叛變分子，我們就從來沒有想到他們會叛變。恐怕你們各位都有這種經驗。」

這裏，有必要將毛澤東說的「中央」解釋一下。說白了，「中央」在這裏其實就是毛澤東的代名詞。既然如此，那為何毛澤東不直截了

當自稱「我」呢？這不是他的謙虛謹慎，而是他作為一個政治家的偽裝到位。毛澤東在自己所建立的革命體制內為何要把自己偽裝起來呢？這是有道理的。主要原因還在於毛澤東對部下充滿疑心。什麼時候他們會對領袖不忠；什麼時候他們會對黨背叛；什麼時候他們會對領袖謀殺，這些都不知道。要駕馭這些今天還是自己人的部下，明天就是敵人的部下，最要緊的就是做到心中有術。巧妙偽裝就是「術」的一種高明手法。

果然，就有部下上鉤了。一九五三年，即實行革命領袖專政才第四個年頭，上鉤者出現了，他們是：劉少奇、楊尚昆。毛澤東在一九五三年五月十九日這一天，同時對這兩位寫了兩封批評信。

信之一：

「嗣後，凡用中央名義發出的文件、電報、均須經我看過才能發出。否則無效。請注意。」

信之二：

1、請負責檢查自去年八月一日至今年五月五日用中央和軍委名義發出的電報和文件，是否有沒有未經我看過的，以其結果告我。

2、過去數次中央會議決議不經我看，擅自發出，是錯誤的，是破壞紀律的。」

這兩封信太明瞭了。誰是中央？我毛澤東才是真正的「中央」。「中央」雖然經過決議討論後發出去的文件也視作「破壞紀律」，因為沒有我毛澤東署名，我的名字就是「紀律」象徵。毛澤東就是要劉少奇、楊尚昆露一腳出來，他可以坦然借題發揮，最終達到震懾給部下其他人看的目的。

那麼毛澤東是不是真的到了一九五三年才看出高、饒反黨聯盟呢？答案是否定的。毛澤東要除去高崗這是註定的，只不過是時間問題。毛澤東認為自己坐在北京後，在革命體制內部，必須對危及他權力的人實行隔離，若不認輸就找個理由專政掉。即便對方是與自己一同打江山的人，也手下不留情。大家也許會問：毛澤東既然早就知道

高崗不是一個好東西，為何不在當初，即在延安時期就這樣做呢？此話問得好！這正是毛澤東作為領袖人物的一個革命策略。毛澤東不僅是一位軍事家，同時也是一位政治家。在毛澤東總結自己領導這場中西合璧式的共產主義革命在大陸成功之時，他是這麼說的：「共產黨，共產黨領導的軍隊和統一戰線，這是革命勝利的三大法寶。」這裏的「統一戰線」就是由毛澤東革命策略而產生的。所以毛澤東在當時不專高崗之政，也可以是這樣一件法寶在起作用。

　　有人會問，毛澤東又為何要在延安時期與高崗手拉手、心連心呢？道理很簡單，在當時有一個更強大的敵人矗立在毛澤東面前，這個「更強大的敵人」就是蔣介石。就毛澤東而言，蔣介石彷彿是他的天敵。也因為從一九二一年至一九四九年這二十八年間，對由毛澤東先是參與後是領導的這場為建立革命體制時代而革命來說，他的革命最後對象就是蔣介石。特別是在 1927 年 4 月 12 日以後，蔣介石發動針對共產黨的「四‧一二反革命政變」，從那時起，毛與蔣就不共戴天了。雖然後來發生「西安事變」，毛澤東贊成張學良、楊虎城釋放蔣介石，那是因為又有更大的敵人出現了：日本侵略軍。在毛澤東心中，蔣介石是永遠不可饒恕的敵人。也正因為此，才有了高崗用處。為打倒蔣介石，對毛澤東而言，只要將眼前的敵人除掉，那麼即便我跟你不是朋友也可以合作。這正是毛澤東「統一戰線」的精彩部分，或稱實質部分。

　　在蔣介石敗退台灣不到四年的時間裏，也就是毛澤東建立革命體制時代──坐在北京不到四年時間裏，高崗，這位曾經是前革命時期與毛澤東合作相當不錯的「夥計」，怎麼一下子成了毛澤東小試牛刀的第一個對象呢？這其中的秘密又在哪兒呢？

　　政治是一種歷史縮寫。只有瞭解當時的歷史背景就能一悟百悟。就像蔣介石始終是毛澤東的第一個敵人一樣，高崗那句觸動毛澤東政治神經的話也深深烙在他心裏。自認為自己是「根據地和軍隊的黨」代表的高崗曾這樣說道：「陝北救中央！」「黨是軍隊創造出來的。」

　　幾十年之後，站在今天歷史位置來看，高崗這句「陝北救中央」
之話完全是符合實際的，他是在說真心話。然而政治往往又是踐踏歷
史記錄的。順此，按歷史來說沒錯的高崗這句話，在正處於創造「歷
史」、「黨史」神話的毛澤東來說，卻是錯誤結論。就像陸遊那首「釵
頭鳳」詞裏一連出現三個錯字一樣：「錯！錯！錯！」

　　從井岡山走向陝北，長征途中，毛澤東創造「歷史」神話與「歷
史」風采：「惜秦皇漢武，略輸文采；唐宗宋祖，稍遜風騷。一代天驕，
成吉思汗，只識彎弓射大雕。俱往矣，數風流人物，還看今朝。」那
時共產黨的所有革命者，除了毛澤東以外，從上到下，幾乎都充滿失
敗情緒。唯有毛澤東鶴立雞群，充滿革命樂觀主義精神，而且因此更
堅定他想要創造這番「歷史」的雄心壯志。「俱往矣，數風流人物，還
看今朝。」毛澤東這樣寫道。長征，確實是毛澤東一生倒楣、落魄的
烙印。在尋找新革命的落腳點——根據地時，毛澤東是不在乎別人對
他是怎樣評價的。而毛澤東一旦落腳下來，並且取得革命體制成功建
立之時，他開始算老帳了。

　　「陝北救中央！」「中央」即是毛澤東。陝北救中央也就成了陝北
救毛澤東。高崗在陝北，理應是毛澤東的救命恩人。換句話說，毛澤
東當時還是寄人籬下。這樣寫革命史對毛澤東來說豈不是太窩相了？
不行！歷史必須重新寫。於是高崗的血一定要流；他的血註定會成為
毛澤東筆下蘸的「墨」。

　　毛澤東在中國共產黨第七屆中央委員會第二次全體會議上作報告
時信誓旦旦地講道：「我們能夠學會我們原來不懂的東西。」然而信誓
旦旦的語言並不是對他自己而言的，實在是對他下屬的革命同志一種
教訓：「為了這一點，我們的同志必須用極大的努力去學習生產的技術
和管理生產的方法，必須去學習同生產有密切聯繫的商業工作、銀行
工作和其他工作。只有將城市的和生產恢復起來和發展起來了，將消
費的城市變成生產的城市了，人民政權才能鞏固起來。」

為此，毛澤東下屬的革命同志確實不敢怠慢，花大力氣去學一些自己原來不熟悉的東西。例如，鄧子恢去學習農業工作，陳雲、薄一波等人去學習財經、計畫、商業工作。然而到頭來，這些人同樣也受到了毛澤東的專政：他們都犯了右傾錯誤。什麼叫多做多錯，其實這時候就是如此了。還是林彪看出苗頭，一進北京，即向毛澤東「稱病」，請長病假。這樣萬無一失。

那麼信誓旦旦的毛澤東，他在學習什麼呢？實話實說，他進北京後，什麼都沒學。只學了一個功課。那就是「繼續革命」。這功課對毛澤東來說確實就是活到老，學到老。對權力已經佔有的毛澤東總是懷疑他的親密戰友們會趁機奪權。因此他總是先下手為強，對高崗就是一例。

「他們是搞陰謀嘛！搞陰謀，還要訂個文字協定嗎？如果說，沒有文字協定就不是聯盟，那麼高崗、饒漱石兩個反黨集團內部怎麼辦呢？高崗跟張秀山，張明遠、趙德尊、馬洪、郭峰之間，也沒有訂嘛……所以，說沒有明文協議就不能認為是聯盟，這種意見是不對的。」

什麼叫不講道理？毛澤東這種腔調就是不講道理的一個樣板。冬春之交，冰在化凍時會發出一種怪異響聲，到過北方的人一定不會陌生這種聲音。而此刻毛澤東對高崗實行領袖式革命專政之後，對他的那些下屬所講的話就是充滿這種怪異聲音。

專政就是一種虐待。在專政氣氛已以將革命下屬震懾住之後，毛澤東的人格病態也就發作了，虐待他的下屬行為變成公開了。不管是為高崗鳴不平的還是跟他們有牽連的，還是出於同情之目的的，或者清白的，等等。毛澤東說：「對這些同志，我們應當採取這樣的態度，就是希望改正錯誤，對他們不但要看，而且要幫。就是講，不但要看他們改不改，而且要幫他們改。人是要有幫助的。荷花雖好，也要綠葉扶持。一個籬笆要三個椿，一個好漢要三個幫。」

這種革命專政式虐待的幽默洋溢在毛澤東臉上。他所實行的領袖式的革命專政到此變成了「打狗人」，這就成了毛澤東與「狗」──「老

同志」的緊張關係。對這些「狗」來說，怎樣才能避免其主人——毛澤東手裏那根握緊的「打狗棍」降臨其身呢？毛澤東對此這樣說道：「在原則性的問題，在同志之間，對於違反黨的原則的言論、行動，應當經常注意保持一個距離。」

這裏，毛澤東所說的「黨」其實就是他自己。這話真實內容應該是這樣理解的：「對於違反『我——毛澤東』的原則的言論、行動，應當經常注意保持一個距離。」然而在革命體制時代的內部，即使在毛澤東嚴厲的專政下面，這種距離還是很難保持的，甚至是根本不可能保持的。所以毛澤東無可奈何地補充一句：「不能因為是老朋友、老上司、老部下、老同事、同學、同鄉等而廢去這個距離。」

瞧一瞧，這是一種牢不可破的鄉誼。之所以說是牢不可破，那是因為這種鄉誼建立在血緣基礎上面的。而無論是革命隊伍，還是革命體制時代，甚至是革命專政時代，又恰恰是建立在這種牢不可破的鄉誼基礎上面的。這可以追溯到 1937 年。這一年，是毛澤東萬里迢迢來到延安的第二年，也就是高崗說「陝北救中央」第二年。在這年九月七日，毛澤東寫下了「反對自由主義」一文。在這篇文章裏，毛澤東流露出來一種非常重要的情緒：「因為是熟人、同鄉、同學、知心朋友、親愛者、老同事、老部下、明知不對，也不同他們作原則上的爭論，任其下去，求得和平和親熱，或者輕描淡寫地說一頓，不作徹底解決，保持一團和氣，結果是有害於團體，也有害於個人。」

於是，革命就是意味著為算舊帳。專政也就是意味著為報私仇，不分關係近遠，時間近遠。當革命成為一種虐待，革命者便都患上了一種叫「病態人格」。毛澤東便是這種「病態人格」的集大成者。如此，為一個共同目標，大家可以從五湖四海走到一起。然而這樣的革命最終還是要四分五裂的。畏懼毛澤東專政打擊，高崗於 1954 年 8 月 17 日自殺。

（三）對梁漱溟「反動思想」專政

1953 年，中國發生了一件屬於「思想戰線」領域內的大事。那就是毛澤東對梁漱溟「反動思想」實行的一次鐵面無情的、領袖式的絕對專政。這事發生在中央人民政府委員會第二十七次會議召開期間。會議於 53 年 9 月 16 日至 18 日在北京舉行。中國人民政治協商會議全國委員會代表列席會議。作為在京的全國政協委員梁漱溟也出席了此次會議。

會上，毛澤東說：「梁漱溟先生是不是『有骨氣的人』？他在和平談判中演了什麼角色？」毛澤東在算老帳了。「如果你是一個有『骨氣』的人，那就把你的歷史，過去怎樣反共反人民，怎樣用筆桿子殺人，跟韓復渠、張東蓀、陳立夫、張群究竟是什麼關係向大家交待交待嘛！」

繼續清算，而且加上煽動性因素。「他們都是你的密切朋友，我就沒有這麼多朋友。他們那樣高興你，罵我是『土匪』，稱你是先生！我就懷疑，你這個人是那一黨那一派！不僅我懷疑，還有許多人懷疑。」

繼續煽動！帶有革命專政時慣用的策略性煽動。「從周總理剛才的發言中，大家可以看出，在我們同國民黨兩次和平談判的緊要關頭，梁先生的立場是完全幫助蔣介石的。蔣介石同意和平談判是假的。今天在座的還有來北京和談的代表，他們都知道蔣介石的『和平』到底是真的還是假的。」

毛澤東這話很精彩！第一、借刀殺人——「從總理剛才的發言中」，「今天在座的還有來北京和談的代表，他們都知道蔣介石的『和平』到底是真的還是假的。」其實呢！知道和談性質的人包括毛澤東在內，都知道兩次和談都是假的。雙方——兩黨都在人民面前「做戲」。第二、一個告密者——周恩來躍然於所有與會的人面前。當然這沒什麼可大驚小怪的，因為革命體制本來就是培養告密者的溫床。令人有

點感到發笑的是，下層群眾也只有通過這種揭發式的告密才能達到想要達到的目的。前蘇聯史達林時代就是一例，史達林通過大清洗達到領導層大換血目的。換血前的蘇共，黨員相信「黨的一切都是對的！」換血後蘇共，黨員相信「黨的領袖的一切都是對的」。通過換血，黨的新成員們習慣於告密的揭發的文化；習慣於看領導眼色行事；習慣於通過出賣靈魂的方式獲得物質和權力上的享受，並保障自己的生命安全係數提高。除了列寧和史達林，早期革命領袖幾乎都成了叛徒。

什麼叫如履薄冰？什麼叫如臨深淵？什麼叫戰戰兢兢？生活在這種告密的革命體制的時代，你就是如履薄冰，你就是如臨深淵。你只能戰戰兢兢生活。

在批判梁漱溟的會議上，毛澤東口氣堅硬地說道：「講老實話，蔣介石是用槍桿子殺人，梁漱溟是用筆桿子殺人。殺人有兩種，一種是用筆桿子殺人。偽裝得最巧妙，殺人不見血。是用筆桿子殺人，你就是這樣一個殺人犯。」

在毛澤東眼裏，蔣介石和梁漱溟兩個人都是殺人犯，非公審不可。特別是蔣介石被毛澤東定為「中國第一號戰爭罪犯」。紐倫堡審判案結束了，東京審判案也結束了。毛澤東很想也公審一下蔣介石，可惜蔣介石退到台灣去了，只能缺席公審。替蔣介石說過話的梁漱溟自然脫不了干係，理所當然要成為毛澤東專政的靶子。

「梁漱溟反動透頂！梁漱溟這個人是不可信任的。我對他說過：中國的特點是半殖民地和半封建，你不承認這點，你就幫助了帝國主義和封建主義。在梁漱溟看來，點頭承認他是正確的，這就叫『雅量』；不承認他是正確的，那就叫沒有『雅量』。那樣的『雅量』，我們大概不會有。」

這裏，毛澤東沒挑明，不是「我們不會有！」而是「我」──毛澤東不會有。從中我們可以看到毛澤東如同一個高明的思想警察。繼續看毛澤東的發言：「中國的特點是半殖民地和半封建。」這是革命體

制時代建立之前的毛澤東思想。這是一家思想。既然是一家思想，那麼可不可以有兩家思想？或更多家的思想呢？梁漱溟曾說：「中國沒有階級；中國的問題是一個文化失調的問題。中國革命只有外來原因沒有內在原因；應建立一個無色、透明政府。」也因為梁漱溟的思想與毛澤東的思想觀點有著大不同，於是就註定成為毛澤東眼裏的反動思想。毛澤東自言自己是代表無產階級利益，被他認定為「反動思想」也就是資產階級的「反動思想」。

在毛澤東眼裏，梁漱溟提出這些觀點是不知天高地厚，屬膽大妄為，以為蚍蜉能撼樹——自不量力。這是以卵擊石，自找死路。如此，一場近乎是宿命的、殘酷無情的思想遊戲註定要拉開。革命體制時代的目標是整齊劃一，統一在革命領袖的革命專政下面。然而我們要問：良心呢？正義呢？因為良心、正義是不受機械支配的。機械是一種暴力形式。革命體制時代屬於一種經典的形式主義：機械暴力。於是就有了衝突，這種衝突是宿命式的。一個有良心、有正義思想者是不允許自己在機械暴力形式的革命體制時代下沉淪的。

毛澤東沒有讓梁漱溟獨立思想的「雅量」存在，他說：「你梁漱溟的政協委員還可以繼續當下去。」這話矛盾不矛盾？說梁漱溟有反動思想，但又同意讓他繼續擔任政協委員？答案只一個：政治協商，純粹是起著「花瓶」式點綴作用；又好像是陪伴毛澤東這樣一個革命雄主唱「獨角戲」的「龍套」。但是作為「花瓶」硬體中的梁漱溟，卻不願作一隻真正的花瓶，而願意冒天下之大不韙去充當一個獨立「軟體」，這下讓毛澤東傻了眼。

在毛澤東眼裏，在他領導的密不透風的專政下面，居然還會有一個從前曾經支持蔣介石的「小丑」，名字叫「梁漱溟」的人，現在跟他公開「叫板」。毛澤東不動聲色地說：「梁漱溟說，工人在『九天之上』，農民在『九地之下』。事實呢？差別是有，工人的收入是比農民多一些，但是土地改革後，農民有地，有房子，生活正在一天一天地好起來。有些農民比工人的生活還要好些。有些工人的生活也還有困難。用什

麼辦法來讓農民多得一些呢？你梁漱溟有辦法嗎？你的意思是『不患寡而患不均』。如果照你的辦法去做，不是依靠農民自己勞動生產來增加他們的收入，而是把工人的工資同農民的收入平均一下，拿一部分給農民，那不是要毀滅中國的工業嗎？這樣一拿，就要亡國亡黨。這個亡黨，你們不要以為僅僅是亡共產黨，民主黨派也有份。」

這裏，我來分析一下。從毛澤東這段話來看，裏面包含兩個方面：

A、關於農民問題。前革命階段，共產黨實行土地改革，使農民有了土地。這是暫時的，這可以看作是革命體制時代建立前的一種革命策略。果然，在毛澤東專政時代，農民很快就再遭殃了：原先得到的土地正在失去。也就是說，當毛澤東專政指向農民時，這些農民內心無話可言。首先第一步，通過建立互助組，將一家一戶的單幹農民先組織成一小塊，一小塊的互助組的團體戶。然後是第二步，由互助組轉折到合作社，這樣就使得土地進一步集中起來。然後再是第三步，也就是最後一步，由合作社轉變為牌子響亮的「人民公社」。這時，農民經過所謂的「土地改革」所獲得的土地又重新被收歸「國家所有」。人民公社好處在於「一大，二公。」大，就是指人民公社的規模比高級社更大。公，就是指人民公社的公有化程度比高級社更高。這一大二公加起來等於是讓農民變窮了。所以，梁漱溟在毛澤東面前在替農民請願了。

B、關於亡國亡黨。這時的毛澤東似乎有點孔子的味道。對梁漱溟這樣一個具有反動思想的傢伙，還客氣什麼？你對他客氣，他卻要我們大家一起亡黨。在這裏，我想起歷史上的曹操。毛澤東和魯迅一樣，稱曹操為「英雄」。因為他「挾天子以令諸侯」。然而，此時的毛澤東卻與曹操又有一點不相同，或者說反其道而行之。挾傀儡以鎮壓梁漱溟。這又是為什麼呢？這不是太滑稽了嗎？不！毛澤東要借眾人之手來達到專政梁漱溟之目的。

「亡國亡黨」，這種特殊的革命語言出自毛澤東之口，隨著時間的推移，對生長在毛澤東專政時代下的人來說，是越來越耳熟能詳了。

這意味著：毛澤東專政，即毛澤東用權。這是第一層。權力用在何處？當然有一個範圍，這個範圍就是「國」。因此，國是一個領袖專政及最大值的範圍。這是第二層。權力靠什麼來支撐？需要有個基礎，這個基礎無疑就是「黨」。所以，黨是一個支撐領袖行使權力的基礎，這是第三層。這三層關係是共存共榮，共生共滅的關係。國沒了，意味著黨沒了，權也跟著沒了。沒有權，對毛澤東這樣一個革命領袖來說就沒有領導價值。權太重要了！林彪曾在一次會議上說：「有了權，就有一切。」

　　概括起來說，毛澤東一生最害怕是兩個方面。第一方面怕革命不成功，第二方面怕亡國亡黨。歸結這兩方面，都是圍繞一個字：「權」。毛澤東自言：「世界上的一切革命鬥爭都是為了奪取政權和鞏固政權。」然而，毛澤東更害怕的是後者：亡國亡黨。這就是為什麼毛澤東在進入紫禁城——北平城大門時，會想到三百年前「闖王」李自成：**轟轟烈烈革命起義，又轟轟烈烈出逃京城。**

　　翻遍毛澤東著作，首先提出這種帶有恐懼性革命警報的「亡國亡黨」論調誕生於對梁漱溟專政之際。由此看來，梁漱溟也應該引以為豪。因為能使毛澤東這樣一個革命領袖驚出一身冷汗的人，多少也算是一條好漢。當然，在毛澤東心目中，類似這樣的警報在 1949 年 3 月 5 日已經拉響過一次。那天，中國共產黨第七屆中央委員會第二次會議於河北平山縣西柏坡村舉行。會期八天，至十三日結束。在會議第一天，也就是 3 月 5 日，毛澤東作了題為〈在中國共產黨第七屆中央委員會第二次會議上的報告〉。「這次會議是在中國人民革命全國勝利的前夜召開的，是一次極其重要的會議。毛澤東估計了中國人民民主革命勝利以後的國內外階級鬥爭的新形勢，及時地警告資產階級的『糖衣炮彈』將成為無產階級的主要危險。」這個「主要危險」到了 1953 年毛澤東對梁漱溟專政時就變成了更尖銳的警報：「亡國亡黨」。在報告中，毛澤東說：「務必使同志們繼續地保持謙虛、謹慎、不驕、不躁的作風；務必使同志們繼續地保持艱苦奮鬥的作風。」

作為一個對自秦始皇建立政權以來，歷代朝野歷史興衰頗有研究的毛澤東來說，他太知道歷代朝野就是敗在驕傲自滿與奢侈上面。所以毛澤東在〈報告〉中又說：「我們能夠學會我們原來不懂的東西。我們不但善於破壞一個舊世界，我們還將善於建設一個新世界。」如此，在對梁漱溟專政之時，我們可以看出：「原來不懂的東西」毛澤東沒有學會，而自秦始皇以來一切帝王為鞏固政權所作的專政手段，毛澤東卻掌握得如魚得水、遊刃有餘。

「梁漱溟說，我們進了城市，『忘掉』了農村，農村『空虛』了。這是挑撥。」在這裏，毛澤東對梁漱溟下了「挑撥」兩字結論。這是「挑撥」嗎？顯然不是！這是一切革命體制時代自建立後最容易出現的表徵性事實。關鍵在於：梁漱溟此刻是作為一個政協代表，替農民們向毛澤東請願。梁漱溟請願意圖是：請主席繼續關心農民吧！繼續給農民們以恩澤吧！然而僅因為替農民說話，竟被背上「挑撥」黑鍋，真是奇論。

毛澤東對梁漱溟評價道：「你的路線是資產階級路線，實行你的，結果就要亡國，中國就要回到半殖民地半封建的老路，北京就要開會歡迎蔣介石、艾森豪威爾。我再說一遍，我們絕不採納你的路線！」在這裏，我還是要向大家重複一下：「我們」就是「我」。毛澤東的話意是說：只要我毛澤東不採納你的建議，中央其他同志也就不會同意你的建議。不但不同意，還要跟著我說你反動，說你屬於可以改造的「反動」「壞人」。

毛澤東精闢地補充說：「梁漱溟是反動的，但我們還是把他的問題放在思想改造的範疇裏頭。至於他能不能改造是另外一個問題。很可能他是不能改造的。不能改造也不要緊，就是這麼一個人嘛！但是同他辯論是有益處的。不要以為是小題大做。不值得辯論。跟他辯論可以把問題搞清楚。要說他有什麼好處，就是有這麼一個好處。現在辯論的是什麼問題呢？不就是總路線的問題嗎？把這個問題搞清楚，對我們大家是有益處的。」

　　從毛澤東這段話中可以看出，對梁漱溟專政由毛澤東自己定下性質與基調：「思想改造」。然後再給予一番人格羞辱；也可以說是人格虐待：「不能改造也不要緊，就是這麼一個人嘛！」毛澤東怕什麼？怕梁漱溟真得會掀起大風大浪？真得會因此「亡國亡黨」？不是！在毛澤東眼裏，梁漱溟只是一介僕人，作反面教材正合適。毛澤東希望其他同志（比如劉少奇、楊尚昆、薄一波）不要再像梁漱溟那樣唱反調。一句話：毛澤東目的是要描繪自己設想的總路線藍圖，並為其後開展的全國大躍進運動作思想準備。任何持反對意見者就是破壞總路線方針的表現。

　　如此，我們可以看出：毛澤東對總路線政策不管困難重重，非實施不可，而作為總路線絆腳石的梁漱溟非被毛澤東專政不可。梁漱溟作為一個有著「反動思想」的文人，最終倒在總路線的專政下。

（四）「胡風反革命集團」被剷除

　　現在我來談談「胡風反革命集團」是如何被杜撰出來又是如何被毛澤東一舉專政鎮壓的。如果說毛澤東對高、饒反革命集團實行領袖專政下的「繼續革命」屬於「槍桿子」範疇或「戰線」的話，那麼對「胡風反革命集團」無情鎮壓則屬於意識形態內的「筆桿子」範疇。

　　1954 年 7 月下旬，胡風就「文藝問題」寫了一封三十萬字書信──《關於解放以來的文藝實踐情況的報告》（也稱《三十萬言書》，請習仲勳轉交給中共中央。信分四部分：一、詳細陳訴自己從 49 年以來遭遇的種種打擊。指責文藝界領導人周揚、丁玲、馮雪峰等人視他為「文藝界唯一的罪人或敵人」；二、反駁林默涵、何其芳有關文章；三、「事實舉例和關於黨性」；四、草擬文藝大綱，分細目提出諸如作家協會組成、工作程序、刊物存在方式，戲劇組織等業務上的安排。協助胡風寫成 30 萬言書的有路翎、徐放等人。

同年 10 月，毛澤東先行對《紅樓夢》研究學家俞平伯開刀。在給中共中央一信中，毛澤東提出對資產階級唯心論必須進行大批判。反「資產階級唯心論」一則是為了反胡適派在古典文學方面對青年人的毒害，另一則是為以後專政胡風等「小資產階級知識分子代表」作理論準備。

果然，翌年，也就是 1955 年 2 月 7 日，中國作協召開會議，對胡風「資產階級唯心主義文藝思想」展開大批判。全國規模的批胡風運動由此拉開。周揚寫了批胡風〈三十萬言書〉文章後，郭沫若、茅盾先後不點名批評胡風。《文藝報》、《人民日報》批胡風的文章一下子多了起來。胡風做出妥協讓步，寫了書面材料：〈我的自我批評〉。毛澤東看了胡風的檢討書後，覺得時機成熟，立即做出書面指示：「對胡風這樣的資產階級唯心論、反人民、反黨的思想，絕不讓他在『資產階級觀點』掩蓋下逃脫，而予以徹底批判。」1 月 26 日，中共中央（也即毛澤東）以中宣部名義給胡風扣上了「披著馬克思主義外衣長期進行反黨反人民活動」的帽子。

與 1953 年對梁漱溟專政相比，這次專政對象不是一個人，而是一群人，一群國統區過來的知識分子。對電影《武訓傳》的批判；對紅學家俞平伯的批判；對《文藝報》編輯馮雪峰的批判（1954 年 11 日）這些都印證了這點。前幾次對知識分子專政還只是小試牛刀，而這次對「胡風反革命集團」專政，則力顯毛澤東庖丁解牛的風格。

有「階級鬥爭」就會有革命專政。這是毛澤東推導出來的革命體制時代下的必然規律和邏輯。在毛澤東眼裏，「胡風反革命集團」是這樣一群人：「他們的基本隊伍，或是帝國主義國民黨的特務，或是托洛茨基分子，或是反動軍官，或是共產黨的叛徒，由這些人做骨幹組成了一個暗藏在革命陣營的反革命派別，一個地下的獨立王國。」那麼，這夥「反革命集團」任務又是什麼呢？毛澤東是這樣評價的：「這個反革命派別和地下王國，是以推翻中華人民共和國和恢復帝國主義國民黨的統治為任務的。」這樣一夥「反革命」匪幫只能是「殺無赦」了。

　　在這裏，我把時間往後挪二十年，既在上世紀七十年代中，毛澤東去世前幾年，作了關於理論問題的重要指示。這個「重要指示」實質就是進一步強化「無產階級專政」也既「革命領袖專政」的意義。《人民日報》、《紅旗》雜誌編者按：「偉大領袖毛主席最近作了關於理論問題的重要指示。毛主席說：『列寧為什麼說對資產階級專政，這個問題要搞清楚。這個問題不搞清楚，就會變修正主義。要使全國知道。……』為此，專門摘錄了馬克思、恩格斯、列寧『論無產階級專政』的三十三段『語錄』和『毛主席關於階級、階級矛盾和階級鬥爭的部分論述。』」

　　在「三十三段語錄」中，列寧「語錄」達二十三條，占全部三十三條之 69.69%。這是符合邏輯的，因為作為一個列寧主義的忠實信徒，馬克思主義僅僅是毛澤東的理論基礎，而列寧主義才是毛澤東一生中，尤其是在建立革命體制時代後所遵循的指南。所有暴力革命家都離不開實用主義理論。我們可以看到，列寧與毛澤東具有非同一般的共同之處，他們都是職業革命家，由他們領導的自己一生所從事的那個「革命」運動取得了成功，並掌握了革命體制的最高權力，同時在實行革命領袖專政中，先後經歷了「急風暴雨」式的「階級鬥爭」──革命體制時代剛剛建立起來後的那種「你死我活」的鬥爭。如此，毛澤東是非常願意拜讀列寧下述帶有革命專政鐵血性質的「語錄」。

　　列寧語錄：「無產階級專政是新階級對更強大的敵人，對資產階級進行的最奮勇和最無情的戰爭，資產階級的反抗，因為自己被推翻（哪怕是在一個國家內）而兇猛十倍。……由於這一切原因，無產階級專政是必要的，不進行長期的頑強的、拼命的、殊死的戰爭，不進行需要堅持不懈、紀律嚴明、堅忍不拔和意志統一的戰爭，便不能戰勝資產階級。」（選自列寧《共產主義運動中的「左派」幼稚病》一文。《列寧選集》第四卷 P181。）

　　這裏，列寧已經把「無產階級專政」即革命領袖專政與「常規戰爭」相提並論了，這就意味著這種專政的血腥性必然存在。

　　請大家繼續看下去：

「……必須有專政。第一，不無情地鎮壓剝削者的反抗，便不能戰勝和剷除資本主義，因為不能一下子就把這些剝削者的財產，把他們在組織上和知識上的優勢完全剝奪掉。所以在一個相當長的期間，他們必然企圖推翻他們仇視的貧民政權。第二，任何大革命，尤其是社會主義革命，……這些壞分子『露頭角』就不能不使犯罪行為、流氓行為、賄賂、投機及各種壞事增多。要清除這種現象，就必須花費時間，必須有鐵的手腕。」

「在歷史上任何一次大革命中，人民沒有不本能地感覺到這一點，沒有不表現除惡滅害決心，把盜賊就地槍決的。……徹底鎮壓一切剝削者和一切壞分子。」

「歷次革命中這個有歷史意義的經驗，這個有全世界歷史意義的——經濟的政治的——教訓，馬克思把它總結了，給了一個簡單、嚴格、準確、明顯的公式：無產階級專政。」（以上選自列寧〈蘇維埃政權的當前任務〉一文，《列寧選集》第三卷 P516。）

從上述這一長段引文中我們可以看出，由列寧締造的「蘇維埃政權」是通過激烈的城市暴動式「階級鬥爭」來獲得勝利而建立起來的。同時可以看出，維護這個「政權」的「勝利果實」主要是如「除惡滅害」、「就地槍決」、「徹底鎮壓」般的「無產階級專政」。這裏引出兩個問題：一是、通過急風暴雨進行「階級鬥爭」方式奪取政權後，又以更強大的專政手段對付可能發生的新暴力形式的「階級鬥爭」，這種現象是否合理？二是、如果不合理，那麼為何會出現許多被列寧稱之為「歷次革命」的例子呢？

如果說列寧的革命是在一個中心城市，即在一個政權所在地的大城市，通過幾乎是一夜之間的「起義」取得成功，然後為維護這場「勝利果實」而再進行更大規模的群眾性的暴風驟雨式的「無產階級專政」來剝奪那些剝削者反抗的話，那麼毛澤東的「無產階級專政」則完全是建立在「報復主義」基礎之上。與列寧革命不同，毛澤東的革命首先是從農村急風暴雨式的「階級鬥爭」開始，即從農村發動暴動，建

立割據地，然後再包圍城市，奪取政權。在城市建立革命政權。這點
與列寧不同。

　　按說這樣一種毛澤東式的革命政權建立後，應該說是不必如列寧
那樣再特別強調「無產階級專政」了，就如毛澤東本人所說：「我們國
內革命時期的大規模的急風暴雨式的群眾階級鬥爭已經基本結束。」
可是，為何還會一次又一次地發生那種「無產階級專政」即「革命領
袖式專政」來對付毛澤東前述的「三種敵人」呢？我的回答也是「一
個簡單、嚴格、準確、明顯的」結論：「報復主義邏輯。」這種「報復
主義」在黨內，無論是在前革命時期，還是後革命（指成功）時期，
都是根深蒂固的。

　　這點毛澤東自己很明瞭，他在《關於糾正黨內的錯誤思想》一文
中就曾說：「……（一）報復主義。在黨內受了士兵同志的批評，到黨
外找機會報復他，打罵就是報復的一種手段。在黨內也尋找報復；你
在這次會議上說了我，我就在下次會議上找岔子報復你。這種報復主
義，完全從個人觀點出發，……它的目標不在敵對階級，而在自己隊
伍裏的別的個人。這是一種削弱組織，削弱戰鬥力的銷蝕劑。」

　　如今是毛澤東行使這種「思想」權力時候了，「胡風反革命集團」
成員自然是在劫難逃厄運。曾任毛澤東的私人醫生在其在「回憶錄」
中說：「這是胡風自己找上毛澤東的。」要是胡風不越過毛澤東手下人，
如周揚等人，就不會招來「毛澤東專政」。也許這是一家之說吧！而實
際情況並非是那樣富有戲劇性。實際情況是，毛澤東言語之中，不管
胡風如何認錯，非要報復不可。《揚子晚報》轉載賈植芳生平故事時曾
提及一個細節：賈植芳通過毛澤東老鄉李春潮得知毛澤東非整胡風不
可，便宛言對前來打探情況的胡風說：「天要冷了，多穿一些衣服禦寒。」
胡風當即跳起來，回去寫了一份抗議材料。

　　毛澤東整胡風真正原因是，胡風是一群不聽話的舊知識分子代表
之一。毛澤東在會上說：「胡風又說：文藝問題也實在以機械論最省力。」
好一個「文藝問題」，毛澤東在專胡風之政時沒忘記兩椿舊事。其一、

一九三八年十月，毛澤東在中共中央全會報告中提到一個「民族形式」問題，延安文化界隨即組織學習討論。而遠在重慶的胡風，卻另起爐灶地寫出〈民族形式問題〉一文，強調「五四」傳統，指責毛澤東把「民族形式」還原為大眾化和通俗化，並反對「文化上文藝上的農民主義」。其二，也就是一九四二年五月二十三日，毛澤東在延安文藝座談會上發表了著名講話。說「著名」在於毛澤東要向胡風等人表明，革命文藝必須在我毛澤東的統帥下，為革命成功而搖旗吶喊。絕不允許提出另外一套不合革命口味的非無產階級文藝思想。

在「講話」的「結論」部分，毛澤東批判了胡風等人「各種糊塗觀念」。這些「糊塗觀念」經毛澤東列舉，主要有以下八條：

第一條　「人性論」。

第二條　「文藝的基本出發點是愛，是人類之愛。」

第三條　「從來的文藝作品都是寫光明和黑暗並重，一半對一半。」

第四條　「從來文藝的任務就在於暴露。」

第五條　「還是雜文時代，還要魯迅筆法。」

第六條　「我是不歌功頌德的，歌頌光明者其作品未必偉大，刻畫黑暗者其作品未必渺小。」

第七條　「不是立場問題，立場是對的，心是好的，意思是懂得的，只是表現不好，結果反而起了壞作用。」

第八條　「提倡學習馬克思主義就是重複辯證唯物論的創作方法的錯誤，就是傷害創作情緒。」

針對上述八條「糊塗觀念」，毛澤東以「文藝導師」身分逐條加以批評。在批評過程中，毛澤東對胡風等人就不存好感了。針對第一條「人性論」，毛澤東是這樣批評的：「有沒有人性論這種東西？當然有的。但是只有具體的人性，沒有抽象的人性。」

從毛澤東這段「批評」裏傳出的資訊是這樣的：在人性問題上，胡風等人主張「抽象的人性」，而毛澤東主張「具體的人性」。那麼這

兩種「人性論」的分歧在哪兒呢？作為一個馬克思主義的「階級鬥爭」使者，毛澤東的觀念是建立在這樣一個基礎之上的：「在階級社會裏就是只有帶著階級性的人性，而沒有什麼超階級的人性，」因此，毛澤東說：「我們主張無產階級的人性，人民大眾的人性。」然而，「有些小資產階級知識分子所鼓吹的人性，也是脫離人民大眾或者反對人民大眾的，他們的所謂人性實質上不過是資產階級的個人主義，因此在他們眼中，無產階級的人性就不合於人性。現在延安有些人們所主張的作為所謂文藝理論基礎的『人性論』，就是這樣講，這是完全錯誤的。」

在這裏，毛澤東說「有些小資產階級知識分子」就是指胡風等人，這些人對「人性論」提出不同看法，分明是與毛澤東所闡述的觀念理論分道揚鑣、唱對台戲。這是毛澤東所不能容許的。毛澤東為此斷然說道：「這是完全錯誤的。」

大家能看得出來，在延安，毛澤東的態度還是克制和忍耐的，沒有宣布胡風是「反革命集團」。畢竟延安不是北京。從延安到北京，毛澤東知道自己還有很多的路要走，還需要團結和利用這些「小資產階級知識分子」，儘管他們身上有著各種「糊塗思想觀念」。故而，毛澤東說：「我們根本上不是從觀念出發，而是從客觀實踐出發。」

「世上沒無緣無故的愛，也沒有無緣無故的恨。」這是毛澤東對第二條「糊塗觀念」的批評。

「對於革命的文藝家，暴露的對象，只能是侵略者、剝削者，壓迫者及其在人民中所遺留的惡劣影響，而不能是人民大眾。人民大眾也是有缺點的，這些缺點應當用人民內部的批評和自我批評來克服，而進行這種批評和自我批評也是文藝的最重要任務之一。但這不應該說是什麼『暴露人民』。對於人民，基本上是一個教育和提高他們的問題。除非是反革命文藝家，才有所謂人民是『天生愚蠢』的，革命群眾是『專制暴徒』之類的描寫。」這是毛澤東對第四條的批評語。從中我們看到，毛澤東煽動群眾來對「小資產階級知識分子」胡風等人的不滿情緒，以為其「報復」作伏筆。

「我們也需要尖銳地嘲笑法西斯主義、中國的反動派和一切危害人民的事物，但在給革命文藝家以充分民主自由，僅僅不給反革命分子以民主自由的陝甘寧邊區和敵後的各抗日根據地，雜文形式就不應該簡單地和魯迅的一樣。我們可以大聲疾呼，而不要隱晦曲折，使人民大眾不易看懂。」這是毛澤東對「第五條」「糊塗觀念」的批評。

對此人們要問：既然延安革命根據地，亦即「革命聖地」已經給胡風等人這些「革命文藝家以充分民主自由」，那麼他們為何還要像「魯迅處在黑暗勢力統治下面，沒有言論自由，所以用冷嘲熱諷的雜文形式作戰」呢？

毛澤東又說：「對於人民的缺點是需要批評的，我們在前面已經說過了，但必須是真正站在人民的立場上，用保護人民、教育人民的滿腔熱情來說話。如果把同志當作敵人來對待，就是使自己站在敵人的立場上去了。」

「也有這樣的一種人，他們對於人民的事業並無熱情，對於無產階級及其先鋒隊的戰鬥和勝利，抱著冷眼旁觀的態度，他們所感到興趣而要不疲倦地歌頌的只有他自己，或者加上他經營的小集團裏的幾個角色。這種小資產階級的個人主義者，當然不願意歌頌革命人民的功德，鼓舞革命人民的鬥爭勇氣和勝利信心。這樣的人不過是革命隊伍中的蠹蟲，革命人民實在不需要這樣的『歌者』。」這是毛澤東對「第六條」「糊塗觀念」的批評。這段批評具有畫龍點睛意味。這是一個伏筆，為以後也就是十三年後的 1955 年對「胡風反革命集團」專政作了有聲有色的鋪墊。

偏是胡風不認帳。於 1945 年 1 月在其主編的《希望》創刊號上發表舒蕪的〈論主觀〉文章，同時發表短評，提倡「主觀戰鬥精神」，反對客觀主義和機械論。這些論點明的就是抵制和反擊毛澤東在延安座談會上講話中關於反對主觀主義的理論。事關重大，當時的中共南方局急令組織筆手展開對〈論主觀〉的反擊。作為知識分子的胡風，以為文人相爭很正常。不爭反而不正常。於是在解放後，「打上門去！」

再與毛澤東就「文藝問題」重開方法之論戰。從表面上看好像是方法之歧:「文藝問題也實在以機械論最省力」(胡風語)。「這裏的『機械論』是辯證唯物論的反話。」(毛澤東語)。但這是重複十幾年前的理論爭論。

然,就是這個理論爭論要了胡風的命。毛澤東在 1955 年 5 月 24 日這一天,對「胡風反革命集團」專政時,寫下這樣一篇文章:〈駁「輿論一律」〉。大家還記得,毛澤東在延安發表著名講話時間是 1942 年 5 月 23 日,到現在正好是十三年多一天。這是巧合嗎?不是!從以上文字所述可以歸納為是毛澤東的「報復主義」情緒在作怪。綜觀中國歷代史,這種「報復主義」情緒是任何一個不受權力制約的皇帝皇孫們於他當政時代所容易迸發的。由此,回到先前的話題。李醫生說錯了!並不是胡風自己撞上毛澤東「槍口」,而是毛澤東早已將「槍口」對準胡風及其胡風「小集團」裏面那些人了。

反觀歷史,「胡風反革命集團」不發生可能嗎?可能!不過必須具備兩個條件:第一,毛澤東放棄根深蒂固的「報復主義」念頭,並超越中華民族中常見的「大眾性」的不良心理因素。第二、胡風放棄保持個性的念頭,主動向毛澤東作深刻的思想懺悔,並承認自己在延安時代所犯的「文藝問題」上錯誤。然而,這兩個假設都沒有發生。因為胡風及「小集團」裏的人都是一些理想主義者,他們正直、真誠、善良,他們為理想和信念而活。所以,毛澤東對胡風實行專政按革命體制時代特徵來說就可看成是順理成章的事了。從這個意義上說,胡風等人確有一股中華民族以墨子為代表的墨家俠義風骨精神。

大凡常人天生就有這種「報復主義」情緒。毛澤東不是神,他也有這種「情緒」實屬正常。於是我們可以看到,毛澤東的不良性格在處理「胡風反革命集團」問題上被淋漓展露。他說:「在這個問題上,胡風等類的反革命分子好像振振有詞;有些糊塗的人在聽了這些反革命論調之後,也好像覺得自己理虧了。你看,『輿論一律』,或者說,『沒有輿論』,或者說,『壓制自由』,豈不是很難聽的麼?」

　　「胡風又說:『絕大多數讀者都在某種組織中生活,那裏完全是強迫人的。』……這是極大的好事。這種好事,幾千年沒有過,僅在共產黨領導人民作了長期的艱苦的鬥爭之後,人民方才取得了將自己由利於反動派剝削壓迫的散沙狀態改變為團結狀態的這種可能性,並且於革命勝利後幾年之內實現了這種人民的大團結。」

　　「他們確實是膽戰心驚,感到『小媳婦一樣,經常的怕挨打』,『吱一聲都有人錄音』。我們認為這也是極大的好事。這種好事,也是幾千年沒有過,僅在共產黨領導人民作了長期的艱苦的鬥爭之後,才使得這些壞蛋感到這麼難受。一句話,人民大眾開心之日,就是反革命分子難受之時。」

　　從這裏,我們充分看到:革命體制時代伴隨著極權主義建立起來,並確立革命領袖的絕對權威。在這個絕對權威面前,你只能服從它;不能非議它,更不容與它作對。如果一定要保持獨立,保持個性,那你就得準備接受絕對權威下的絕對權力的絕對專政加絕對虐待。在胡風被大批判時,作為胡風好友,賈植芳吟詩說:「滄溟何遼闊,龍性豈易馴?」說這句話要付出代價的,賈植芳因此坐了十幾年牢。

　　任何事物都有它的兩面性。我們從中又看到另一方面:毛澤東所做的所有一切都是為了保住由暴力革命帶來的革命體制建立後的統治者所得到的既得利益。我用毛澤東的話來解釋毛澤東當時的心態:「如果說,法國資產階級的國民議會裏至今還有保皇黨的代表人物的話,那麼,在地球上全部剝削階級徹底滅亡之後多少年內,很可能還會有蔣介石王朝代表人物在各地活動著。」

　　這裏,毛澤東顯然已經把「胡風反革命集團」比作是「蔣介石王朝代表人物」了。這些人儘管一次次被專政掉,卻似乎陰魂不散,總想捲土重來。這使得毛澤東作為革命最高統治者,始終無法安寧去享受那份既得利益。這是毛澤東所意想不到的。

　　1979 年,毛澤東去世後第三年,胡風平反獲釋。他問兒子:「有沒有一種能使人頭腦混亂的機器?」顯然,這「機器」就是指革命體

制時代下的專政。這「機器」能讓一個人為保全自家生命而不惜出賣靈魂。胡風舊友舒蕪將胡風與他數十年來的私信整理出四大類，在《文藝報》上公開，並在《人民日報》上撰文發表〈胡風文藝思想反黨反人民的實質〉一文，就是最好的例子。悲劇人生的胡風；悲劇革命的年代。

（五）反右運動在全國展開

　　在談 1957 年的反右運動前，先交待一下之前一年毛澤東提出的〈論十大關係〉和「百花齊放，百家爭鳴」方針。針對社會上各種矛盾層出不窮以及反革命分子在數量上越打越多，成幾何級數增長，1956 年 4 月，毛澤東不得不在中共中央政治局擴大會議上提出〈論十大關係〉，其中第八大關係就是：「革命與反革命的關係」。

　　毛澤東在文中論點是：大多數反革命不是完全徹底的反革命，可以通過思想改造來轉變成革命的同志。「100 個反革命中 99 個這樣處理。」（指寬大處理）。可僅隔一年，100 個中的 99 個不這樣處理。出爾反爾的事由於沒有專門的監督機構對毛澤東所說過的話進行驗證，使翌年的反右運動如火如荼，釀出更大一輪的人間苦難。

　　這裏，大家不要迷信黨章健全或不健全，也不要迷信於新頒布的憲法在具體實施中是否完善，這是革命體制專政下權力過度集中的必然反應。綜觀歷史，暴秦統一全國後發生的焚書坑儒案與慈禧殘殺變法六君子所下詔書，就其當時言詞都是振振有詞的，但他們都是顛倒黑白的歷史罪人。

　　《論》中，毛澤東如文人般浪漫地說：「反革命是廢物，是害蟲，但卻可以讓他們給人民辦點事。」細細品味，這種說法其實是經不起敲打的。既然是害蟲該消滅，還能有何作用？莫非人民需要「害蟲」來做標本，這樣才能映襯人民群眾在革命體制時代前純潔性表現？如

果「害蟲」真能辦事，那足以說明「害蟲」不是全害，還有利用價值。儘管毛澤東在文中一再強調：「韭菜割了還會再長，人頭割了不會長」。可事實上，毛澤東心裏很明白。依他看來，「革命」代表「進步」，反對革命等同於反對革命體制，而革命體制又代表著政府的喉舌與黨的形象，與政府對立也就意味著有顛覆和推翻政府的意圖。有這種意圖的人就是不折不扣需要打擊的反革命分子。

　　暴力革命的目的在於建立新的革命體制專政，並用更高級的專政手段來鞏固這個新得手的政權，以使統治者能順理成章地分享新體制帶來的種種既得利益。從統治安全考慮，每個人必須接受意識形態上的革命洗禮。某些人不想加入這場革命洗禮，持冷淡或反對態度，但又無任何意圖想要詛咒甚至推翻這個政府，這一切行為是否構成反革命呢？「反革命罪」制定是不是因為他朝「革命」罵了幾聲或是吐了一口口沫，抑或因為思想異化、不肯進入革命軌道上來，參加這場史無前例的思想改造而予以定罪呢？如果強制性地把一個人拉進革命隊伍，灌輸一種理論，同化他的思想，成為同一個思維模式下、朝著那個金燦燦的共產主義陽光大道前進，那麼這種革命註定會與專制、殘酷、血腥、愚昧聯姻。歷史不幸記錄，隨後中國大地發生的轟轟烈烈反右運動印證了這種「如果」。

　　好了！現在我來說說毛澤東的「百花齊放，百家爭鳴」的八字方針及後來發生的對民主黨始料不及的政治迫害。毛澤東是這樣說的：「春天來了，一百種花都讓它開放，不要只讓幾種花開放，還有幾種花不讓它開放，這叫百花齊放。百家爭鳴就是諸子百家，春秋戰國時代，有許多學說，大家自由爭論，現在也需要這個。但杜威、胡適之流，就不要讓他爭鳴。在憲法範圍內，各種學術思想，讓他們去說，在刊物上，報紙上可以說各種意見。藝術上百花齊放，學術上百家爭鳴，是我們的方針。」

　　多少動聽的話！如果毛澤東真這麼做，中國人的意識觀就會徹底改觀了。可事實上並非如此。翌年，也就是 1957 年 4 月 1 日，受東歐

波蘭、匈牙利事件影響，加上國內因社會變革暴露出種種問題，半年
內，全國先後有萬餘工人、學生罷工罷課。一部分知識分子更以自己
良知為召喚，以大無畏勇氣站出來，批評共產黨在政府工作中存在的
各種缺點。面對群眾的意見和不滿情緒，這些打仗是真英雄，管理是
薄弱之才的領導幹部手足無措，或用強行打壓手段來處理群眾意見，
由此導致黨民之間矛盾遞增。中共中央不得不決定從今日起，對全黨
開展一次取名為《關於整風運動的指示》，旨在正確處理人民內部矛
盾，強調這既是認真又和風細雨的思想教育運動。

　　受此鼓舞，翌月八日起，統戰部先後召開十三次座談會，並聯合
國務院二十五次召開由工商界人士出席的座談會。會上，各民主黨派
負責人和無黨派人士，紛紛向專制的共產黨提出中肯或過激的言辭。

　　大家看一看，由黨外人士參加的懇談會上，他們是怎樣發言的（資
料來源下注）：

5月8日

民主建國會副主任委員兼糧食部部長章乃器說：「現在部分黨
員，黨內一個是非，黨外一個是非。把『黨黨相護』作為黨性，
這種不正確認識要批判。」針對《人民日報》社論所說：「從
一個資本家變為一個自食其力的勞動者，這不像孫悟空要變就
變那樣輕而易舉，而是一個脫胎換骨的過程。」章乃器認為：
「脫胎換骨這說法不只是教條主義，而且是宗教上的信仰主義
和神秘主義。照此說法，脫胎是脫凡胎，換骨是換仙骨。現在
工商界已經過了五關（戰爭關、土地改革關、抗美援朝關、『五
反』關），脫胎換骨的改造也改造過了，還要脫胎換骨，只能
使工商界增加無窮的憂慮。」

民盟中央副主席、農工民主黨中央主席兼交通部部長章伯鈞
說：「職、權、責，三者不可分。現在非黨派人士是有職無權。

國家機關和黨組行政領導的職權要分清，各機關的工作應由法
定集體領導的行政機構來決定。」

5月9日

民主建國會副主任委員胡子昂說：「黨與非黨的關係中間，好
像有一堵牆，一道門檻，有些黨員一副嚴肅的『政治面孔』，
使人敬而遠之。」

5月10日

民盟副主席兼森林工業部部長羅隆基說：「解放初期一批靠『打
擊別人，抬高自己』的小知識分子入黨了。他們『一朝權在手，
便把令來行。』馬列主義的小知識分子領導小資產階級的大知
識分子，外行領導內行。」又說：「民主黨派和共產黨長期共
存，首先要解決民主黨派長期存在的問題。現在有些知識分子
不願意參加民主黨派，怕別人說他『落後』，而願意爭取加入
共產黨。有人問：加入民主黨派是否影響加入共產黨，如果有
影響，就不參加。黨如果吸收了這樣的人入黨，不但影響黨的
威信，而且勢必使民主黨派發展的人都是挑剩的。共產黨在工
農群眾中發展，而民主黨派就不能在工農群眾中發展，主要在
舊知識分子中發展，而他們多是三四十歲以上的人。這個矛盾
應該儘快解決，否則就很難共存下去。」

5月11日

民主建國會委員千家駒說：「希望共產黨能夠深入地瞭解高級
知識分子的思想情況，而不要專聽黨員的片面彙報。中國高級
知識分子有高度自尊心，服從真理而不懾於權威，『士可殺不
可辱』，這是優良傳統，不應該打擊。解放後唯唯諾諾靠近黨，
這是不好的。在『三反』『思想改造』或『肅反』中鬥錯的人，

應向他解釋清楚，這不是算老帳。中國高級知識分子是有自尊心的，傷了他的自尊心，積極性長期內不能恢復。」

5月13日
作為無黨派人士的教育部部長張奚若說：「共產黨人最喜歡：好大喜功；急功近利；鄙視既往；迷信將來。」
農工民主黨中央執行委員李伯球說：「許多黨員忘記黨的教育，機械地用階級鬥爭的原則來掩護他的特權思想，靠著黨和黨中央、毛主席在人民群眾中的崇高的威信來行使自己的特權。」

5月15日
民革中央常委陳銘樞說：「我贊成取消黨委制。」
擔任文化部部長的沈雁冰說：「宗派主義、教條主義也同知識水準低、業務不通有關係。而官僚主義，如就辛辛苦苦的官僚主義而言，則主要是或大部分是業務不通之故。光瞭解情況還不夠，你沒有這門學問，拿不出自己的主張，就是舉棋不定，今天聽甲的話，明天聽乙的話，主觀上要把事辦好，客觀上卻是官僚主義。」

5月16日
民革中央常委黃紹竑說：「我談兩個具體問題：一個是勞動教養問題。據說現在勞動教養有兩萬人，大多數是機關幹部，知識分子，他們既夠不上刑事犯罪，已經勞動教養了一年多。應該定出一個整個的解決辦法，不宜拖下去。一個是解放戰爭時期有些國民黨人傾向革命，為奔走和平或參加工作，多少出了一些力；但因歷史的關係被懷疑，判了重罪，希望徹底檢查，無辜的平反，歷史上有罪的應酌情處理。」
全國工商聯主席陳叔通說：「矯枉過正，中共領導應該總結是保守思想對社會主義造成的損失大，還是盲目冒進造成的損失大。」

致公黨中央副秘書長嚴希純說：「科學技術工作在研究過程中是允許失敗的，但現在則一遇失敗就要追查科技人員的責任，甚至懷疑有政治問題，加以逮捕。這樣的專家們如何敢於負責呢？」（資料摘自《1957年的夏季：從百家爭鳴到兩家爭鳴》朱正著）。

時任《光明日報》總編兼九三學社中央委員的儲安平說：「這幾年黨群關係不好，關鍵在於『黨天下』這個思想問題上。黨領導國家並不等於國家即為黨所有；大家擁護黨，但並沒有忘記自己還是國家的主人。為鞏固政權，黨需要掌握國家機關的樞紐。但在全國範圍內，不論大小單位，都安排一個黨員做頭兒，事無巨細，都要黨員點頭算數，這樣做法，是不是太過分了一點？『黨天下』的思想問題是一切宗派主義現象的根源。」（資料見《中國100年歷史大紀事》）

作家吳祖光在文聯第二次座談會上說：「我感覺黨的威信太高了，咳嗽一下，都會有影響。因之作為中央的文藝領導就更要慎重、小心。當然，不可能有永遠正確的人，有些作家藝術家兼任行政領導，他自己也口口聲聲說不願做，但是做官還是有癮，做官跟做老百姓就是不同，政治待遇、群眾看法等都不一樣，所以有些作家，他們打心裏還是願意做官的。很多作家，藝術家原來是朋友，但現在卻成了上下級關係了。」「因為積極鬥爭別人而入黨的人，假如現在證明鬥錯了，這樣的黨員的人格就有問題。這樣的黨員多了，非黨之福。肅反是搞重了，搞寬了，北大，戲曲學校……都很嚴重。」（資料見《荊棘路——記憶中的反右派運動》，98年版）。

無黨派人士張錫錕說：「愚民政策問題，不動腦筋的人得到欣賞，有意見的人就一直壓制，我只管效果不管動機，有些問題

黨不是不知道，除了增加愚昧還有什麼？凡是混淆是非都是愚
民政策，不管動機好壞，但導致效果怎樣呢？人民盲目崇拜領
導，便非常欣賞，認為立場穩，於是積極分子提拔成了官僚主
義。用信仰代替知識，首先是信仰，把知識推到微不足道的地
位。這不是愚昧又是什麼？就是不要人思考，一棒子打死，效
果就是爬上去，說好聽點是領導，說得不好是統治，在思想上
把矛盾拿開。」

邏輯大綱

1、黨的錯誤是個別情況，對它批評就是反對全黨；

2、民主自由是黨的恩賜，再要索取就是煽動鬧事；

3、歌頌逢迎是一等品德，揭發錯誤就是否定一切；

4、萬事保密是警惕性高，揭露神話就是誹謗造謠；

5、盲目服從是思想單純，若加思考就是立場不穩；

6、政治必修是制度原則，若加考慮就是反對馬列；

7、國家制度是早已完善，再加指責就是陰謀造反。

8、政治等級是統治槓桿，取消等級就是製造混亂；

9、蘇聯一切是儘管搬用，誰說教條就是挑撥蘇中；

10、『三害思想』中也合人情，誰若過敏就是別有用心。

凡具以上屬性者「衛道之士也」。

（資料見《原上草——記憶中的反右派運動》98 年版）。

　　中國人民大學學生林希翎在北大「民主廣場」發表言論：「胡風致
黨中央的意見書大部分是正確的，反對文藝界宗派主義、教條主義，
現中央的『百花齊放』方針與他的意見可謂一致。提意見不能說是反
革命，胡風案件原因很複雜，他罵人也夠凶的，也很藝術，但依此定
反革命罪很不充分，主要是那一時期受了史達林的影響……」（資料見
《禪機——1957：苦難的祭壇》胡平著，1998 年版）。

　　批評意見夠多的，來勢兇猛，讓共產黨意想不到。這些意見匯總到毛澤東辦公桌前，毛澤東表現出若無其事樣子，給予的答覆僅是一句話：「聽！硬著頭皮也要給我聽。不要反駁，必要時把這些言論發到《人民日報》上去。」毛澤東心裏很明白，就不信自己的神明戰勝不過那些污言穢語。

　　過了一星期，毛澤東見收拾殘局的時機差不多了，便給黨內寫了一封〈事情正在起變化〉的信。信中說：「共產黨整風，是一個統一體兩種作風之間的鬥爭。幾個月來，人們都在批判教條主義，卻放過了修正主義，現在應當注意批修正主義。」

　　在這裏，毛澤東把共產黨人分為馬克思主義者修正主義者（右派），並把社會上各界人士分為：左派、中間派、右派。毛澤東特別強調說：「最近這個時期，在民主黨派中和高等學校中，右派表現得最堅決最猖狂。現在右派的進攻還沒有達到頂點，他們正在興高采烈。我們還要讓他們猖狂一個時期，讓他們走到頂點。他們越猖狂，對於我們越有利益。誘敵深入，聚而殲之。」

　　毛澤東為何要用這種口吻寫信？原因在於意識形態決定一切。毛澤東從骨子裏認為國統區出來的知識分子在意識形態上都是反動的，沒有一個好的，受民國政府影響較深（到了「四人幫」時期，變本加厲。知識分子都成了壞人，知識越多越反動）。他們是毛澤東思想路線的敵人，必須及時被打倒，不打倒總路線無法貫徹。至於如何打？怎樣打得漂亮？毛澤東心裏自有一套譜，運籌帷幄、胸有成竹。他要讓這些知識分子先開口，表露了思想才好有理由批判。批判的目的不是要他們的性命，而是要他們從今往後不要再亂說話。解放前，軍閥們說：「我的地盤我做主」。解放後，軍閥被滅，毛澤東成為一國之主，他有充分理由說：「我的國家我做主。」

　　又過了一個月，也就是 6 月 8 日，代表黨喉舌的《人民日報》刊登了中國人民大學講師葛佩琦在 5 月 24 日黨外人士座談會上的講話：

「我要重述一遍⋯⋯群眾總要推翻共產黨，殺共產黨人，若你們再不改⋯⋯那必走這條路⋯⋯只空喊萬歲是沒用的。」

這份發言稿如一顆重磅炸彈，立刻在全國掀起軒然大波。藉此，中共中央在毛澤東授意下迅速發出〈組織力量反擊右派分子的猖狂進攻〉。《指示》中稱：大鳴大放後，社會上出現了一些要取消共產黨的言論。葛佩琦就是一例。他說，共產黨若不改變他們的某些政策，特別是對非黨人士的態度，後者就可能圖謀他們的性命。反右派運動一觸即發。然而，全國人民卻被蒙在鼓裏，這份發言是經過有人巧妙剪裁的。葛佩琦在會上不是這樣說的，他的原話是：「在這次整風中，如果黨內同志不積極改正缺點，繼續爭取群眾的信任，那不僅可以自赴滅亡，而發展下去可以危及黨的生存。」

同日，《人民日報》隨即發表〈這是為什麼？〉社論，指出階級鬥爭還在激烈進行著。毛澤東對內親發指示，要求全國各省市機關，高等學校和各級黨報都要積極準備反擊右派分子的進攻。毛澤東語氣堅硬地說：「這是一場大仗，不打勝這一仗，社會主義是建不成的。」於是，中國作協先開頭炮。「丁玲、陳企霞反黨集團」被揭開了，被揭開的同時也是文藝界反右運動的序幕。

同月 29 日，中共中央發出最新指示，民主人士中的左派、中派，要給右派分子以殲滅性的打擊。大規模的反右運動終於轟轟烈烈在全國拉開了。

毛澤東由台後到台前，首次公開亮明態度。他在 7 月 1 日《人民日報》上發表了〈文匯報的資產階級方向應當批判〉一文。針對之前民主黨負責人所謂不負責的言論，毛澤東拍案而起，憤然說：「章羅同盟」（章伯鈞、羅隆基）是「黑雲亂翻」。「在百家爭鳴過程和整風過程中所起的作用特別惡劣。有組織、有計劃、有綱領、有路線，都是自外於人民、反共反社會主義的。」

8 月 19 日，《光明日報》列出「章羅同盟」在全國各地成員的黑名單。報稱：章羅是反共聯盟；是全國右派分子的司令部。中共中央

不失時機轉發了北京市委〈關於反右鬥爭情況的彙報〉。《彙報》稱：通過二個月深挖，全市共發現右派分子 7511 人，其中已重點批判 3529 人。極右分子 1257 人，占右派總數 16.7%。北京各高校發現右派分子 4230 人，占右派總數 26.6%。教授中極右分子 192 人，其中極右分子 85 人，重點批判 108 人。

OH! My God! 原本是黨的一次「和風細雨」整風運動，現在一下子變成了對知識分子和民主黨人士無情打擊的整肅運動了。甚至連那些無限忠於黨、聽從於黨教誨的人士，在這場政治旋渦中也無法倖免。比如剛才說的葛佩琦，他所寫的《葛佩琦回憶錄》（中國人民大學出版社出版）一書中說：「由於歷史的『誤會』，1957 年我被錯劃為『極右派分子』，接著被錯捕、錯判、被判無期徒刑，坐冤獄 18 年。……1983 年 5 月 23 日，北京市委組織部指示：『恢復葛佩琦同志的黨籍，黨齡從 1938 年 7 月起連續計算』。至此，我重新回到了黨的懷抱，回到了革命隊伍。」看一看，多好的革命黨員，一顆忠心獻給黨，至老不後悔。這樣的好同志竟也成了紅色煉爐裏的黑煤。燃燒的是自己的人格、尊嚴、自由，換來的是屈辱的靈魂。

針對反右運動在全國各行業如虎添翼的掀起，中共中央急發文件，表示在工人和農民中不可實行劃分右派政策，如已劃分好的馬上取消，迅速改正過來。在工廠，科室幹部或技術人員，這些人可以劃分為右派。至於階級異己分子，反革命分子，流氓分子，壞分子，這些人不可給他們戴上「右派分子」帽子，他們不配。

1956 年 9 月，中國共產黨第八次全國代表大會在北京召開時，大會提出：「社會主義制度在我國已經基本上建立起來，……國內主要矛盾已經不再是工人階級和資產階級的矛盾，而是人民對於經濟文化迅速發展的需要同當前經濟文化不能滿足人民需要的狀況之間的矛盾；全國人民的主要任務是集中力量發展社會生產力，實現國家工業化，逐步滿足人民日益增長的物質和文化需要。」全國人民歡欣鼓舞。然而，僅過了一年。1957 年黨的八屆三中全會召開，卻又換調子，充分

肯定無產階級和資產階級的矛盾仍然是主要矛盾，對資產階級還必須專政。

受無產階級專政強大打擊，各民主黨派負責人紛紛以思想罪人角色在《人民日報》上發表向人民、向政府、向共產黨認罪悔改書。費孝通寫下〈向人民伏罪〉；一心想把《觀察》辦成中國《泰晤士報》的主編儲安平寫下〈向人民投降〉；章伯鈞寫下〈向人民低頭認罪〉；章乃器寫下〈我的檢討〉；黃紹竑寫下〈我的錯誤和罪行的檢討〉；陳銘樞寫下〈自我檢討〉；龍雲寫下〈思想檢討〉；張雲川寫下〈我恨自己是一個右派〉；馬哲寫下〈我要重新做人〉；黃藥眠寫下〈我的檢討〉；葉篤義寫下〈揭露羅隆基的本來面目並檢討我自己的錯誤〉；韓鄂寫下〈愧恨交加〉；畢鳴歧寫下〈我是一個犯了嚴重錯誤的人〉；黃琪翔寫下〈請求人民寬恕〉。

從中共中央於 1955 年 7 月發出〈關於開展鬥爭肅清暗藏的反革命分子的指示〉，至一九五七年春，全國各地共查出重大反革命分子 10 萬餘人，其中混入黨、團內的為 8 千人，清查帶有個人政治歷史問題的卷宗 177 萬餘宗，其中有嚴重歷史問題的 13 萬餘人，處理反動小集團 3 千個，投案自首 37 萬餘人。

記得上世紀八十年代初，一篇名叫〈紅心皇后〉的短篇小說引起全國讀者轟動（見 1980 年 9 月 21 日《羊城晚報》）。故事寫的是一個女青年、共產黨員如何被無辜打成右派，後來又以「持刀殺害親夫」的罪名判處死刑的經過。題材雖不新穎，但在同類作品中，故事更為「離奇」。其實這類「離奇」故事在反右運動中只是冰山一角。比如說，作協在批鬥作家劉賓雁時，他的好友戚學義替他鳴不平，從 4 樓跳下，上演一幕「士為知己者死」的殉難悲劇。鄧友梅批劉紹棠時，剛剛獲得掌聲，卻馬上就被會議主持人宣布為右派。

反右鬥爭也就是出賣靈魂的鬥爭。比如說詩人郭小川，站在中國作協反右鬥爭前沿。然而，作協黨組織卻對他另眼相看，連續七次對他進行批判，讓他自我解剖對黨對人民犯下的種種「罪惡」。郭小川想

說：「一個有才能的作家受到如此摧殘，這是黨的損失啊！」可他沒這
樣說，而是選擇下跪，請求黨寬恕。在下跪中，明白了領袖是神，領
袖領導黨，黨也變成神的道理。作為詩人，他不再去探索詩人應該探
索的藝術道路，而是轉向空洞、赤裸的謳歌語言。至於像《新民晚報》
雜文作家趙超構（筆名林放），能夠躲過反右運動一擊，實屬少數例子。
也因為 1944 年 5 月，趙超構以重慶《新民報》記者隨中外記者團訪問
延安。回來後寫了讚賞毛澤東的《延安一月》一書，交重慶新民報社
出版。毛澤東自然不忘這個舊情，在反右運動開展時，關照屬下莫動
他。趙超構於 1978 年重訪延安時，特地寫了〈重訪延安〉七律詩，表
達對毛澤東感恩之情。詩云：

> 棗園燈火明天下，延水波流潤萬邦。
> 苦鬥當年曾共睹，歡歌今日又觀光。
> 驚看廣廈春雲展，彌覺洞窯日月長。
> 俯仰塔山增愧汗，鴻恩大德敢相忘。
> （資料見 1992 年《上海小說》第三期。）

　　照理，作為一名大牌新聞工作者應該比普通人擁有更方便說話的
權力，他在國統區的重慶出版《延安一月》不是難事，到了解放後，
共產黨天下時，反而縮手縮腳不敢說真話了。他感謝毛澤東恩寵，沒
讓他戴上右派帽子，卻忘記言論自由是一個新聞工作者天賦的職責。
反右運動對全體被戴上帽子或沒戴上帽子的知識分子來說不啻就是一
個羞辱符號。

　　這就是毛澤東革命體制專政的時代。這時代特徵是：黨員多為理
想主義者，對管理一個國家並無大的經驗，對民主民生民權理念也不
是很清晰，甚至有點模糊，但對建設一個理想社會卻具有高度的熱誠。
他們是一批有著馬列主義樸素正義感和對黨組織無限忠誠的戰士。毛
澤東正是利用這，通過「引蛇出洞」方式，一舉漂亮地消滅了黨內外
潛在的威脅團體和個人，並為自己政權下既得利益的穩固與長安鋪平

了道路。接下來他要掃平的是他心目中最大的權力對手──劉少奇，這個對手不好對付，只有發動「文革」才能解決。

（六）劉少奇為何會受迫害？

如果說第一次，毛澤東對「高崗、饒漱石反黨聯盟」專政是屬於「殺功臣」式的專政；第二次，對梁漱溟「反動思想」專政是屬於「移情別戀」式的專政；第三次，對「胡風反革命集團」專政是屬於「個人思想」式的專政；第四次，對知識份子「反右」專政是屬於意識形態裏「戴帽」式專政；那麼第五次，毛澤東對「劉少奇資產階級司令部」專政則屬於「接班人焦慮」式的專政。而這次專政的後果是：毛澤東將革命體制時代內所有可悲性因素一覽無遺地展露在原本擁護這種革命體制的人民面前。

勿忘歷史。1966 年，毛澤東對「劉少奇資產階級司令部」專政是以史無前例的「文化大革命」形式來展開的。大家來看下面這段話：

「『文化大革命』是一場由領導者錯誤發動、被反革命集團利用，給黨、國家和各族人民帶來嚴重災難的內亂。」上述引文源自 1981 年 6 月 27 日中國共產黨第十一屆中央委員會第六次全體會議一致通過的「中國共產黨中央委員會關於建國以來黨的若干歷史問題的決議」。這個「決議」是繼 1945 年 4 月 20 日中國共產黨第六屆中央委員會擴大會議第七次全體會議通過的「關於若干歷史問題的決議」之後的第二個「決議」。這兩個「決議」在標題上近乎一樣，其性質也都是黨內鬥爭中以「勝利的」一方對「失敗的」一方所進行的一次「歷史性」的缺席審判。

這裏，「領導者」是指毛澤東，而「反革命集團」前後共有兩個：前一個是「林彪反革命集團」，後一個是以江青為首的「反革命集團」（即：江青、王洪文、張春橋、姚文遠「四人幫」）。那麼毛澤東為何

要在 1966 年 5 月 16 日（以〈通知〉為運動開始標誌）發動「文革」呢？「決議」上是這樣寫的：

「他（指毛澤東——本人注）的主要論點是：一大批資產階級的代表人物、反革命修正主義分子，已經混進黨裏，政府裏，軍隊裏和文化領域的各界裏，相當大的一個多數的單位的領導權已經不在馬克思主義者和人民群眾手裏。黨內走資本主義道路的當權派在中央形成了一個資產階級司令部，它有一條修正主義的政治路線和組織路線，在各省、市、自治區和中央各部門都有代理人。過去的各種鬥爭都不能解決問題，只有實行文化大革命，公開地全面地、自下而上地發動廣大群眾來揭發上述的黑暗面，才能把被走資派篡奪的權力重新奪回來。這實質上是一個階級推翻一個階級的政治大革命，以後還要進行多次。」

然而，退回歷史歲月。我們不妨看看「四人幫」時代，「紀念中共中央 1966 年 5 月 16 日《通知》十周年」《人民日報》、《紅旗》雜誌、《解放軍報》編輯部共同發表的《文化大革命永放光芒》文章，上面是這樣寫的：

「毛主席以偉大的馬克思主義列寧主義的洞察力，及時看到了黨內走資派顛覆無產階級專政的嚴重危險。毛主席在《通知》裏指出：混進黨裏，政府裏，軍隊裏和文化界的資產階級代表人物，是一批反革命修正主義分子，一旦時機成熟，他們就會要奪取政權，由無產階級專政變為資產階級專政。」

無疑，前者是代表「決議」派，那些「文革」中受到毛澤東專政而後東山再起，重上歷史舞臺之際的人，他們要對「文革」持否定與清算態度。而後者，「光芒」派（即：王張、江、姚）對「文革」卻持肯定態度，那是因為他們是毛澤東專政下的得益者。從兩派做出截然不同的評價來看，毛澤東為何要發動「文革」？這個實質性問題，兩派都沒有好好細說一番。

我想說：為了「接班人」問題，才是毛澤東發動「文革」的真正動因。另外一點，1966 年，毛澤東正好 73 歲。古人說：「73，84，閻

王不請自報到。」一個老人，在他進入這兩個年齡段時，意志都會遇到嚴峻考驗。73 歲的毛澤東覺得自己一點不老，還要繼續掌權下去。發動「文革」旨在化被動為主動，奪回失去的大權，並卸掉心頭包袱。

這裏，我把「五‧一六《通知》」中那段被「決議」派和「光芒」派共同掩蓋的毛澤東之話引述出來，大家細味一下，就能明白其中道理：

「這些人物，有些已被我們識破了，有些則還沒有被識破，有些正在受到我們的重用，被培養為我們的接班人。例如，赫魯曉夫那樣的人物，他們正睡在我們的身旁，各級黨委必須充分注意這一點。」

上述三個「有些」中，兩個「有些」是清楚的。第一個「有些」是指彭真；第二個「有些」就是指「接班人」。「接班人」前面加上一個標籤：「赫魯曉夫那樣的人物」。連起來看就是指「赫魯雪夫式的接班人」。這樣的人物睡在毛澤東身邊，自然就是指劉少奇了。至於最後一個「有些」，在毛澤東心目中是一個未知數，等待著被填充進去。會是誰呢？林彪？抑或是周恩來？都有可能。在毛澤東政治潛意識中，隨時隨地會有新的「敵人」主動冒出來，搶奪並取代他的權力位置。

對毛澤東來說，既然已經看清楚誰是明裏的「敵人」，那麼就應該儘快把他專政掉，免得後患無窮。這是第一個背景。我們再來看第二個背景：1964 年 6 月，毛澤東就「接班人」問題專門作了一次談話。可以看出，毛澤東第一次將「赫魯曉夫」這樣一個政治人物當作是劃分人品好壞的標準。那麼赫魯曉夫究竟是怎樣一個人物呢？這可是第三個背景。

關心國外歷史者都知道，史達林於 1953 年 3 月 5 日去世，去世後由馬林科夫接替其位置，成為蘇共最高領導人。三年後的「人事變動」，赫魯曉夫取代馬林科夫而一躍成為蘇共中央第一書記。在蘇共 1956年召開的「二十大」閉幕會議上，赫魯曉夫代表蘇共中央委員會作了反史達林（西方觀點）的「特別報告」。

　　赫魯曉夫反史達林的真正動機是什麼？有一個名叫阿・阿夫托爾哈諾夫的人把這事說得一清二楚。此人是前蘇聯國家著名的「持不同政見者」，後「叛逃」到美國，在那裏定居。此人後來寫了一部轟動一時的關於如何認識蘇聯共產主義制度實質的「教科書」:《權力學》（前蘇聯高層影印內部傳閱，而普通市民若閱讀此書則會被判重刑。中國作為內參，也是內部發行）。在這本書裏，作者寫出了赫魯雪夫「反史達林」的真正動機：

　　「他（指赫魯曉夫——本人注）以一個黨內權勢人物準確無誤的嗅覺到了時代的氣息：為了在國內挽救史達林主義的基本陣地，只有同史達林本人劃清界線。於是就產生了臭名昭著的『個人迷信』理論和恢復列寧的『集體領導』原則的理論。」

　　明眼人一眼就可以看出上述這段話的良苦用心：明裏是「反史達林」的，而暗裏的，即實際上，恰恰是他相反意圖：保史達林。保史達林真實意圖是保史達林主義下的革命體制。就這麼一回事。然而，毛澤東連這一點也不允許，他於 1957 年 10 月 9 日發文，與赫魯曉夫持相反態度：保史達林。毛澤東保史達林是一竿子到底的，不像赫魯曉夫是以辯證的態度來保史達林。即：打著「反史達林旗幟」來保史達林。

　　毛澤東說:「首先，在史達林問題上，我們同赫魯曉夫有矛盾。他把史達林搞得那麼不象樣子，我們不贊成。因為搞得那麼醜嘛！這不就是你一國的事，這是各國的事。我們天安門前掛史達林像，是符合全世界勞動人民願望的，表示了我們同赫魯曉夫的基本分歧。史達林本身，你也要給他三七開嘛！史達林的成績算他七分，錯誤算他三分。這未必見得正確，錯誤也許只有兩分，也許只有一分，也許還稍微多一點。總而言之，史達林的成績是主要的，缺點、錯誤是次要的。這一點，我們同赫魯雪夫有不同意見。」

　　何止是不同意見，簡直就是水火不相容。至此，在毛澤東心目中形成兩個無法抹去的敵人：蔣介石與赫魯曉夫。其中，蔣介石是內部

的不共戴天的「階級敵人」，而赫魯曉夫則是外部的由「意識形態分歧」而生成的勢不兩立的敵人。想當初，史達林還是毛澤東內心極力排斥的「敵人」，因為他當時兩次發來電報，阻止毛澤東渡長江，徹底打敗蔣介石（見《中蘇關係重大事件述實》一書，人民出版社，作者：何明，羅鋒）。而今，史達林卻又成了他全力保的不可動搖的「支柱」。這又是什麼道理呢？此一時，彼一時。這種中華哲學，毛澤東當然是清楚的，而毛澤東在 1956 年 6 月之後更清楚中華哲學內涵是：唇亡（史達林）齒寒（毛澤東），將心比心。赫魯雪夫在莫斯科一拍桌子，「反史達林」，做出楷模、示範，那麼就不會有「中國的赫魯雪夫」在北京壓毛澤東。這時，毛澤東覺得自己應先下手為強才對。

上面是我說的三個背景。現在我建議大家把目光再拉回到 1956 年 9 月。這年 9 月，中國共產黨第八次全國代表大會召開。正巧，蘇共也在這一年召開「二十大」。就如同 1945 年中國國民黨在南京召開國民黨第六次全國代表大會，而中國共產黨則在延安召開了第七次代表大會一樣。

對於中國共產黨第八次全國代表大會，「決議」派是這樣評論的：「1956 年 9 月，黨的第八次全國代表大會開得很成功。」大會指出：「社會主義制度在我國已經基本上建立起來；我們還必須為解放臺灣、為徹底完成社會主義改造，最後消滅剝削制度和繼續肅清反革命殘餘勢力而鬥爭，但是國內主要矛盾已經不再是工人階級和資產階級的矛盾，而是人民對於經濟文化迅速發展的需要同當前經濟文化不能滿足人民需要的狀況之間的矛盾；全國人民的主要任務是集中力量發展社會生產力，實現國家工業化，逐步滿足人民日益增長的物質和文化需要；雖然還有階級鬥爭，還要加強人民民主專政，但其根本任務已經是在新的生產關係下面保護和發展生產力。」

這是一段含糊不清、模棱兩可、充滿矛盾與調和的話。這裏用了兩個轉折性說法：「但是」；「但」。如果把歷史稍微朝前推個四年，即

在52年6月6日毛澤東在中共中央統一戰線工作部起草的一個文件上作了這樣批語：

「在打倒地主階級和官僚資產階級以後，中國內部的主要矛盾即為工人階級與民族資產階級的矛盾，故不應再將民族資產階級稱為中間階級。」從這句話裏可以體現出毛澤東對「階級鬥爭學說」的一貫立場、態度和方法。那麼，中國共產黨「八大」的這種說法是否背離了毛澤東的「階級鬥爭學說」呢？我想說：一點也沒背離，這是肯定的。那麼這種提法的實質是什麼呢？回答是簡約的：變化——形式而已。正如毛澤東開口「階級鬥爭」，閉口「階級鬥爭」，和他一直不急於要使中國大陸實現工業化，建設成為一個強大的能夠獨立於世界各民族之林的社會主義強國一樣。中國共產黨的「八大」這一形式的轉換提法，也是這樣一種目的而已。

然而在「階級鬥爭學說」指導下是不可能實現那種空中樓閣式的工業化和社會主義強國之夢的；「逐步滿足人民日益增長的物質和文化需要」這一說法不能成立。「階級鬥爭」作為一種政治運動其實就是一種戰爭狀態下的破壞運動，而建設則是屬於一種和平形式的建設工程。戰爭態度下，容不得和平的生活形式；和平形式下，不允許戰爭狀態中常有的那些恐怖行為發生。

既然是一種形式變換提法之爭，而不是實質變異之爭，那麼中國共產黨的「八大」為何反而會成為毛澤東與劉少奇結怨的楔子呢？關於這個問題，需要對中國革命體制進行一番考察，由此我們進入另一個層面話題。即：革命體制時代是一種什麼樣形式的社會時代？前面我指出，革命體制時代是實行革命領袖的絕對專政時代。這種「絕對專政」意味著縱向一貫到底的絕對權威。而這種縱向性結果則決定了毛澤東所創立的革命體制是一個絕對封閉性的社會體制。在這個絕對專政、絕對權威、絕對封閉的革命體制內部生活，憑藉著什麼東西可以在此如魚得水、運籌帷幄、洋洋灑灑地生活呢？兩個字：熟悉。

　　現在，中國共產黨的「八大」來一個變換形式，將主要矛盾提法換了一個位置。這樣一來，對毛澤東來說就意味著他原先熟悉的東西（如「階級鬥爭」一說）被挪到後面去了，而毛澤東不熟悉的東西（如「建設」一說）被插到前面來了。原本由毛澤東來行使的那一套革命體制的絕對權威現在要由劉少奇來行使了。這對毛澤東來說是不能接受的，不能接受「無權的痛苦」（林彪語）。要知道，劉少奇當上新的國家主席兼國防委員會主席是1959年4月在京召開的第二屆全國人民代表大會一致通過的。大會同時一致同意毛澤東不再擔任國家主席一職。然而，毛澤東就是心頭不暢。

　　從1956年到1964年，整好是八年。毛澤東在1974年，即「文革」進行到第八年時曾經說過：「無產階級文化大革命已經八年。現在以安定為好。全黨全軍要團結。……中國有八億人口，不鬥行嗎？鬥則進，不鬥則退，不鬥則亂。」

　　從上述四段話可以看出毛澤東早已陷入鬥爭之戀情結之中。作為一個革命領袖，他是絕對不允許有人，包括他指定的「接班人」在內，在他面前有不服從的表現。在這八年裏，即從1956年到1964年，毛澤東名義上是以「退居二線」來領導全黨、全軍、全國人民，實際上，則是由劉少奇掛帥來主持革命體制的日常工作。恰恰是這一種安排，使毛澤東內火攻心，不能一下子發出來，只能慢慢來。

　　如果我們將目光定格在上世紀七十年代中期，也就是1975年，在革命體制盛行專政的時代下，有兩篇文章很流行，供人們討論學習。一篇是時任中央政治局常委張春橋寫的大作《論對資產階級的全面專政》；另一篇是時任中央政治局委員姚文遠寫的《論林彪反黨集團的社會基礎》。從某種意義上說，毛澤東專「劉少奇資產階級司令部」之政就是從姚文遠的兩篇評論「評《海瑞罷官》」和「評『三家村』──《燕山夜話》《三家村箚記》的反動本質」開始的。這是在毛澤東精心部署下進行的，就像毛澤東在1964年要重新「部署」接班人一樣。

從 1966 年到 1969 年，三年裏，毛澤東完成了「廢除」劉少奇這個「舊」接班人，並實現對「劉少奇資產階級司令部」專政。如同毛澤東在前革命時期的 28 年間，親自指揮、領導過大大小小無數的戰爭，其得意之作是「四渡赤水」。在毛澤東專政時代後革命時期的 27 個年頭裏，他的得意之作就是「清洗」劉少奇。整個專政過程可分三個階段：

第一階段：前哨戰——拿下彭真。毛澤東觀察得很清楚，要打倒劉少奇先得拿下彭真。因為劉少奇在北京，而北京的看門人卻是彭真——北京市委書記。彭真同劉少奇的關係非同一般，形同一人。在毛澤東眼裏，彭真的態度是若即若離，陽奉陰違。為此，毛澤東用「竹插不進，水潑不進」，像個「獨立王國」這些詞來形容彭真。如何搞掉彭真，毛澤東使用了「聲東擊西」手法，通過江青到上海鼓動，串聯張春橋、姚文遠等人。然後以姚文遠名義寫了這篇「評《海瑞罷官》」一文。為的是「敲山震虎」。繼而在 5 月 10 日《解放日報》和《文匯報》又發表了「評『三家村』——《燕山夜話》《三家村劄記》的反動本質」目的是引彭真上鉤。（《燕山夜話》、《三家村劄記》作者是《人民日報》社長、中共北京市委書記處書記鄧拓。鄧拓受誣陷打擊，於同月 18 日自殺，成為文革最早一批受難人之一。）

彭真果然上鉤。5 月 24 日，中共中央政治局成立專案審查委員會。審查彭真、羅瑞聊、陸定一、楊尚昆「陰謀反黨」問題。毛澤東親自主持政治局常委擴大會議。會議決定撤銷《文化大革命五人小組彙報提綱》（此〈提綱〉是彭真主持的，也稱〈二月提綱〉）。撤銷原來的『文化大革命五人小組』，重新建立文化大革命小組。改組北京市委。

毛澤東在會上發言說：「北京市委『一針也插不進去，一水也滴不進去。……凡是有人在中央搞鬼，我就號召地方起來反他們，叫孫悟空大鬧天宮並要搞那些保玉皇大帝的人。現象是看得見的，本質是隱蔽的。本質也會通過現象表現出來。彭真的本質隱蔽了三十年。』」（這裏的『玉皇大帝』就是指劉少奇——本人注。）毛澤東說話很直截了

當，但與林彪比起來又不如了。林彪在同月18日一次會議上說，最近「可能發生反革命政變」，「你不殺他，他就殺你。」

接著是第二階段：包抄戰：「炮打司令部」。毛澤東使了「借刀殺人」之計。用了別人三把刀。第一把刀是江青──筆桿子（輿論）；第二把刀是林彪──槍桿子（軍隊）；第三把刀是紅衛兵──群眾專政。三把刀用後，毛澤東再使第二計：「瞞天過海」。當北京的局勢發展到新階段時，毛澤東離開北京了，「在西方的一個山洞裏住了十幾天」（毛澤東語）。這一計是一舉兩得：一是他利用退居鄉間來思考北京形勢，二是出於第三計：「隔岸觀火」。

確實，這時的北京，群眾的烈火越燃越高。為撲滅這股以聶元梓、蒯大富為首的北京學生造反派之「火」，5月30日，劉少奇、鄧小平、周恩來寫信給在杭州逗留的毛澤東。決定派出「工作組」以壓陣腳。毛澤東不露聲色地表示同意。這是第四計：「以逸待勞」和第五計：「笑裏藏刀」。

文革大爆發。紅衛兵作為一個學生造反組織橫空出世。6月1日，發表題為《橫掃一切牛鬼蛇神》社論。工作組開進各大院校。北大學生更是鬧得凶，在校院內設「鬥鬼台」、「斬妖台」，將校園內60多名校方幹部抓來亂打亂鬥。北京社會秩序大亂，並影響全國。這時，毛澤東又開始使第六計：「欲擒故縱」。

劉少奇眼見形勢難以控制，再次要求毛澤東回京。而毛澤東無意回北京，讓鄧小平回北京協同處理事務，自己則於7月15日來到武漢。翌日，做出壯舉：橫渡長江。（《人民日報》等報刊於1966年7月25日作了報導。）

當人們看到毛澤東在快艇上揮手檢閱正在長江中游泳的人流的巨幅照片時，對七十三歲高齡的毛澤東的領導藝術產生了一種無法形容的依賴感。這一舉措直接在警告劉少奇：「你想讓我休息？沒門！」

在武漢，毛澤東給江青寫了一信，信中說：「天下大亂，達到天下大治。過七八年又來一次。牛鬼蛇神自己跳出來，他們為自己的階級

本性所決定，非跳出來不可。」而此時，北京已是一片大亂，紅衛兵
踢開工作組鬧革命。

當毛澤東由武漢回北京時，劉少奇末日來臨了。1966 年 8 月 1
日至 12 日，在北京召開了中國共產黨第八屆中央委員會第十一次全
體會議。中央文革小組成員和首都高校部分代表列席了會議。會議通
過「關於無產階級文化大革命的決定」也就是《十六條》。此時的毛
澤東在《人民日報》上發表：《炮打司令部──我的一張大字報》。槍
口直指主持中央日常工作的劉少奇。8 月 18 日，毛澤東又在天安門城
樓上接見百萬紅衛兵。雖然劉少奇就站在毛澤東身邊，但此刻，劉少
奇已無回天之力，成了甕中之鱉。毛澤東知道，要捉這個「鱉」還得
用計。

於是就有了第七計：「苦肉計」。讓鄧小平來做劉少奇反面教材的
陪襯，以掩人耳目。10 月 9 日，毛澤東主持召開了中央工作會議。會
上，由「文革」小組組長陳伯達作了《無產階級文化大革命中的兩條
路線》報告，發難於鄧小平和劉少奇。讓人感覺不是毛澤東意思，而
是下面的人對劉、鄧及由他們建立的「工作組」有很大意見。迫於壓
力，劉、鄧在 23 日交了檢討書，並承認自己犯了路線錯誤。毛澤東則
在劉少奇的檢討書上寫道：「基本上寫得好！」並在會上向大家說：「路
線錯誤，改了就是了。」

這是第八計：「緩兵之計」，接著毛澤東再使第九計：「釜底抽薪」，
不讓劉少奇有招架回擊之術。他指示，將劉少奇的檢討書、以及林彪
和陳伯達的講話內容印成材料，廣發下去。讓群眾知道，劉少奇出事
了！犯路線錯誤了。

使完這九計，毛澤東進入第三階段：剷除「保皇派」陶鑄。這天
歷史記錄是：1967 年 1 月 4 日。由 30 多個組織組成的 3000 多人直奔
中宣部，將陶鑄拿下。在這之前，也就是 1966 年 12 月 25 日，清華大
學造反派頭頭蒯大富已經帶領 5000 多名師生在天安門廣場召開「徹底
打倒劉、鄧資產階級反動路線誓師大會」。

可憐的劉少奇，他最後一次見毛澤東是 1967 年 1 月 13 日深夜。毛澤東派秘書把劉少奇叫來。劉少奇承認自己犯了路線錯誤，為使黨減少損失，主動提出辭去國家主席、政治局常委和《毛澤東選集》編委會主任職務。另，提出與妻子和子女去延安或回湖南老家種地，不再參與政治。毛澤東沒正面回答，只是說，借此機會多看些書，比如海洛爾的《機械唯物主義》、狄德羅的《機器人》。分手時，在門口，毛澤東又說：「好好學習，保重身體。」

這是政治家的策略。大凡政治家就是半個陰謀家。在政治上對劉少奇重重一擊之後，還要用組織形式把劉少奇的錯誤肯定下來。這是革命體制時代的內在邏輯使然。因為革命體制時代從形成開始其內核就是以黨的組織上決議為重。這也是革命體制時代潛「法律」，這把「法律」的鑰匙僅僅別在革命領袖的褲腰帶上。由此，這個革命體制時代從產生的一天起便有某種不可改變的基因存在。如此，革命體制為毛澤東這個革命領袖實行革命專政提供了一個完整的舞臺。毛澤東利用這，再一次坐穩了能夠行使最高權力的統帥位置。

在此，我想到了史遠芹、曹貴民、李玲玉三人合著的《中國近代政治體制的演變》一書中的一段話：「解放戰爭時期，由於處於空前規模的革命戰爭環境，由於激烈的階級鬥爭和複雜多變的形勢，中共中央在這一時期更加強調黨的一元化領導，強調集中統一，加強紀律性，嚴格請示報告制度；反對分散主義，反對鬧獨立性和無組織、無紀律現象。這些在當時都是十分必要的，是完全正確的，對全國解放戰爭的勝利起了重要的保證作用。但是，其結果使權力更加集中。就中央與各級的關係來說，權力更加集中於中央，中央的權力又集中於領袖個人。（早在一九四三年三月中央政治局通過的《關於中央機構調整及精簡的決定》中曾作出規定：書記處會議中所討論的問題，主席有最後決定權。該決定宣佈毛澤東為政治局主席，書記處也以毛澤東為主席。）」

回首歷史，這確實是災難的一頁記錄：1967 年 3 月，中央文革小組印發文件，宣布薄一波、安子文、楊獻珍等 61 人為反革命的「61

人叛徒集團」，以此作為向劉少奇投擲的重磅炸彈。4 月 1 日，由戚本禹撰寫、經毛澤東數次修改批示的〈愛國主義還是賣國主義？——評反動影片《清宮秘史》〉一文在《人民日報》和《紅旗》雜誌上發表。文中，問了劉少奇八個為什麼？這八個為什麼便成了劉少奇的八大罪狀，使他被徹底定為「黨內最大的走資本主義道路的當權派。」「睡在我們身邊的赫魯曉夫」。4 月 10 日，在中央文革全力支持下，清華大學紅衛兵召開 30 萬人參加的批鬥劉少奇夫人王光美大會。對劉少奇的迫害也隨之全面升級。翌年，也就是 1968 年 10 月 13 日至 10 月 31 日，中國共產黨第八屆擴大會議第十二次中央委員會全體會議在北京召開。大會一致通過決議：把劉少奇永遠開除出黨，撤銷其黨內外一切職務，繼續清算劉少奇及其同夥叛黨叛國罪行。「叛徒、內奸、工賊」是大會給劉少奇的定性結論。

在此，我想說的是，毛澤東出於什麼心理，一定要把曾經共同打江山的劉少奇同志當作「資產階級司令部」裏最大「階級敵人」而無情專政？劉少奇既然已說為使黨少蒙受損失，主動提出辭去國家主席一職，而毛澤東偏偏表面不說什麼，卻放手讓紅衛兵整死劉少奇才善罷甘休呢？

我認為，這是毛澤東出於「接班人焦慮」式心態對劉少奇痛下殺手。因為黨的「八大」提出主要矛盾不再是無產階級與資產階級之間矛盾，而是如何發展經濟建設、提高生產力問題。這種提法意味著毛澤東熟能生巧的「階級鬥爭」學說理論被挪到後面去了，而他本人所不熟悉的生產力發展學說被插到前面來了。一切由劉少奇來行使，這對視大權為政治生命之上的毛澤東來說是絕對不能接受的。為鐵保紅色江山永不變修，只有將接班人劉少奇置之死地才能高枕無憂。

為何要發動文革？1970 年 12 月 14 日，毛澤東會見美國記者愛德格・斯諾時說出自己初衷。他說，1965 年姚文遠批判《海瑞罷官》已擊中了「我們的敵人的要害」。「我們沒有大學教授、中學教員、小學

教員啊！全部用國民黨的，就是他們在那裏統治。文化大革命就是從他們開刀。」

斯諾又問：「什麼時候明顯感到要將劉少奇從政治上搞掉？」毛澤東回答說：「那就早囉。1965 年 1 月，『二十三條』發表。二十三條」中第一條就是說四清的目標是整黨內走資本主義道路的當權派，當場劉少奇就反對。」「他是混進共產黨裏的反動分子。」

這裏我們看到，毛澤東從骨子裏痛恨蔣介石；痛恨代表著資產階級利益集團的國民黨統治。毛澤東的邏輯是：凡從國統區過來的人，在意識形態都存在問題。需要向他們作無情鬥爭，令其脫胎換骨，重做新人。劉少奇反對「四清」，反對「四清」就是意味著反對無產階級革命專政理論。無產階級革命專政理論是毛澤東根據馬列主義精華提煉出來的，毛澤東代表著黨中央。劉少奇反無產階級革命專政理論就是反毛澤東，反毛澤東就是反黨中央，而以前不反現在反黨中央的人，無疑就是「混進共產黨的反動分子」。

作為馬列主義理論事業再發展的掌舵手毛澤東，認為對劉少奇資產階級路線專政是必須的。目的是要讓全黨、全軍、全國人民有個清醒的頭腦，防止變成修正主義國家。毛澤東是馬克思主義、列寧主義理論的追隨者。馬列著作最精華、最核心部分就是關於「階級鬥爭」這一學說。離開這一學說「共產主義」理論就會失去支架；就會變成徹底的「烏托邦」。毛澤東在 1971 年 3 月 5 日發表的〈無產階級專政勝利萬歲〉一文批示上特別強調說：「我黨多年不讀馬、列，竟讓一些騙子騙了多年。使很多人甚至不知道什麼是唯物論，什麼是唯心論，在廬山鬧出大笑話。這個教訓非常嚴重，這幾年應當特別注意宣傳馬、列。」

由此可見，在毛澤東腦海裏為捍衛馬克思、列寧主義理論，並讓其思想能夠在中國大地光芒萬丈，全國犧牲一點人口有什麼了不起。第三次國內戰爭勝利不就是用無數烈士鮮血的代價把蔣介石軍隊趕出大陸的嗎？依毛澤東的思維，「死人的事是經常發生的」，不值得大驚小怪的。驚詫的是不能讓中國復辟走資本主義道路。

　　毛澤東的理論是：只要帝國主義滅亡了，就意味著無產階級就勝利了。他在 1955 年 1 月 28 日〈原子彈嚇不倒中國人民〉一文中就曾說過：「……即使美國的原子彈威力再大，投到中國來，把地球打穿了，把地球炸毀了，對於太陽系來說，還算是一件大事情，但對於整個宇宙來說，也算不了什麼。……他們不搞戰爭，還可以在地球上多存在一些時候。他們發動戰爭越早，他們在地球上被消滅也越早。那時候要建立人民的聯合國，可能設在上海，也可能設在歐洲一個什麼地方，也有可能還在紐約，如果那時美國好戰分子已被掃光的話。」

　　同樣，1957 年 11 月，毛澤東在參加（前）蘇聯十月革命 40 周年慶典會上也曾這樣說過：「現在世界上形勢不是西風壓倒東風，而是東風壓倒西風。蘇聯 15 年後可以超過美國，我們中國 15 年後可能趕上或超過英國，想發動戰爭的瘋子可能把原子彈、氫彈到處摔，他們摔，我們也摔。總而言之，死掉一半人，還有一半人。帝國主義打平了，全世界就社會主義化了。」

　　在毛澤東心裏，無產階級專政的勝利比什麼都重要。離開這一專政體系，中國就要變修，就有可能走資本主義道路。而一旦走資本主義道路，那些被蔣介石軍隊殘害的烈士鮮血就會白流。馬克思列寧主義理論在中國不會有市場不說，自己極有可能成為李闖王第二。只要活著一天，就決不允許有這苗子出現的一天。劉少奇不識時務，而張春橋識時務，阿諛奉承地說：「寧要社會主義的草，不要資本主義的苗。」

　　從一國主席劉少奇可以輕而易舉被殘忍迫害之死可以看出，毛澤東的話語在起作用，更起作用的是一代光有激情而沒有頭腦的紅衛兵。他們愚忠，愚忠於毛澤東。愚忠的根源在於革命體制系統對學生、對百姓愚民教育所致。如同前蘇聯學者阿·阿夫托爾哈諾夫在《權力學》（P922）一文中所說：「人民是孩子，黨是保姆。」保姆包辦孩子的一切，包括控制他們的思想與言論自由。毛澤東就是這個努力使自己成為全國人民「保姆」式的領袖。為了做稱職的「保姆」，他不惜拿

「孩子」們作政治試驗，劉少奇只不過是這個試驗室裏的一個犧牲品。故，毛澤東時代就是革命體制反覆試驗的一個政治時代。

在這個政治高於一切、政治株連殃及一切的時代，被迫害致死的不僅僅是劉少奇一個人。王光美身陷囹圄，在內蒙古工作的女兒劉愛琴受到迫害，在七機部工作的劉少奇兒子劉允若在北京被捕，後被迫害而死。劉少奇的長子劉允斌（劉少奇與何寶珍生），因不堪忍受折磨，於 1967 年 11 月下旬的一天清晨臥軌自殺，死時只有 42 歲。另外為劉少奇等國家領導人鳴冤而慘遭殺害的還有以下一些人：

陳壽圖烈士，男，原福建省福清縣城頭公社黨委委員、公安特派員。1953 年入黨。1969 年 9 月和 11 月，他先後上書毛主席和黨中央，申述自己對文化大革命、對劉少奇同志和鄧小平同志受迫害等一系列重大問題的正確看法。期間，他寫下〈我的觀點〉、〈我自己在文化大革命運動（中的）態度〉等兩萬餘字的文章，要求恢復劉少奇同志的黨籍和職務，並痛斥林彪搞宗派主義、妄圖篡奪黨政軍大權的罪行。1970 年 2 月 26 日，他被宣判死刑，未經開除黨籍，就在 27 日被殺害（據 1980 年 5 月 29 日《福建日報》）。

史雲峰烈士，男，原長春市第一光學儀器廠青年工人，共青團員。1974 年 10 月 26 日，他勇敢地散發標語、傳單，反對「四人幫」，為劉少奇同志等老一輩無產階級革命家受迫害鳴不平，指出「劉少奇主席是我黨的優秀革命家」，搞掉他是「千古奇冤」。1974 年 12 月 24 日，史雲峰被秘密拘捕。1976 年 12 月，吉林省委前主要負責人竟不顧粉碎「四人幫」以後政治形勢的變化，決定將史雲峰處以死刑。12 月 19 日，年僅 28 歲的革命青年史雲峰慘遭殺害（據 1980 年 3 月 25 日《吉林日報》）。

官明華烈士，女，生前是海南島牙叉農場衛生員。她在文化大革命中觀點鮮明地為劉少奇同志辯護，說：「劉少奇同志當國家主席是毛主席委託的，不是篡黨奪權」；「林彪是埋藏在毛主席身邊的一顆定時炸彈，是赫魯曉夫式的大野心家和陰謀家。」於 1971 年 3 月 12

日被判處死刑，慘遭殺害。時年 37 歲（據 1980 年 3 月 28 日《南方日報》）。

賈正玉烈士，男，1962 年於青海師範學院政史系畢業後被分配到青海省西寧實驗學校任歷史、語文教師。他在文化大革命期間，對林彪、「四人幫」一夥推行極左路線極為憂慮不安。特別他看到劉少奇同志和大批老一輩革命家受迫害後，堅持正義，公開表明自己的看法，說：「劉少奇是無產階級革命家。」1969 年 11 月 4 日被逮捕，並於 1970 年 2 月 22 日被殺害（據 1980 年 7 月 3 日、4 日《青海日報》）。

安文忠烈士，男，青海省西寧市東郊公社社員。文化大革命開始後，他對林彪、「四人幫」一夥提出打倒劉少奇等一大批無產階級革命家，進而實現其篡黨奪權的罪惡活動，非常憤慨。他不顧個人安危，書寫標語傳單文章 1100 多份，在西寧街頭散發、張貼，公開提出「中國人民想念親人劉少奇主席」等。結果被林彪、「四人幫」及其在青海的追隨者逮捕，於 1969 年 9 月 23 日慘遭殺害（據 1980 年 7 月 4 日《青海日報》）。

杜長緒烈士，男，原是中國財政經濟出版社幹部。1967 年 1 月 15 日，他被誣陷為「現行反革命」投入監獄。獄中他仍堅持奪權是無產階級被資產階級奪了權；堅持劉少奇同志的〈論修養〉不是黑修養，不是毒草。「我不出去則已，出去（後）就一定學好《修養》」。1970 年 4 月 18 日被林彪、江青一夥殺害，終年 36 歲（據 1980 年 7 月 5 日《北京日報》）。

王篤良烈士，男，生前是蘭州部隊某部通訊戰士、共青團員。在十年浩劫時期，他因寫了「劉、鄧、彭等老幹部是黨的財富，國家的棟樑」等信件，於 1968 年 6 月 30 日被判處有期徒刑 18 年，開除軍籍，投入監牢。在獄中，他繼續寫下了〈我的認識〉、〈控訴〉、〈黑牢詩〉等 5 萬多字的文章和詩詞，滿腔熱情地為劉少奇等老一輩無產階級革命家鳴冤頌德。於 1971 年 8 月 6 日慘遭殺害（據 1980 年 6 月 29 日《甘肅日報》）。

（七）林彪叛亂帶來的後果

　　專政與叛亂，始終是伴隨革命體制時代的一種極權式政治機器產生出來的「二元一次方程」。前文我已談過，革命體制時代就是一種社會人際關係非常緊張狀態的時代。要維護這個時代命根，按照革命邏輯，只有採取高壓性暴力式的強制專政。這是從問題的一個方面來考察而得出的選擇。就一個方面而言，做出這種專政選擇是沒錯的。問題是除了一個方面以外還有另一個方面，即：革命專政對象所能達到的承受力在哪一個限度裏。「限度」是整個自然界與人的文明現象所必須面對的一種本質現象。如果從純自然方面來看，這種「限度」現象是在不知不覺中發生的。這是對受體而言。若是從主體出發，那麼這個「主體」是知道發生了一些什麼事情的。要是從人文方面來看，那麼事物就會發生另外一種走勢。無論是受體還是主體，兩者都明白「限度」存在於發生中。因此，我們必然要被預先注意起來。中華哲學指出：物極必反。以此用到這種革命體制時代的層面上來分析，專政的「限度」其實並不是在後面才出現的，而是在一開始就已經「劃」在那裏了。只是由於專政者一心從「專」，而忘記這一受體本來就可以知道承受「限度」的界限，所以才會使諸如「叛亂」行為好像一夜之間出現似的。

　　由林彪主導的這場叛亂屬於上層叛亂，上層叛亂是為了奪取權力，它是由革命體制中的一派欲取代另一派。從 1966 年 5 月，毛澤東與林彪結盟，對「劉少奇資產階級司令部」實行全面專政，並在 1969 年 4 月取得勝利的全過程來看，林彪這場叛亂是明擺著不可避免。因為這場叛亂的實質還是圍繞「接班人」問題。這多少有點出乎毛澤東意料之外。對毛澤東來說，他是想利用林彪來為其清洗劉少奇出力，以擺脫那個可怕的「接班人焦慮症」。然而現在問題是，林彪想趁熱打

■ ■ ■
千古功罪，我來評說──黑星人時評集

鐵，擴大自己的權力。而這種權力的邊界就在於繼承劉少奇的全部政治家當。對毛澤東來說，這是沒想到的問題。

回望歷史，在毛澤東一生中，也就是在革命體制時代，與林彪結盟有過三次。第一次是在 1953 年，當時是為了專「高崗、饒漱石反黨聯盟」之政，毛澤東如願以償取得勝利，並坐穩寶座；第二次是 1959年夏，那時為了專「彭德懷反黨集團」之政，毛澤東也勝利了。第二次結盟與第一次不同，是半明半暗；而這第三次，則是完全公開了。只是毛澤東不曾料到，這次結盟付出的代價大了。在革命體制時代，革命就是為了「撈一把」。革命是改變一個人生活品質的快捷方式。商場上暴發戶比不上革命使一個人成為暴發戶來得更快。這點職業革命家列寧也注意到了，他是這樣說的：

> 「有些人像小私有者一樣看待對資本家的勝利，他們說：『資本家已經撈了一把，現在該輪到我了。』」（見《列寧全集》第27卷 P275，《全俄中央執行委員會會議》〔1918 年 4 月〕）。同樣，林彪用自己樸素語言也作了一番陳述：「我們重視理論重視政治，但是應該說我們首先不要忘記我們是共產黨，我們要實行共產主義，造成共產主義社會，黨的名字是以『產』字起，主義中間有個『產』，『共產主義』社會是『產』字起的。黨、主義、社會都有個『產』字。我們談政治，談黨，首先就是經濟問題，我們是拿『產』字作旗幟，我們有的同志，實際上不注意『產』，忘了本。共產黨不注意『產』字，那就大大不合格。這是不是馬克思起名時起錯了？不該起個『產』字？我們不是為了『產』別有目的？其實沒有錯，我們就是為了『產』。本來可以起其他名字，中國人民黨、革命黨、解放黨都可以，但是無論如何我們還是要解決『產』的問題。我們奮鬥的集中目的作什麼呢？是要『產』，不是私產是公產，大家發財，大

家生活得好，所以要革命。」（見林彪〈在中共第七次代表大會上的發言〉1945 年 5 月 22 日。）

解析林彪這話，我可以得出以下公式：革命＝奪取權力＝撈一把（財產），有財大家發。

1969 年 4 月召開的中國共產黨第九次全國代表大會應該說是屬於兩個人勝利的大會：「團結起來，去爭取更大的勝利。」一個勝利者是毛澤東；另一個勝利者就是林彪。從某種意義上說，林彪是比毛澤東還勝利的大勝利者。1969 年 4 月 14 日通過的《中國共產黨章程》第一章，已對林彪這種勝利作了高度肯定：「林彪同志一貫高舉毛澤東思想偉大紅旗，最忠誠、最堅定地執行和捍衛毛澤東同志的無產階級革命路線。林彪同志是毛澤東同志的親密戰友和接班人。」

雖然將接班人名字寫進黨章是黨史上少有的，但毛澤東內心還是有一絲擔憂想法。1967 年 7 月 8 日，毛澤東在給江青一封私信上寫道：「我的朋友（指林彪——本人注）的講話，中央催著要發，我準備同意發下去，他是專講政變問題的。這個問題，像他這樣講法過去還沒有過。他的一些提法，我總感不安。我那幾本小書，有那麼大的神通，經他一吹，全黨全國都吹起來了……我是被他們逼上梁山的，看來不同意他們不行了。在重大問題上，違心地同意別人，在我一生還是第一次。」

從毛澤東這封信裏可以看到，林彪於 5 月的那次會議上專講「政變問題」引起了毛澤東內心恐慌。那麼林彪還講了一些什麼呢？會不會是毛澤東斷文取義呢？看了林彪下面的發言就會明白毛澤東為何會憂心忡忡，而表面不露聲色。

林彪在會議上是這樣發言的：「革命的根本問題就是政權問題，有了政權，無產階級、勞動人民就有了一切；沒有政權就喪失一切。……我想用自己的習慣語言，政權就是鎮壓之權。當然，政權的職能不僅是鎮壓。……但主要是鎮壓。

「……毛主席最近幾個月特別注意防止反革命政變，採取了很多措施，羅瑞卿的問題發生後，談過這個問題，這次彭真的問題發生後，毛主席又找人談這個問題。調兵遣將，防止反革命政變，防止他們佔領我們的要害部門，單位、廣播電台、軍隊和公安系統都作了布置。毛主席這個月就是作這個文章，這是沒有完全寫出來的文章，沒有印成文章的毛主席著作，我們就要學這個沒有印出來的毛主席著作。毛主席為了這件事，多少天沒有睡好覺。這是很深刻、很嚴重的問題。」

這裏，「很深刻、很嚴重的問題」是什麼問題呢？林彪停頓了一番，又繼續說道：「政變，現在成為一種風氣，世界政變成風。政變奪權，大概是這樣的：一種是人民革命，從底下鬧起來，造反。如陳勝、吳廣、太平天國，我們共產黨都是這樣。一種是反革命政變，反革命政變，大多數是宮廷政變，內部搞起來的，有的是上下結合，有的是和外國敵人顛覆活動或者武裝進攻相結合，有的是內外相結合，大轟大亂大鬧。歷史上是這樣，現在也是這樣。」

對毛澤東這樣一個既得利益者來說，林彪所講的這些「反革命政變」之話很直截了當，一聽就明白。毛澤東不願意聽。之所以不願聽是從他年高力不從心的心理角度來說。無論從政治年齡還是生理年齡，毛澤東內心都極力排斥「政變」兩個字。然而林彪卻不管這些，在中央常委們面前還是滔滔不絕地說道：「世界上政變的事，遠的不說，1960 年以來據不完全的統計，僅在亞非拉地區的一些資本主義國家中，先後發生了 61 次政變，搞成了 56 次。把首腦人物殺掉的 8 次，留當傀儡的 7 次，廢黜的 11 次。這個統計是在加納、印尼、敘利亞政變之前。六年中間，每年平均 11 次。……從我國歷史上來看，歷代開國後，10 年、20 年、30 年、50 年，很短時間就發生政變，丟掉政權的例子很多。……我們奪取了政權 16 年，我們無產階級的政權會不會被顛覆，被篡改？不注意就會喪失。……筆桿子，槍桿子，奪取政權非這兩杆子不可，所以值得我們注意。」

　　1970 年 8 月 23 日，由毛澤東主持的中國共產黨九屆二中全會在廬山召開。會上，林彪不按會議議程，搶先發言，頌揚毛澤東，大談「天才」理論。同時提出要設立國家主席。陳伯達、吳法憲則是一唱一和，將林彪的發言稿印成紅頭文件發放給下面討論。在這方面，林彪是最能讀懂毛澤東心理的「一位親密戰友。」而毛澤東作為一個政治老人，也喜歡聽「好話」。

　　這次會上，毛澤東發表了〈我的一點意見〉。〈意見〉說：「陳伯達採取突然襲擊，煽風點火，唯恐天下不亂，大有炸平廬山，停止地球轉動之勢。」這話其實是說給林彪聽的。在會上向林彪發難影響不太好，向林彪的跟屁蟲陳伯達發難可以起到震儷作用。全會結束後，陳伯達被停職審查，反過來成為林彪向毛澤東發難的犧牲品。

　　陳伯達是林彪的死黨，有林彪在，對陳伯達審查不會有下文。擔任空軍要職的林彪兒子林立果已秘密成立「聯合艦隊」，準備新的動作。種種跡象讓毛澤東坐臥不安，看在眼裏急在心裏。他在 1971 年 2 月 19 日中共中央政治局召開的會議上說：「你們在批陳問題上為什麼老是被動，不推一下，就動不起來，這個問題應該好好想一想，採取步驟，變被動為主動。」

　　毛澤東說這話是有苦難言，他只能寄希望於在座的各位警惕起來，不要被林彪牽著鼻子走。然而事態正在悄悄起變化。林立果已開始制定政變綱領，並以武裝起義的諧音取名為〈571 工程紀要〉。毛澤東於「林彪事件」之後看到了《紀要》全文內容，氣得吐血。《紀要》上說：「B-52（指毛澤東）對我們不放心。」他「不是一個真正的馬列主義者，而是一個行孔孟之道，借馬列主義之皮，執秦始皇之法的中國歷史上的最大封建暴君。」「他用封建帝王的統治技術」，拉一派，打一派，沒有一種政治力量能和他共事到底。因此要推翻「掛著社會主義招牌的封建王朝。」《紀要》內容還包括暗殺毛澤東計畫。

　　哈哈！這確實是一場同床異夢「結盟」的終結；這確實是一次暗藏殺機「預演」的流產；這確實是對林彪來說從「閃電式」勝利到「閃電式」失敗的紀錄。

　　1971 年 9 月 13 日零時 32 分，北戴河山海關機場，編號為 256 的空軍三叉機載著林彪，妻子葉群、兒子林立果等人向北飛去。2 時 30 分，因缺油，飛機在蒙古溫都爾汗東北迫降時墜毀，機上八男一女全部死亡。次月 6 日，中共中央向全黨全軍全國人民發出通知。說：「『林彪反黨集團』完全是一次被粉碎的反革命政變」，如果讓其陰謀得逞，「中國將淪為蘇修社會帝國主義的殖民地，地、富、反、壞、右一起上台，實行地主買辦資產階級的法西斯專政。」

　　周恩來的發言是這樣說的：「……但是，九大期間和大會以後，林彪不顧毛主席、黨中央對他的教育、抵制和挽救，繼續進行陰謀破壞，一直發展到一九七〇年八月在九屆二中全會上發動反革命政變未遂，一九七一年三月制定《『五七一工程』紀要》反革命武裝政變計畫，九月八日發動反革命武裝政變，妄圖謀害偉大領袖毛主席，另立中央。陰謀失敗後，九月十三日私乘飛機，投奔蘇修，叛國叛黨，摔死在蒙古溫都爾汗。」

　　從個體和集團利益而言，林彪叛亂徹底失敗了。然而要是從整體和全部利益出發，站在歷史高度來看，我們分明感悟到：這場叛亂真正失敗一方恰恰是這個革命體制的本身。「林彪事件」對毛澤東個人精神打擊是巨大的；對全黨、全軍全國人民的震盪卻是深遠、無法用一般語言來複述的。

　　「林彪事件」發生再一次證明：毛澤東領導下的革命體制時代無疑就是極權式的共產主義性質的體制時代；同時也是一個由兩極化組成的社會組織結構下的體制時代。一極是絕對權威；另一極則是絕對相信（絕對服從）。通過評價「林彪事件」，我們可以看出：這種極權社會的強大，固然是由於絕對權威的高壓所致。然而更重要的，或者說更內在的強大根源，恰恰有時是來自於另一端：絕對相信。由此，

從這個意義上來說，林彪的叛亂打碎了革命體制在群眾心目中的神聖地位；撕毀了領袖在人民中間永遠的正確性，使人民明白原來最偉大、英明的領袖毛澤東也會看錯人、犯錯誤的。如果說毛澤東不是神，那麼他在文化大革命中所說的每一句話是否值得大家反思？「林彪事件」像一石激起千層浪，讓那些政治上狂熱的人開始冷靜下來。在上世紀七十年代末與八十年代初，革命群眾內心世界萌發的懷疑主義式的信仰危機四處瀰漫就是一個很好證明。

（八）鄧小平上台

　　回首毛澤東專制時代，在上世紀七十年代中末期，有三件事對毛澤東一手創建的革命體制時代影響深遠。第一件事是 1976 年 9 月 9 日毛澤東本人逝世；第二件事發生在 1976 年 10 月 6 日，華國鋒借用葉劍英（軍隊）和汪東興（中央保衛部隊）一舉抓獲（或稱：粉碎）以江青、張春橋、姚文遠、王洪文為首的「四人幫」反革命集團。華國鋒是在 1956 年擔任中共湘潭地委書記時寫了幾篇關於農村合作社文章而得到毛澤東慧眼賞識。在毛澤東提拔下，1969 年他當選為中央委員。「林彪事件」後，他被從湖南調到北京，提名當選為國務院副總理兼公安部部長。1976 年 2 月，經毛澤東兩次提議，任國務院代總理，成為毛澤東名副其實的接班人。這第三件事就是 1978 年 12 月 18 日，中國共產黨十一屆三中全會召開。會議期間，鄧小平與華國鋒較量，最終以鄧小平的勝利而結束。

　　自然，這其中應該分兩個階段。即：十一屆三中全會時，鄧小平只是政治上的得手，而到了十一屆六中全會時，鄧小平在組織上也取得了勝利。這個勝利成果表現在於：鄧小平同志為中央軍事委員會主席。

　　如果說前一次是「剛性」宮廷政變的話，那麼後一次則屬於「軟性」的宮廷政變。我可以用中華權力中和平交接時的稱呼「禪讓」來

表示。官方的評論是以毛澤東思想為指導基礎的革命體制從此進入一個「新時期」的「偉大轉折」。

這裏，我們可以看到：「四人幫」與華國鋒較量爭奪的是對毛澤東政治遺產繼承權，而鄧小平與華國鋒分歧又在哪裏呢？是「繼續」毛澤東那套思想理論還是「修正」毛澤東的思想理論？華國鋒從內心來說反對鄧小平復出。他在 1976 年 9 月 18 日毛澤東追悼會上，講了這麼一句話：「毛主席親自領導和發動的文化大革命，粉碎了劉少奇、林彪、鄧小平的陰謀，奪回了他們的權力。」

在權力角逐中，鄧小平後來居上，反敗為勝。道理很簡單，因為鄧小平看到了群眾對毛澤東所創立的那個革命體制的支持性動力資源已經耗盡，再不可能回到「林彪事件」前的那個激情年頭去了。要重拾民心，只有「改頭換面」，以「新的」革命體制面目出現，唯有這樣才能為社會各階層人士認可。這個新「面目」就是黨的十三大政治報告提到的：「一個中心，兩個基本點。」（「一個中心」是指「以經濟建設為中心」，兩個基本點是「堅持四項基本原則」和「堅持改革開放」）。而華國鋒恰恰沒看到這一點；沒有意識到革命體制內黨的精神信念基礎已經在革命群眾中喪失殆盡。華國鋒還以為只要堅持「兩個凡是」理論，相信會出現新的奇蹟。

鄧小平以總設計師名義設計、指導的這場改革開放首先是從農村開始的，它的形式就是建立「農業生產責任制」。這在 1981 年 12 月召開的「全國農村工作會議紀要」中看得一清二楚。〈紀要〉主要是對毛澤東曾經瘋狂建立的「人民公社」制度形式給予否定。就會議紀要內容來看，鄧小平的改革開放就是與毛澤東過去的路子有選擇地「對著幹」。

到了 1984 年，鄧小平的這種經濟體制改革路子被平行地移到了大城市。具體做法是在企業內部實行「企業承包責任制」。就像是一部「處女作品」，從 1981 年到 1984 年，這四年中，改革開放給鄧小平於政治上帶來了榮譽的頂峰，這可以從中華人民共和國三十五周年慶祝活動中遊行隊伍裏由北京大學生們打出的橫幅：「小平，您好！」獲得證明。

　　然而，鄧小平的改革開放很快遇到前所未有的麻煩和阻力，而這種麻煩和阻力恰恰是鄧小平從一開始就想迴避的。這個問題正是由毛澤東時代下革命體制運行所帶來的領袖專政原因造成的。

　　站在今天歷史立場來看，從一開始，鄧小平就對自己設計的改革開放缺乏信心。因為他總是擔心這樣一個問題：改革開放會不會給這個社會帶來貧富懸殊的兩極分化？為此，鄧小平提出這樣一個理想目標：「共同富裕」。共同富裕的前期階段是：「讓一部分人先富裕起來」，然後再由這一部分富裕起來的人去帶動更多的人、以至所有的人，一起富裕起來。這種目標的願望當然是不錯的；也是很「善良的」；甚至可以說是「很良心化」的。然而，我要提醒大家注意的是：鄧小平的目標是建立在怎樣一種社會基礎之上呢？即：「讓一部分人先富裕起來」是不是構成這個目標基礎呢？答案顯然不是的。鄧小平這種目標制定的出發點僅僅是讓人們在致富道路上如何擠進「富」作了一個順序安排。也就是說，這種安排是從一種平面化的順序上加以關照，而不是一個垂直化的、多角度輻射的安排。換一句話說：鄧小平原本就沒能做到為「共同富裕」這架航機到來準備了一個以現實為基礎的降落場。

　　那麼是不是說這種現實基礎一點也不存在呢？也不是的。雖然十年文革（說是「十年」何止是十年）幾乎掏空國家的財力和物力，但是鄧小平心底裏「政治權力分享」之念讓「共同富裕」之路變得艱難曲折起來。我們知道，社會財富被生產出來之後，一般是通過分配讓其一部分分到個人手裏的，而分配中往往涉及到政治權力。誰擁有政治權力誰就有分配社會財富的資格。林彪曾說過：「有權，就有一切。」這裏所說的「權」就是政治權力。雖然鄧小平也曾說過，改革要讓國家得大頭，集體得中頭，個人得小頭。不過他的這種提法存在大量隱蔽性。隱蔽了鄧小平真心思想：領袖（國家）得大頭，黨（集體）得中頭，人民（個人）得小頭。

　　如果這個觀點被我認定，那麼對改革的挑戰來自於中下層也就不足為奇了。在各種保守勢力干涉下，鄧小平不得不正視一個新問題：經濟

體制改革必須要有政治體制改革與之相配套，沒有政治體制上的改革與護航，經濟體制的改革再怎樣大刀闊斧還是無法保證能順利進行下去。

為此，從 1986 年至 1989 年這三年裏，鄧小平無論是在接待外國友人面前還是在黨內會務發言中多次涉及「政治體制改革」這個話題。當然，鄧小平在談及「政治體制改革」這個事關整個改革開放大局的問題上多少流露出對毛澤東所創建的革命體制意義上的由領袖特權帶來既得利益的眷戀，這是正常的。畢竟毛澤東創建的這個革命體制時代多少也有鄧小平付出的汗水。

查閱歷史資料，鄧小平關於政治體制改革的談話圈定了兩點。第一點、進行政治體制改革「要向著三個目標進行。第一個目標是始終保持黨和國家的活力。第二個目標是克服官僚主義，提高工作效率。第三個目標是調動基層和工人、農民、知識分子的積極性。」（見 1986 年 11 月 9 日會見日本首相中曾根康弘時的談話）。第二點、「在改革中，不能照搬西方的，不能搞自由化。」（見 86 年 9 月 13 日聽取中央財經領導小組彙報時的談話。）

分歧恰恰是出現在第二點上。即：由毛澤東時代下的革命體制內的領導層來繼續完成（四個）現代化，顯然是難以做到的事。為何這麼說？鄧小平在 1979 年 3 月 30 日黨的一次理論工作務虛會上已明確表態說：我們要走改革開放之路，但前提是：「必須堅持四項基本原則」（必須堅持社會主義道路；必須堅持無產階級專政，必須堅持共產黨的領導；必須堅持馬列主義、毛澤東思想）。鄧小平說這話意思是：改革只能在這個框架內進行，不能越雷區半步。改革還得不能忘了讓毛澤東思想作指導路線。這在鄧小平會見義大利女記者奧琳埃娜‧法拉奇也說過：「……我們對毛主席的評價要非常客觀。那天我跟你說，第一他是有功的；第二位才是過。毛主席的許多好的思想，我們要繼承下來，但他的錯誤也要講清楚。」

改革，既要往前走，向西方現代化模式靠近，又要高舉毛澤東思想大旗，堅持無產階級專政，捍衛馬列主義理論。這是一個難越之坎，

難在現代化國家是無法包容「階級鬥爭」學說。1958 年那場「大躍進運動」就是很好說明。當初毛澤東想通過「大躍進」形式，借革命體制內部的包容性來完成現代化在中國大陸實現的嘗試，然而現代化以其不容通融性教訓了毛澤東。雖然事後毛澤東同意周恩來在第三屆全國人代會上作政府報告時提出實現「四化」（1964 年），但這只是毛澤東給全國人民一個良好願望而已。

經濟學家薛暮橋曾撰文，題為〈為什麼會重犯大躍進的錯誤〉（見《經濟研究》雜誌〔北京出版，1981 年第 2 期〕）。他在其文中問道：「為什麼在粉碎『四人幫』以後，會重犯大躍進的錯誤？為什麼 1978 年冬黨的三中全會提出國民經濟調整方針，兩年多來成效不大？」此話問得好！

彷彿是力挽狂瀾，鄧小平上台了。1980 年 1 月 16 日，鄧小平向世人莊嚴宣布說：「八十年代要完成三件大事。第一，在國際事務中反對霸權主義；第二，台灣回歸大陸；第三，加緊四個現代化建設（農業、工業、國防、科技）。三件事的核心是現代化建設。」

此時，鄧小平雄心壯志沖雲天。他清楚，想要重塑黨和領袖的形象，只有加緊實現「四個現代化」才能向人民交一張滿意之卷。然而，人民的態度卻一反常態地變得格外明朗。他們提出：除了要求「四化」還要求「政治現代化（即：政治民主化）。（見《劍橋中華人民共和國史中國革命內部革命──1966～1982》〔美 R・麥克法誇爾著，費正清編〕一書「後記」部分）。對飽受精神磨礪、剛從文革陰影中走出來的人民來說，既渴望「四個現代化」；同時也渴望「政治民主化」。只有政治民主化了，文革浩劫不會再發生。兩者不對立，不能像熊掌與魚翅不可兼得。

文革沒有言論自由的年代結束了，那麼民眾現在提出這要求合理嗎？渴望找回言論自由權是屬於向「政治民主化」靠近還是屬於「資產階級自由化」氾濫？對鄧小平來說，改革必須堅持走社會主義道路，反對資本主義道路；改革，必須堅持無產階級對資產階級全面專政。改革，不能放棄馬列主義毛澤東思想理論；改革不能沒有共產黨的參

與領導。這是鄧小平在改革前親手繪製的大綱圖。有了這張圖作參照，凡改革中出現的各種不良言論，或挖苦式的評頭論足之風，都是有對改革持否定態度之嫌疑，拖改革後腿。

針對社會上有人對社會主義制度和無產階級專政理論持這種懷疑態度，1981 年 7 月 17 日，鄧小平在與中宣部有關領導談話時強調說：現在思想界、文藝戰線上存在著「渙散軟弱的狀態，對錯誤傾向不敢批評。」舉兩個例子：一是有個青年詩人在北師大校園內居然發表攻擊中央首長的演說；二是烏魯木齊文聯負責人「有許多話大大超過了1957 年的一些反社會主義言論的錯誤程度」。這種思潮性質「一句話，就是要脫離社會主義軌道，脫離黨的領導。」

這裏，我且不談「中央首長」是不是可以被他人議論？罵幾句是不是構成「人身攻擊」性質？也不談 1957 年民主黨人士向共產黨提意見被視作為「反社會主義言論」的行為，現在都過了二十多年，作為一黨領袖還這樣認為。這些我都不談，我想問的是：如果社會主義制度救了全中國勞苦大眾，讓他們從水深火熱中解放出來；無產階級專政挽救並避免了中國復辟資本主義的可能；同時避免了打江山而犧牲的先烈們鮮血白流，那麼社會主義制度所謳歌的象徵著共產主義到來的「人民公社」讓農民們真正脫貧，走上發家致富道路了嗎？大城市裏，企業「大鍋飯」讓工人們衣食無憂、過上幸福日子了嗎？再有，社會主義制度、無產階級專政、黨的領導、馬列毛澤東思想，這些都被貼上「法寶」標籤，不容置疑。這是馬克思主義科學觀高明的、實事求是的態度嗎？顯然不是！

鄧小平有意想搞政治改革，以消除他心中也為之痛恨的各種弊端現象。不過他要讓經濟改革先行一步。然而在改革進入第八個年頭，也就是 86 年，弊端現象卻變得越發明顯起來，演繹成改革道路上各種阻力點。

面對阻力，不得已，鄧小平在一次會議上說：「……重要的是政治體制不適應經濟體制改革的要求。我們提出改革時，就包括政治體制

改革。政治體制改革還要討論。……進行政治體制改革的目的，總的來講是要消除官僚主義，發展社會民主，調動人民和基層單位的積極性。……改革總要有個期限，不能太遲，明年黨的代表大會要有一個藍圖。在改革中，不能照搬西方的，不能搞自由化。過去我們那種領導體制也有一些好處，決定問題快。如果過分強調搞互相制約的體制，可能也有問題。」（見鄧小平「關於政治體制改革」，中共中央組織部組織局編《建設有中國特色社會主義理論和黨章學習讀本》P58～59）。

鄧小平已意識到，光是經濟改革而不讓政治改革伴隨左右，這種改革是無法到位的。道理很簡單，改革是為了重新分配利益，而由控制利益的政治權利壟斷的集團來提出改革方案；或者說由特權之人來談如何消除特權，顯然事倍功半。對鄧小平本人來說也一樣，過去所依賴的「權杖」從此必須放棄；從此不再法力無比。「權杖」就是特權利益；就是領袖利益。改革面臨艱難選擇，對領袖鄧小平莫不是，對鄧小平的領導班子同樣也是舉步艱難。

我說過：「鄧小平清醒地意識到這點」，這位曾被毛澤東稱之為「劉少奇資產階級司令部」第二號人物而狠狠專政過的領袖，一生中幾上幾下，深知階級鬥爭是什麼滋味。然而捨去社會主義道路那就意味著無產階級對資產階級專政沒了方向；馬列主義毛澤東思想理論會即刻成為徒有虛名的法寶；中國共產黨在其中更是不能起核心作用了。更為重要的是：由毛澤東一手創建的革命體制會一江東流去。若是這樣，那麼鄧小平認為，經濟改革再怎麼起色，到最後必然是：「皮之不存，毛何安焉」？「皮」就是權，權沒了，改革意義又在哪裏體現呢？

鄧小平曾對一位外國記者說：「沒有毛澤東，就沒有新中國。」這裏我們可以看出，鄧小平敬重毛澤東。不過話要說回來，與其說鄧小平敬重毛澤東不如說鄧小平敬重毛澤東創建的革命體制。鄧小平也是馬列主義毛澤東思想忠實的信仰與追隨和捍衛者。從內心來說，鄧小平不想看到這種結果。

　　為此，鄧小平在一次會見外賓時指出：「中國只能走社會主義道路。中國根據自己的經驗，不可能走資本主義道路。道理很簡單，中國 10 億人口，現在還處於落後狀態，如果走資本主義道路，可能在某些局部地區少數人會更快地富起來，形成一個新的資產階級，會產生一批百萬富翁，但頂多占人口的 5%或 10%，最多 20%，而 80%至 90%的人仍然擺脫不了貧窮，連溫飽問題都不可能解決。……所以我們不會容忍反對社會主義。我們說的社會主義是具有中國特色的社會主義。而要建設中國特色的社會主義，沒有共產黨的領導是不可能的。我們的歷史已經證明了這一點。」（見《瞭望》1987 年週刊第 17 期）

　　鄧小平這話告訴人們，是社會主義救了新中國！如果不是社會主義制度保障了人民基本生活，那麼其後果不堪設想。不要說「三座大山」不會被推倒；就連蔣家王朝也不會被推翻，還依然會騎在人民頭上作威作福。勞動人民一定還在半封建、半殖民地的天地裏，過著牛馬都不如的生活。所以我們的《歷史》教科書總喜歡拿 1949 年作為劃分界線：解放前、解放後；舊社會、新社會；建國前、建國後。

　　鄧小平的話讓我想起古巴前領袖菲德爾‧卡斯楚（現在是他胞弟勞爾‧卡斯楚接班）。1989 年中國風波發生之後，他每回在國民面前演講時所重複的那句提醒之話：「不是社會主義，（古巴早就）就是死亡。」一生致力於消除政治腐敗的菲德爾‧卡斯楚斷然沒想到古巴腐敗現象被「國際反腐敗協會」評定為世界排名前十位。應該說古巴社會主義模式給了菲德爾‧卡斯楚所創建的那套社會主義體系理論有了一個運作空間。朝鮮、越南、柬埔寨等國莫不是。中國也不例外。

　　站在今天潮流之河，回首苦難血色歷史，是如此可怕、膽戰心驚。這樣的革命體制時代，用「輝煌 60」字句豈能掩蓋和一筆抹去？當「美麗」與「謊言」結為姻緣，那麼「無恥」就是快樂的符號；成為天底下最可口的美餐。（此文由松惠執筆，黑星人整理及補充。）

後記

　　將散見於互聯網上那些文章集成冊，取名《千古功罪，我來評說》予以出版，這是一件看似容易但又不太容易的事。說容易，那是因為這幾年我一直是個寫博迷，寫的文章數量很多，隨便挑選一些便能匯成一冊；說不容易，我要求自己輯入冊內的每一篇文章都必須是精華的，它必須是我自己思想和價值的取向符號。

　　當下中國大陸言論無自由，資訊不透明，互聯網遮罩之舉無處不在，幾乎到了見縫插針、忍無可忍的地步。在這種情況下，任何一個寫社會時評的人，都會覺得寫是一件困難之事。撰文辭句太直露，整個文章就會招致遮罩；觀點要是拐彎抹角，指桑罵槐或含沙射影，讓讀者細嚼慢嚥地領悟捉摸文章中心意思，也不是我的寫作風格，再說互聯網每天上掛的文字數不勝數，流覽者若無走馬觀花本事，則難以做到洞若觀火般看世界，這與浮躁無關。

　　書的命運也一樣，每天有很多新書以華麗包裝或嘩眾取寵的書名上架，每天又有很多書因讀者不感興趣或缺少關注而被迫撤下書架，放入倉庫，之後送到造紙廠打成紙漿，走完它全部之旅程。如此，我為何還要執意出書呢？這與我的認識有關：我出書不為興趣，惟祈盼能拋磚引玉，以期引一抹探討火花閃亮呈現。在此，我想重申的是：本人無意在理論上推翻一個主義、一個黨，如果這個主義經得起異化思潮敲打，或者這個黨光明磊落、開誠佈公，那麼我相信，探討只會

使人心底更加明晰如鏡，反之，如果拒絕或打壓這類探討，那麼它將與專制劃上等號。

　　經濟要繁榮，思想應當先行。我樂意接受大家對我文章提出不同觀點。交流使人明目，但以文害義，因情悖理要不得，當不足取。我時常關照自己，要學會冷靜，擺正商人角色，多寫些賺錢心得，少寫時評文章，可我還是做不到。雖然我在寫時評時總不忘斟酌用詞，但有時還是掩飾不住內心的愛與憎。原來愛與憎來自於我對社會一種推卸不掉的道義感。作為一個商人，為國家多交稅是應盡的義務；作為一個文字愛好者，多思索，勤寫作，是這個文字寫作者最起碼應具有的責任。

2010.04.04

社會科學類 PF0062

千古功罪，我來評說
──黑星人時評集

作　　者 / 黑星人
責任編輯 / 黃姣潔
圖文排版 / 陳佳怡、陳宛鈴
封面設計 / 陳靚悅

發 行 人 / 宋政坤
法律顧問 / 毛國樑　律師
印製出版 / 秀威資訊科技股份有限公司
　　　　　114 台北市內湖區瑞光路 76 巷 65 號 1 樓
　　　　　電話：+886-2-2796-3638　傳真：+886-2-2796-1377
　　　　　http://www.showwe.com.tw
劃撥帳號 / 19563868　戶名：秀威資訊科技股份有限公司
　　　　　讀者服務信箱：service@showwe.com.tw
展售門市 / 國家書店（松江門市）
　　　　　104 台北市中山區松江路 209 號 1 樓
　　　　　電話：+886-2-2518-0207　傳真：+886-2-2518-0778
網路訂購 / 秀威網路書店：http://www.bodbooks.com.tw
　　　　　國家網路書店：http://www.govbooks.c.com om.tw
圖書經銷 / 紅螞蟻圖書有限公司
　　　　　114 台北市內湖區舊宗路二段 121 巷 28、32 號 4 樓
　　　　　電話：+886-2-2795-3656　傳真：+886-2-2795-4100

2011 年 4 月 BOD 一版
定價：380 元

國家圖書館出版品預行編目

千古功罪，我來評說：黑星人時評集 / 黑星人著.
-- 一版. – 臺北市：秀威資訊科技, 2011.04
　　面； 　公分. -- (社會科學類；PF0062)
BOD 版
ISBN 978-986-221-712-2(平裝)

1. 言論集　2. 時事評論

078　　　　　　　　　　　　　　100001914

讀者回函卡

感謝您購買本書，為提升服務品質，請填妥以下資料，將讀者回函卡直接寄回或傳真本公司，收到您的寶貴意見後，我們會收藏記錄及檢討，謝謝！如您需要了解本公司最新出版書目、購書優惠或企劃活動，歡迎您上網查詢或下載相關資料：http:// www.showwe.com.tw

您購買的書名：_____

出生日期：_____年_____月_____日

學歷：□高中 (含) 以下　　□大專　　□研究所 (含) 以上

職業：□製造業　□金融業　□資訊業　□軍警　□傳播業　□自由業
　　　□服務業　□公務員　□教職　　□學生　□家管　　□其它_____

購書地點：□網路書店　□實體書店　□書展　□郵購　□贈閱　□其他

您從何得知本書的消息？

　□網路書店　□實體書店　□網路搜尋　□電子報　□書訊　□雜誌

　□傳播媒體　□親友推薦　□網站推薦　□部落格　□其他_____

您對本書的評價：(請填代號　1.非常滿意　2.滿意　3.尚可　4.再改進)

　封面設計____　版面編排____　內容____　文／譯筆____　價格____

讀完書後您覺得：

　□很有收穫　□有收穫　□收穫不多　□沒收穫

對我們的建議：_____

_____

_____

_____

11466

台北市內湖區瑞光路 76 巷 65 號 1 樓

秀威資訊科技股份有限公司 　　收

BOD 數位出版事業部

....

（請沿線對折寄回，謝謝！）

姓　　名：＿＿＿＿＿＿＿＿＿　年齡：＿＿＿＿　性別：□女　□男

郵遞區號：□□□□□

地　　址：＿＿＿＿＿＿＿＿＿＿＿＿＿＿＿＿＿＿＿＿＿＿

聯絡電話：(日) ＿＿＿＿＿＿＿＿＿　(夜) ＿＿＿＿＿＿＿＿＿

E-mail：＿＿＿＿＿＿＿＿＿＿＿＿＿＿＿＿＿＿＿＿＿